本著作受教育部人文社会科学研究青年基金项目"深度贫困地区高质量脱贫的实现机理及机制创新研究"

（19XJC840002）资助

贫困地区农村劳动力
流动的减贫效应研究

韩佳丽 ◎著

人民出版社

策划编辑：车金凤

责任编辑：车金凤　陈如意

封面设计：九　五

图书在版编目（CIP）数据

贫困地区农村劳动力流动的减贫效应研究 / 韩佳丽著 . —北京：人民出版社，
　2020.1

ISBN 978－7－01－021230－2

Ⅰ.①贫…　Ⅱ.①韩…　Ⅲ.①贫困区—农村劳动力—劳动力流动—作用—
　扶贫—研究　Ⅳ.① F323.6

中国版本图书馆 CIP 数据核字（2019）第 191322 号

贫困地区农村劳动力流动的减贫效应研究
PINKUN DIQU NONGCUN LAODONGLI LIUDONG DE JIANPIN XIAOYING YANJIU

韩佳丽　著

人 民 出 版 社 出版发行
（100706　北京市东城区隆福寺街 99 号）

天津鑫旭阳印刷有限公司印刷　新华书店经销

2020 年 1 月第 1 版　2020 年 1 月第 1 次印刷
开本：710 毫米 × 1000 毫米　1/16　印张：14.25
字数：220 千字

ISBN 978－7－01－021230－2　定价：42.00 元

邮购地址 100706　北京市东城区隆福寺街 99 号
人民东方图书销售中心　电话（010）65250042　65289539

目　录

第一章

绪　论

第一节　贫困地区农村劳动力流动减贫的宏观背景

中国作为一个发展中的农业大国，"三农"问题一直是困扰中国经济健康可持续发展的难题，因此，如何解决好"三农"问题备受理论界与实务界的高度重视。自 2004 年以来，中央连续 15 年下发"一号文件"直指"三农"问题，强调"三农"问题在中国的社会主义现代化时期"重中之重"的地位。在党中央的高度重视下，农村社会经济与农民收入增长进入了快速发展时期。然而，经济发展不充分、不平衡的矛盾依然突出，尤其是对于贫困地区而言，其发展水平远落后于城镇地区乃至普通农村地区，这使得贫困地区的贫困人口难以均衡地分享改革开放的成果，也直接制约了 2020 年决胜全面建成小康社会目标的实现。因此，习近平总书记在党的十九大报告中明确指出："必须多谋民生之利、多解民生之忧，在发展中补齐民生短板、促进社会公平正义，在幼有所育、学有所教、劳有所得、病有所医、老有所养、住有所居、弱有所扶上不断取得新进展，深入开展脱贫攻坚，保证全体人民在共建共享发展中有更多获得感，不断促进人的全面发展、全体人民共同富裕。"当前，我国已进入全面建成小康社会决胜阶段，中华民族正处于走向伟大复兴的关键时期。机遇与挑战并存，如何在新的历史背景下加快推动贫困地区的经济发展、贫困人口的脱贫致富是一个必须破解的重大课题。

（一）我国正处于决胜全面建成小康社会的关键时期，脱贫攻坚目标的实现直接关系到全面小康社会的顺利建成

自1978年实施改革开放以来，中国的经济快速增长，国内生产总值达到82万亿元（2017年），一跃成为世界第二大经济体，对世界经济增长贡献率超过30%，广大人民群众的物质生活大为提高，精神生活丰富多彩，"中国力量""中国精神""中国奇迹"令世界叹服，这凸显了中国特色社会主义制度的优越性。在新的历史时期，2020年决胜全面建成小康社会既是中国共产党的第一个百年奋斗目标，也是迈向第二个百年奋斗目标的起点。但从现实情况来看，决胜全面建成小康社会、打赢精准脱贫攻坚战的重点在我国广大的农村地区，尤其是在深度贫困地区。因此，当前和今后一段时间，如何实现贫困地区的贫困人口精准脱贫、走上富裕之路，直接关系到全面建成小康社会目标的实现。

（二）历经长期开发式扶贫，我国的农村贫困状态呈现出新的特征，既往的区域化扶贫方式已难以适应新时期的贫困特征

回首历史，自改革开放以来，我国扶贫开发历经五大阶段[1]，农村贫困人口大量减少，使近7亿人口摆脱了贫困，我国的贫困人口从1978年的2.5亿人下降到2017年的3046万人，贫困发生率从30.7%下降到3.1%。特别是党的十八大以来，我国创造了减贫史上的最好成绩，5年累计减贫6853万人，消除绝对贫困人口2/3以上。联合国发布的《千年发展目标报告（2015年）》数据显示，全球极端贫困人口已从1990年的19亿人降至2015年的8.36亿人，其中，中国的贡献率超过70%。然而，在取得辉煌成就的同时，我国减贫事业也面临着巨大的挑战。以往农村普遍贫困状态已发生改变，对于剩余的3000多万贫困人口，其地理位置偏远、基础设施落后、农村社会保障不健全、自身脱贫能力不足，是扶贫工作中的"硬骨头""深水区"，扶贫工作难度空前加大。在这一新的贫困特征下，既往的区域化扶贫方式已难以奏效，扶贫政策

---

[1] 即体制改革推动扶贫（1978—1985年）、大规模开发式扶贫（1986—1993年）、"八七扶贫攻坚计划"（1994—2000年）、《中国农村扶贫开发纲要（2001—2010年）》《中国农村扶贫开发纲要（2011—2020年）》。

的边际效率不断递减、边际成本不断上升。

（三）步入新时代，我国正处于供给侧结构性改革的推进时期，非农就业结构与市场需求已发生根本性转变

受国际金融危机影响，自 2008 年以来，我国的经济增长告别了以往两位数的增长速度，经济进入了"新常态"，经济发展表现出三个主要特征：经济增长速度由高速增长转变为中高速增长；经济结构不断优化升级；经济发展动力由传统的出口、消费、投资驱动转变为创新驱动，这也是经济发展过程中的客观规律。因此，供给侧结构性改革成了我国经济可持续发展的关键，但这一过程对贫困地区农村劳动力流动到非农产业产生了深远的影响。一方面，过剩产能的不断退出将导致传统就业岗位的大量减少；另一方面，与产业结构升级所对应的是劳动力素质要求提升。在这两方面因素的作用下，非农就业结构与市场需求发生了根本性转变，由此也导致了农村劳动力流动的新特征：返乡与创业[1]。从图 1.1 可以看出，自 2010 年以来，我国外出农民工的占比及总量增速逐年下降，其中，外出农民工占比由 2010 年的 63.3% 下降到 2016 年

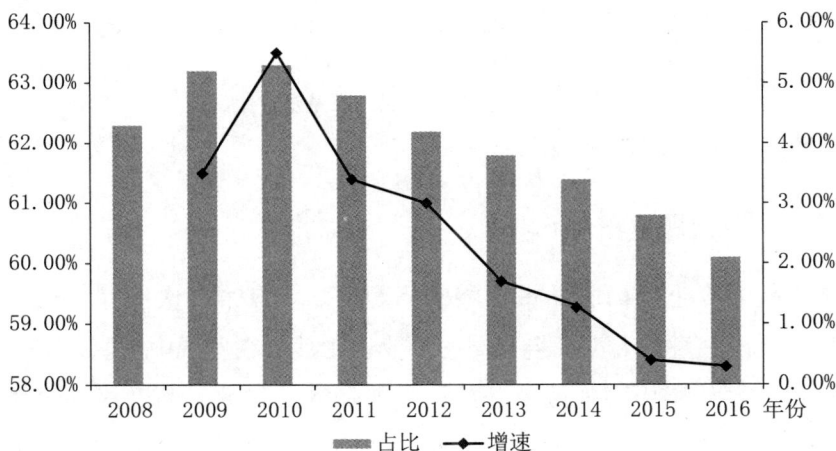

图 1.1　我国外出农民工占比及增速

数据来源：《农民工监测调查报告》（历年）

---

[1] 《2016 年农民工监测调查报告》指出，2016 年我国农民工总量继续增加，增量主要来源于本地农民工，占新增农民工的 88.2%。

的60.1%，总量增速由5.5%下降到0.3%。相反地，图1.2表明，自2010年以来，无论是总量还是占比，我国的本地农民工规模均呈不断上升的态势，可见，本地非农就业成了新时期农村劳动力流动的重要途径。在这一新背景下，贫困地区农村劳动力的流动特征也发生了相应变化，这对贫困人口的个人发展以及家庭福利状态都产生了深刻的影响。

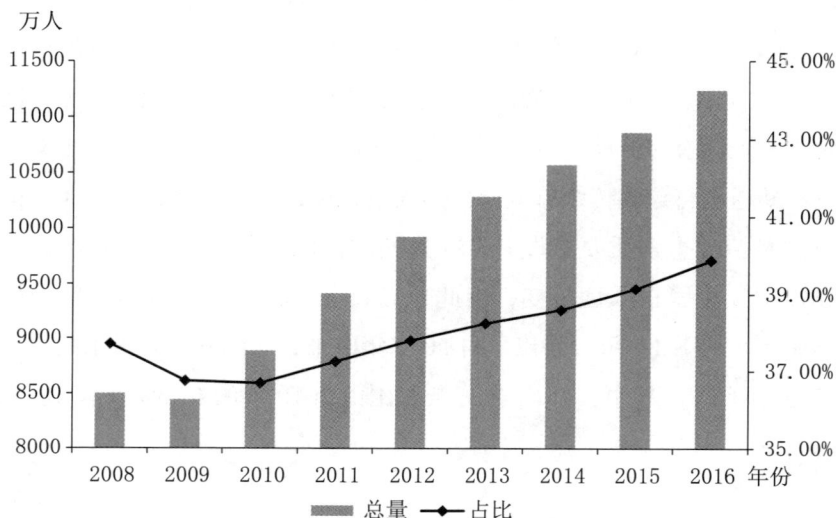

图1.2　我国本地农民工总量及占比

数据来源：《农民工监测调查报告》（历年）

一、研究问题提出

贫困是当今世界面临的最严峻的问题之一。自第二次世界大战结束以来，消除贫困一直是人类社会共同的事业，尤其是在发展中国家，贫困问题更为凸显。肇始于中国的改革开放，随着经济结构的不断升级，农村地区的剩余劳动力不断地被释放，大量农村劳动力由农村向城镇转移、由农业向非农产业转移。从20世纪90年代以来，农村劳动力流动的规模迅速扩大，这一时期的农村贫困发生率也大幅下降，中国农村的贫困人口由1989年的1.03亿人减少到1997年的5000万人，年均脱贫率达到了9%，这一比率甚至超过了当时农村居民的人均收入增长率。人力资源和社会保障部的农村劳动力转移监测数据显示，截至 2015 年 6 月末，农村劳动力流动的规模达到了农村劳动力总数的 50%；此外，《2016 年农民工监测调查报告》显示，2016 年农民工总量达到了 28171 万人，比上年增加了 424 万人，增长 1.5%，由此可以看出，农村劳动力流动数量的增长仍是中国经济发展的基本态势。

经典理论的研究表明，发展中国家在其经济增长过程中，农村劳动力向非农产业流动是一个具有普遍性的社会现象[①]，且农村劳动力流动所带来的非农收入已成为当前农户家庭收入的主要来源[②]。在当前进入精准脱贫决胜阶段，扶贫效益不断下降、扶贫资金的边际成本不断上升的现实背景下，鉴于农村劳动力流动是一种自发性的经济决策行为，劳动力流动减贫路径应当成为贫困地区人口脱离贫困的主要政策倾向。尽管从宏观的时间序列数据来看，农村劳动力流动与农村贫困的减缓似乎存在着某种一致性，但其能否有效减贫，仍有待商榷，尤其是在我国经济进入"新常态"的背景下，农村劳动力流动的非农就业形势严峻。那么，在特殊的经济背景下，贫困地区农村劳动力流动的主要群体是哪一部分？贫困家庭是否也参与其中？贫困地区农村劳动力流动是否能够有效缓解农户的贫困程度？其对农户收入贫困与多维贫困的影响存在何种差异？若其具有正向效应，那么不同的农村劳动力流动模式对减缓贫困是否存在显著差异？同时，若贫困地区的农村劳动力流动能够有效缓解贫困，那么影响贫困地区劳动力流动的主要因素又有哪些？这些问题亟须从理论和实践两个层面加以研究回答。

二、选题意义阐释

（一）有利于推动农村经济体制改革，促进城乡协调发展

理论的研究以及历史的实践都表明了，农村劳动力的流动是促进农业生产效率快速提升的重要渠道。尤其是对于我国这样一个处于经济结构转型、

---

①　Harris, John R., and Michael P. Todaro. "Migration, Unemployment and Development: A Two-sector Analysis." *The American economic review* (1970), p.130.

②　都阳、朴之水：《劳动力迁移收入转移与贫困变化》，《中国农村观察》2003 年第 5 期，第 8 页。

具有典型二元经济结构特征的发展中农业大国而言，农村人口贫困的根源就在于农村劳动力相对于有限土地资源的过剩，农业没有空间解决众多农村人口实现收入快速增长的基本要求①。因此，通过农村剩余劳动力的转移，从微观上可以有效改善贫困农户的家庭福利水平，培育自身的脱贫能力；从中观上能够有效提升贫困地区的农业生产效率，实现"新常态"下农业产业的现代化发展；从宏观上有助于产业结构优化，为供给侧结构性改革奠定扎实的经济基础。

（二）有利于破解当前扶贫工作的瓶颈，提高脱贫效率

经历了长时期的粗放式扶贫，我国扶贫工作正面临着扶贫投入效率低下和贫困人口脱贫难度加大的双重瓶颈，严重延缓了我国消除贫困的进程。由于当前所剩余的贫困人口绝大部分处于地理位置偏远、生产条件落后的地区，仅由政府单方面地进行扶贫开发工作的推进，难以有效提高脱贫的效率。因此，鉴于农村劳动力流动是一种贫困地区人口的经济决策行为，通过贫困地区农村劳动力流动的途径来减缓贫困，是有效解决当前扶贫工作困难的重要途径。

（三）有利于攻克现阶段全面脱贫的目标，实现全面建成小康社会

要全面建成小康社会的难点在于贫困地区人口的全面脱贫，而全面脱贫的核心则在于如何提升贫困人口自身的脱贫能力。因此，在绝大部分贫困地区处于资源匮乏的现实约束下，只有将贫困地区过剩的农村劳动力健康有序地转移到非农产业，才能够有效地帮助其脱贫，避免返贫现象的大量发生，从根本上消除贫困。

（四）有利于丰富新时代中国特色社会主义扶贫理论的研究成果

鉴于新时期中国特殊的经济社会背景，本书初步将习近平新时代中国特色社会主义扶贫开发思想贯彻落实到贫困地区农村劳动力流动减贫的研究当中，改变以往政府主导式的扶贫开发。在新时期的扶贫当中，深刻认识现阶段我国脱贫攻坚的主要矛盾、农村劳动力流动的主要特征，从而有效实现贫困地区农

---

① 林毅夫：《"三农"问题与我国农村的未来发展》，《农业经济问题》2003年第1期，第44页。

村劳动力流动的减贫效应，是新时代中国特色社会主义经济理论必须解决的问题之一。因此，本书从经济学、政治学、社会学、管理学等多学科交叉的视角，并基于新时期的新特征，全面系统地考察贫困地区农村劳动力流动的减贫效应，相应的研究成果能够有利于新时代中国特色社会主义扶贫理论的充实与完善。

第二节　贫困地区农村劳动力流动减贫的研究设计

一、总体研究目标

本书的总体目标是基于制度创新的视角，研究我国贫困地区农村劳动力流动的减贫效应，旨在为深化我国农村地区经济体制改革，顺利实现"决胜全面建成小康社会，现行标准下农村贫困人口实现脱贫、贫困县全部摘帽、解决区域性整体贫困，进而使全体人民共享改革开放成果"这一宏伟目标提供理论与实证支持。为实现这一总体目标，必须实现以下具体目标。

（一）科学构建贫困地区农村劳动力流动减贫的理论分析框架

科学的理论分析框架是贫困地区农村劳动力流动减贫效应研究的逻辑起点。因此，必须首先明晰"贫困地区""农村劳动力流动"以及"贫困"等基本概念范畴，厘清贫困地区农村劳动力流动减贫效应发挥的作用路径以及基础性条件，并基于当前我国经济向高质量发展阶段的基本特征和精准脱贫的现实需要，构建起合理的实证测度模型。

（二）客观测度贫困地区农村劳动力流动的减贫效应

为准确揭示贫困地区农村劳动力流动减贫效应，本书将综合考虑贫困地区农户的收入贫困与多维贫困双重层面，同时，基于现阶段我国农村劳动力流动的新特征，对比分析贫困地区农村劳动力异质性流动的减贫效果差异，从根本上认识其存在的问题及不足。

（三）创新提出强化贫困地区农村劳动力流动减贫功能的政策建议

结合理论分析与实证分析，探寻贫困地区农村劳动力流动减贫政策优化的突破口与落脚点，同时，鉴于当前城乡二元结构尚未解决，城市内部的二元结构正在逐渐形成这一特征，本书将从消除农村贫困以及预防城市贫困的双重视角，为打赢精准脱贫攻坚战、全面建成小康社会提供可资借鉴的制度创新框架及政策建议。

二、研究框架体系

本书主要围绕着"贫困地区农村劳动力流动的减贫效应研究"这一科学问题，为了实现以上研究目标，设计了以下研究内容。

第一部分：贫困地区农村劳动力流动减缓贫困的作用机理。本部分的内容主要是以劳动力流动理论、贫困减缓理论以及数理经济学理论为基础，对贫困地区农村劳动力流动的动力机制、减贫机理进行分析和比较。首先，主要通过对国内外文献的梳理与总结，对我国贫困地区农村劳动力流动减贫效应的基本理论分析框架进行阐述；其次，科学界定贫困地区、农村劳动力流动、收入贫困、多维贫困等概念的基本范畴，为本书奠定清晰的逻辑起点；最后，在前述归纳、总结的基础之上，明晰贫困地区农村劳动力流动对农户的收入贫困以及多维贫困影响的内在传导路径与作用机制，从而构建贫困地区农村劳动力流动减贫的理论分析框架。

第二部分：农村劳动力流动与反贫困的政策演变及现状分析。本部分内容主要是综合运用宏观统计数据、微观调研数据以及相关政策文件，全面刻画出不同历史阶段农村劳动力流动与贫困状态以及现阶段的实际情况。首先，将农村劳动力流动的政策划分为五大阶段：限制流动、允许流动、引导流动及鼓励流动以及"新常态"下规范劳动力流动，全面总结我国改革开放40年来劳动力流动的发展态势；其次，将我国的贫困减缓划分为五个阶段：体制改革扶贫阶段、大规模开发式扶贫阶段、扶贫攻坚阶段、新时期扶贫阶段以及"精准扶贫、精准脱贫"阶段，全面梳理改革开放40年来我国反贫困政策演变轨迹；最后，将以国家社科基金重点项目课题组的微观调研数据为基础，客观地研究现阶段我国贫困地区农村劳动力流动以及农户贫困的现实情况，从而揭示贫困地区农村劳动力流动减贫的现实障碍。

第三部分：贫困地区农村劳动力流动的减贫效应研究。在理论分析与现实考察的基础之上，本部分将以经济增长理论为基础，基于连片特困地区的微观调查数据，考察我国贫困地区农村劳动力流动的减贫效应。研究内容主要包含两个维度：农户的收入贫困以及多维贫困。①贫困地区农村劳动力流动对农户收入贫困的影响研究。主要从收入贫困的视角探讨贫困地区农村劳动力流动的减贫效应，具体包括贫困地区农村劳动力流动决策以及农村劳动力流动强度对农户收入贫困的影响，同时，也比较分析贫困地区贫困户与非贫困户在劳动力流动过程中的增收效应差异，从而全面把握贫困地区农村劳动力流动对农户收入贫困的作用。②贫困地区农村劳动力流动对农户多维贫困的影响研究。主要通过贫困地区农户多维贫困指标体系构建、评价方法选择，充分考察贫困地区农户的多维贫困状态，从而进一步分析贫困地区农村劳动力流动决策以及农村劳动力流动强度对农户多维贫困的影响。③贫困地区农村劳动力流动决策的影响因素分析。主要从贫困地区农户的家庭特征、人力资本、物质资本以及社会资本多重视角，考察贫困地区农村劳动力流动的影响因素。

第四部分：贫困地区农村劳动力异质性流动的减贫效应研究。本部分内容将进一步细化贫困地区农村劳动力流动行为的异质性，力求探讨贫困地区农村劳动力异质性对农户收入贫困及多维贫困的影响，从而为农村劳动力流动减贫政策制定的细化与落地提供现实依据。①贫困地区农村劳动力流动路径的差异。主要将贫困地区农村劳动力流动路径划分为"离土"与"离乡"两大类，对比分析流动路径差异对贫困地区农户收入贫困与多维贫困的影响。②贫困地区农村劳动力雇佣方式的差异。主要将贫困地区农村劳动力雇佣方式划分为"自我雇佣"与"受雇佣"两大类，对比分析雇佣方式差异对贫困地区农户收入贫困与多维贫困的影响。③贫困地区农村劳动力异质性流动的影响因素分析。主要从贫困地区农户的家庭特征、人力资本、物质资本以及社会资本多重视角，对比分析贫困地区农村劳动力异质性流动的影响因素。

第五部分：政策研究部分。本部分内容主要是在以上理论分析及实证研究的基础上，提出有利于提升贫困地区农村劳动力流动减贫效应的基本方向和框架，进而在消除农村贫困与预防城市贫困的双重视角下，进一步研究全方位的制度整合与制度创新，结合当前中国的现实情况，构建可持续性的农村劳动力流动减贫政策。

三、研究技术路线

本书所遵循的是"理论研究—实证研究—政策研究"的基本研究思路。首先，基于当前决胜全面建成小康社会以及打赢脱贫攻坚的现实格局，广泛借鉴吸收既有的理论与实践研究，结合现阶段我国贫困地区农村劳动力与农村贫困的客观现实，在充分厘清和界定核心概念范畴的基础上，深刻揭示贫困地区农村劳动力流动减贫的作用机制及其功能发挥的基础性条件，由此形成本书的理论分析框架。其次，以理论分析框架为逻辑起点，考察贫困地区农村劳动力流动减贫的现实经济情况，从宏观与微观视角深入剖析贫困地区农村劳动力流动减贫的宏观困境及微观障碍。在此基础上，基于我国连片特困地区微观农户调查数据，运用描述性统计分析、二元选择模型、倾向得分匹配法（PSM）、广义倾向得分匹配法（GPS）、BP 神经网络法（BP Neural Network）等计量工具，检验贫困地区农村劳动力流动减贫的实际效应，具体包括贫困地区农村劳动力流动对农户收入贫困、多维贫困的影响，并进一步结合当前我国农村劳动力流动的新时期特征，从贫困地区农村劳动力异质性流动的视角考察不同农村劳动力流动模式（流动路径差异与雇佣方式差异）的减贫效应，从而深入、全面地揭示其内在联系与存在的问题。最后，以决胜全面建成小康社会与脱贫攻坚的战略目标为准则，构建具有可持续性、操作性强的贫困地区农村劳动力流动减贫的政策体系，从而切实增强贫困地区农村劳动力流动的减贫功能。基于这一研究思路，具体的研究技术路线如图1.3 所示。

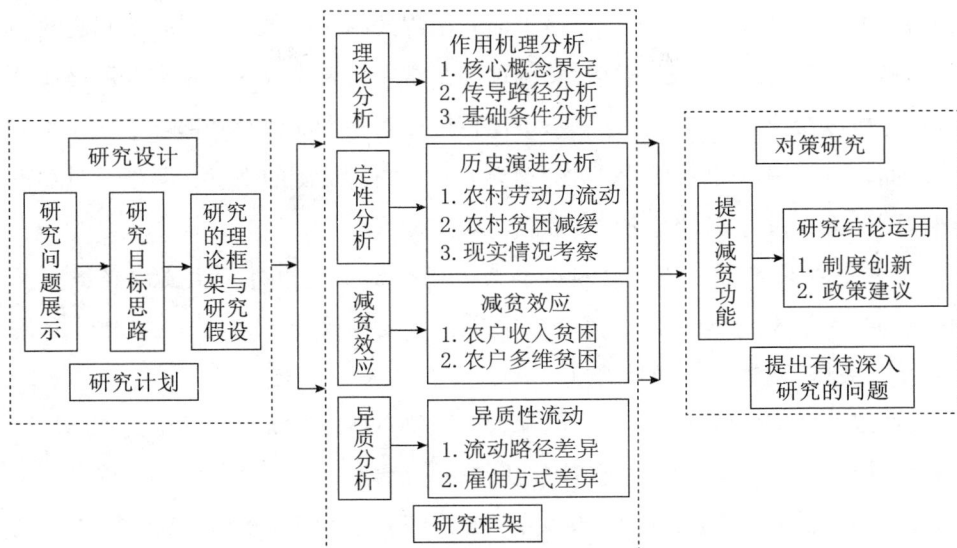

图 1.3 研究的技术路线

四、研究方法体系

（一）在分析贫困地区农村劳动力流动减贫效应的理论内涵与作用机理时，主要以劳动力流动理论、经济增长理论与贫困减缓理论为基础，综合运用文献分析、辩证分析以及系统分析等研究方法

基于既有的理论基础与文献分析，遵循新古典经济学的分析范式，寻找立论基础，从而以辩证、批判的思维全面把握研究所涉及的核心概念范畴与理论内涵。在此基础上，结合我国贫困地区的客观现实背景，以系统分析的视角全面考察与贫困地区农村劳动力流动减贫相关的各方面要素与环境，从而最终充分揭示贫困地区农村劳动力流动减缓贫困的作用路径与传导机制，并深入剖析其有效传导的基础性条件。

（二）在分析贫困地区农村劳动力流动与农村贫困的演进历程时，主要以宏观统计数据、相关政策法律法规文件与微观调查数据为基础，综合运用历史分析、比较分析、制度分析以及描述性统计分析方法

首先基于宏观统计数据与相关政策法律法规，运用历史分析、制度分析以及比较分析的方法，全面梳理改革开放以来我国农村劳动力流动与反贫困政策

的历史演进脉络，力求深刻总结政策演变历程的内在逻辑、未来政策制定的趋势与难点。其次，基于我国连片特困地区微观农户调查数据，重点运用描述性统计分析以及比较分析的方法，从个体特征、家庭特征以及外部环境特征等多个层面，全面揭示贫困地区农村劳动力流动与农村贫困的现状，明晰新时期我国贫困地区农村劳动力流动减贫面临的现实障碍。

（三）在分析贫困地区农村劳动力流动的减贫效应时，主要以经济增长理论为基础，综合运用倾向得分匹配法、广义倾向得分匹配法、BP 神经网络法、Probit 模型等计量统计工具

在以上理论分析与现实考察的基础上，研究将以经济增长理论为基础，运用计量统计分析工具实证分析贫困地区农村劳动力流动的减贫效应。首先，运用倾向得分匹配法以及广义倾向得分匹配法综合考察贫困地区农村劳动力流动决策以及农村劳动力流动强度对农户收入贫困的影响。其次，基于森的多维贫困理论，从教育、健康、资产以及社会保障等维度入手，运用 A-F 指数以及 BP 神经网络法构建农户的多维贫困指标，分析贫困地区农户的多维贫困状态，进而运用倾向得分匹配法与广义倾向得分匹配法实证分析贫困地区农村劳动力流动决策以及农村劳动力流动强度对农户多维贫困的影响。最后，综合运用比较分析与计量统计分析方法，实证对比贫困地区农村劳动力异质性流动对农户贫困状态的影响。同时，也运用了 Probit 模型分析贫困地区农村劳动力流动决策以及异质性流动决策的影响因素。

（四）在构建贫困地区农村劳动力流动减贫的政策体系时，主要以制度经济学理论为基础，综合运用比较分析、归纳分析、辩证分析以及权变分析等研究方法

从贫困地区农村劳动力自我发展能力培育以及外部非农就业环境优化的双重维度，综合运用比较分析、归纳分析、辩证分析等方法，提出有效提升贫困地区农村劳动力流动减贫功能的配套制度与政策措施。具体而言，将力求实现贫困地区农村劳动力流动减贫与乡村振兴战略、精准扶贫战略、新型城镇化战略的有机结合，从多维度、多层面、多功能的立体视角实现政策体系创新。

第三节 贫困地区农村劳动力流动减贫研究的主要创新

一、研究的主要创新

（一）从我国贫困地区及贫困人口的客观现实条件出发，探索性构建了贫困地区农村劳动力流动对农户收入贫困以及多维贫困影响的理论分析框架

已有研究关于农村劳动力流动与贫困减缓的理论分析基本仅着眼于收入贫困维度，缺乏对农户多维贫困现象的关注，也鲜见分析贫困地区农村劳动力流动减贫的基础性条件。基于此，笔者尝试性地做了以下探索：一是将农户的收入贫困与多维贫困作为理论分析的落脚点，详细分析了农村劳动力流动对农户收入贫困与多维贫困影响的传导路径；二是结合贫困地区及贫困人口的客观现实条件，厘清贫困地区农村劳动力流动减贫的基础性条件，从而满足本书的个性化需求。同时，将农村劳动力流动的内涵定义为由农业向非农产业的流动，突破了以往研究的地域流动视角，有利于从理论上拓宽农村劳动力流动减贫的研究思路。

（二）综合收入贫困与多维贫困的双重视角，并充分考虑农村劳动力的异质性流动，全面揭示贫困地区农村劳动力流动的减贫效应

已有关于农村劳动力流动与贫困减缓的实证分析有以下三方面不足：①研究视角基本仅局限于物质层面，缺乏对农户"能力贫困"的考察，也未考虑农村劳动力的异质性流动；②研究方法上忽略了农村劳动力流动的"自选择"问题；③多维贫困指数的构建则停留于等权赋值方法。本书利用 BP 神经网络法及 A-F 指数构建了贫困地区农户的多维贫困指数，并运用倾向得分匹配法与广义倾向得分匹配法实证分析了贫困地区农村劳动力流动对农户收入贫困与多维贫困的影响，并在此基础上进一步比较分析了贫困地区农村劳动力异质性流动对农户贫困的作用差异。基于此，笔者提出了"尽管贫困地区农村劳动力流动

能够在一定程度上减缓农户贫困，但仍存在诸多方面的局限性"等重要观点。

（三）基于理论和实证分析的重要结论，并结合新时期中国经济社会发展的新背景，以立体化结构视角提出了有利于提升贫困地区农村劳动力流动减贫效应的政策建议

已有关于农村劳动力流动减贫的政策建议更多地停留于理论层面的探讨，缺乏整体性结构视角，这使得其在实践操作中存在一定的局限性。基于此，本书综合经济学、管理学、社会学等多学科的研究范式，以立体化结构视角，结合精准扶贫、乡村振兴、新型城镇化发展等宏观战略，初步将新时代中国特色社会主义的发展精神贯彻落实到以贫困地区农村劳动力流动减贫的研究当中，有利于改变以往政府主导式的扶贫开发，从而使得政策建议更具备可持续性、可操作性。

二、研究的可能不足

（一）微观调查数据的不足

囿于研究经费、能力以及时间的限制，尽管研究的微观调查数据涵盖了我国极具代表性的连片特困地区，但数据类型仅局限于截面数据，难以反映贫困地区农村劳动力流动对农户贫困的动态影响，从而无法更为深入地揭示其中长期效应，有待在今后的研究中，进一步跟踪调查。

（二）缺乏对贫困地区农村劳动力个体异质性差异的考虑

毋庸置疑，农村劳动力个体素质是存在显著差异的，这直接关系到其通过劳动力流动所带来的收益。尽管本书考虑了农村劳动力的异质性流动，但在农村劳动力个体上，主要基于个体同质性的假设，这仅能从整体上反映贫困地区农村劳动力流动的减贫效应，难以深入揭示农村劳动力个体异质性所产生的影响。

（三）缺乏对贫困地区农村劳动力流动减贫作用路径的实证检验

农村劳动力流动减缓贫困的传导路径十分复杂，本书更多地从理论分析的角度阐述了其可能的传导机制与作用路径，但限于研究条件，未实证检验其减贫的传导路径，有待在后续研究中选择某一传导路径进行更为深入的研究。

第二章

贫困地区农村劳动力
流动减贫的研究现状

长期以来，农村劳动力流动以及贫困减缓问题一直都是国内外学者研究的焦点，研究成果极为丰硕，但总体而言，绝大部分研究只是从单一的视角探讨了这两个领域，而在农村劳动力流动对贫困减缓影响的研究领域仍有待深入。因此，本章将全面地梳理既有的理论及研究基础，从而为研究提供良好的理论借鉴与逻辑起点。具体而言，首先，对经典的劳动力流动理论以及贫困相关理论进行总结与梳理，为后文的研究奠定扎实的理论基础；其次，系统地总结农村劳动力流动与贫困减缓领域的相关研究文献，掌握既有研究领域的前沿以及存在的不足，拓宽整体研究思路，进而形成具体的研究路径与创新。

第一节　贫困地区农村劳动力流动减贫的理论渊源

一、劳动力流动理论

劳动力流动一直是发展经济学关注的焦点。早在 20 世纪中期，国内外学者就已对劳动力流动问题展开深入研究，一系列经典理论相继呈现，根据研究对象与决策主体的不同，可以将劳动力流动的相关理论分为古典经济学派和新古典经济学派两大派别。其中，古典经济学派主要以刘易斯二元结构模型、刘易斯—拉尼斯—费景汉模型为代表，其基本观点认为劳动力流动是个体决策的结果，关注宏观经济因素对劳动力流动的影响；而新古典学派则从微观主体追求利益最大化的假设出发，认为劳动力流动是家庭决策的结果，而个体只是这一流动行为的实施者。

（一）刘易斯二元结构模型（Dual-sector Model）

1954 年，经济学家刘易斯（W. A. Lewis）在《劳动无限供给条件下的经济发展》一文中首次提出了二元经济结构模型[①]。该模型以农业部门劳动力边际生产率为零、劳动力无限供给、工业部门工资水平保持不变作为前提条件，把发展中国家的经济划分为两个部门：一是采用传统方式生产、劳动生产率低下、收入水平低下的农业部门；二是采用现代化生产方式、劳动生产率较高、收入水平较高的工业部门。由于两部门工资水平及劳动生产率的差异，农业部门的剩余劳动力将源源不断地流入工业部门，这种转移一直持续到农业部门的剩余劳动力被完全吸收，最终各部门间劳动生产率、工资水平的差异将不断缩小，直至消失，二元经济由此向以工业经济为主的一体化经济转变。

如图 2.1 所示，该图反映了刘易斯二元经济结构模型劳动力流动的具体过程。其中，横轴代表劳动力数量，纵轴代表工资和边际生产力。OS 是传统农业部门平均工资水平，OW 是现代工业部门的工资水平；WW' 是具有无限弹性的劳动力供给曲线。最初的工业规模为 N_1OL_1，WOL_1Q_1 为工人的工资所得，N_1WQ_1 则是资本家剩余。随着资本的积累，资本家进行再投资，生产规模由此扩大到 N_2OL_2。同时，由于无限弹性的劳动力供给，此过程可以不断循环直至剩余劳动力被完全吸收。

作为劳动力流动的经典理论，刘易斯二元经济结构理论揭示了发展中国家传统农业部门和现代工业部门在实现平衡增长的过程中，农业剩余劳动力向工业部门转移的客观规律，为后续的理论发展奠定了基础。但是，该理论假定农业部门劳动力边际生产率为零、存在无限劳动力供给，而工业部门工资保持

---

① Lewis, W. Arthur. "Economic Development with Unlimited Supplies of Labour." *The manchester school* 22.2（1954）, p.141.

不变，这与现实经济存在巨大差距，难以解释当前中国经济社会发展的现实情况。

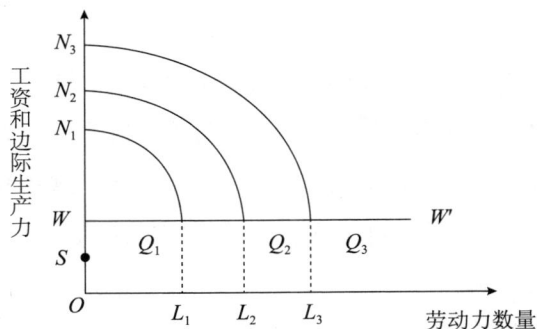

图 2.1　刘易斯二元经济结构模型

（二）刘易斯—拉尼斯—费景汉模型（Lewis-Ranis-Fei Model）

在刘易斯二元结构模型的基础上，美国经济学家古斯塔夫·拉尼斯（Gustav Ranis）和费景汉（John C. H. Fei）于 1961 年和 1964 年发表了著名的论文《经济发展的一种理论》及《劳动剩余经济的发展：理论和政策》，对刘易斯模型进行了修正以及拓展。根据刘易斯—拉尼斯—费景汉模型，由于人口众多，传统的农业生产部门存在着大量的剩余劳动力，并将该部分农村剩余劳动力进一步细分为多余劳动力（Suplus Laborers）和隐蔽失业劳动力（Disguised Unemployment）。多余劳动力的边际生产率非常低，甚至为零，隐蔽失业劳动力的边际生产率大于零，但是低于平均工资水平。在经济的发展过程中，资本积累是整个经济增长的发动机，经济发展与劳动力转移的速度与进程由资本积累驱动，但又受到农业部门提供剩余劳动力的能力的限制。因此，经过完善的刘易斯—拉尼斯—费景汉模型同时强调了劳动力的无限供给与有限剩余，并把发展中国家的二元经济发展划分为三个阶段。第一阶段：劳动力资源极其丰富，处于无限供给阶段。该阶段转移出去的劳动力属于多余劳动力部分，其边际生产率为零。因此，此过程劳动力转移并不会影响农业生产，农业部门将出现剩余，且该部分剩余恰好满足转移到工业部门劳动力的粮食需求总量。第二阶段：农村剩余劳动力边际生产率从零开始逐步提高，进入隐蔽失业阶段，标志劳动力无限供给时代结束。该阶段农业剩余下降，工业部门的劳动报酬开始上升，出现第一拐点。第三阶段：始于第二拐点的出现，农村剩余劳动力持续转移后，伴随着平均农业剩余快速下降，工业部门的工资成本上升，并最终形成工业部门的劳动力需求曲线。

刘易斯—拉尼斯—费景汉模型符合大多数国家的经济发展实践，但模型仍然存在不尽完善之处。该模型假定农业部门存在边际生产率为零的劳动力，城市工业部门不存在失业，工业部门的工资固定不变等，这些都与现实不符。同时，该模型从宏观视角出发，重点关注部门之间的流动，忽视了劳动力自身及家庭对流动决策的影响。

（三）托达罗模型（Todaro Model）

托达罗模型又称三部门模型，是美国经济学家托达罗（Michael P. Todaro，1969）构建的劳动力流动模型。[①] 该模型弥补了刘易斯模型以及刘易斯—拉尼斯—费景汉模型对城市失业问题的忽视，解释了发展中国家城市失业和农村劳动力流动的现象。

首先，与刘易斯—拉尼斯—费景汉模型不同，托达罗模型认为城市中也存在正规部门和非正规部门。城市正规部门掌握先进的技术、工资较高，但进入门槛高，机会有限；而城市非正规部门一般以小规模生产和服务为特点，技术落后，收入水平较低，流动性较大，如个体商贩、搬运工、非熟练的建筑工人等。大量的农村剩余劳动力首先进入的是城市非正规部门，为城市正规部门提供廉价的产品和服务。

其次，托达罗模型的主要创新在于，该模型认为劳动力流动决策是基于城乡预期收入差距和就业概率的反映，而非城乡间实际工资差距。城市预期收入等于城市非正规部门与正规部门工资水平以就业概率为权重的加权平均，潜在的劳动力流动者会比较一定时间内城市预期收入与农业平均收入水平，如果前者高于后者，该劳动力就会做出流动决策。直至城乡预期收入水平相等时，劳动力流动状态达到均衡状态。

在托达罗模型中，农村劳动力流动的决策方程表示如下：

---

① Todaro, Michael P. "A Model of Labor Migration and Urban Unemployment in Less Developed Countries." *The American economic review* 59.1（1969），p.140.

$$V(0) = \int_{t=0}^{n} \left[p(t)Y_u(t) - Y_r(t) \right] e^{-rt} dt - C(0) \qquad (2.1)$$

其中，$V(0)$ 代表潜在流动人口在计划期内预期城乡收入差距的净现值，$Y_u(t)$ 和 $Y_r(t)$ 分别表示在 t 期流动人口在城市和农村的工资率，$P(t)$ 则表示在 t 期内流动人口在城市的就业概率，n 代表计划的流动时间，r 是贴现率，$C(0)$ 代表农村劳动力的流动成本。

根据该模型，当 $V(0) > 0$ 时，表明城乡预期收入差距的净现值大于 0，此时农村剩余劳动力将选择向城市部门转移，城市人口增多；当 $V(0) < 0$ 时，表示城乡预期收入差距的净现值小于 0，此时农村剩余劳动力将不愿意转移到城市，甚至出现城市部门劳动力向农村回流，引起城市净流入人口减少。由此，该模型较好地解释了在城市部门出现大量失业的同时，为何仍然有大量的农村剩余劳动力向城市转移的经济现象，并拓展了二元经济理论。

托达罗模型比较符合发展中国家的实际情况，在劳动力流动的研究中占据着重要地位。但是，该模型也存在着以下几个问题：其一，模型中假定完全信息、完全竞争的劳动力就业市场、劳动力充分自由流动等缺乏现实性；其二，忽视了劳动力自身在技术、偏好等方面的异质性对其流动决策的影响；其三，仅考虑了经济因素对农村剩余劳动力流动的影响，缺乏对社会因素、制度因素等非经济因素的关注。

（四）劳动力流动的人力资本理论

自 20 世纪 60 年代起，随着人力资本理论的发展，舒尔茨（Schultz）开始将人力资本理论运用于劳动力流动决策的分析框架中，认为劳动力流动的本质就是一种人力资本投资形式，流动者在流动过程中支付一定流动成本，能够获得未来更大的收益。[1] 这一主张获得大多数经济学家的认可。沿着这一新的视角出发，舒尔茨将成本—收益法引入劳动力流动决策中，认为潜在的劳动力流动者通过理性核算流动的成本和收益，做出是否流动的决策，一旦流动收益超过流动成本，该部分劳动力就会认为流动会使他们有利可图，进而做出流动决

① Schultz, Theodore W. "Investing in Poor People: An Economist's View." *The American Economic Review* 55.1/2（1965），p.515.

策。此外，舒尔茨还从人力资本角度解释了劳动力流动对于降低社会收入不平等的意义。他认为通过教育培训能够提高人的知识和技能，有助于提高生产能力，增加个人收入，进而改变工资和薪金结构。总体而言，舒尔茨提出的劳动力流动的人力资本理论最大的特点在于从宏观分析视角转向了以劳动者为主的微观视角。

基于舒尔茨劳动力流动的人力资本视角，肖斯塔（Sjaastad）把劳动力流动视为提高人力资源生产率的一种投资，进一步对劳动力流动的成本收益进行了深入的分析。他主张劳动力流动是一种长期的投资行为，潜在的流动者通过权衡流动成本与收益做出流动决策，收益越大，则流动的可能性也越大。流动的成本与收益均划分为货币及非货币两种形态，且因输出地和输入地而不同。首先，对于输出地而言，肖斯塔认为流动的非货币成本由机会成本以及因环境改变引起的心理成本组成，其中，机会成本指的是放弃原有工作获得的收入及福利成本；而心理成本则指流动者离开原来熟悉的工作及生活环境、亲人朋友所需付出的精神代价，是劳动者的主观感受，表现为流动所带来的效用负值。尽管肖斯塔认识到心理成本的存在，但限于衡量条件，通常只考虑心理成本为零的流动者。货币成本则是流动需要支付的各种费用。其次，对于输入地而言，流动的货币收益指流动者流动后的实际收入流；而对于非货币性收益，肖斯塔认为，由于流动者本身偏好的多样性，该收益的确存在并影响着劳动力的流动决策。但由于非货币收益衡量的困难性，模型中主要考虑货币收益。

盖尔和迈克尔（1989）指出，由于流动是一种长期行为，在一定时间内，流动收益与成本不能完全同步，因此在做出流动决策时应考虑未来收益的净现值[①]。盖尔和迈克尔的具体投资模型如下：

$$V_{ij} = \sum_{t=1}^{n} \frac{E_{jt} - E_{it}}{(1+r)^t} - \sum_{t=1}^{n} \frac{C_{jt} - C_{it}}{(1+r)^t} - I_{ij} \tag{2.2}$$

其中，V_{ij} 为流动的未来收益净现值，i、j 分别表示流出地和流入地，E 表示输出输入地的收益，C 为输出输入地的生活成本，r 为贴现率，t 为时间，I

---

① Shields, Gail M., and Michael P. Shields. "The Emergence of Migration Theory and a Suggested New Direction." *Journal of Economic Surveys* 3.4（1989），p.295.

为流动所需支付的各种费用。

当 t 为连续变量时，该模型表达式为：

$$V_{ij} = \int_0^1 \left[E_j(t) - E_i(t) - C_j(t) - C_i(t) \right] e^{rt} \mathrm{d}t - I_{ij} \qquad （2.3）$$

肖斯塔将人力资本概念运用于劳动力流动决策分析，把劳动力流动视为人力资本投资和平衡资源配置的工具。在分析劳动力流动的决策因素时引入了流动成本收益分析法以及考虑了教育、年龄、流入流出地失业率等因素，更加符合现实情况。该模型仅从微观的个体视角来考察农村劳动力流动所带来的成本和收益，但并未系统性分析劳动力流动对外部经济社会的影响。

（五）斯塔克"新劳动力迁移经济学"（The New Economics of Labor Migration）

20 世纪 80 年代初期，由斯塔克等人提出的"新劳动力迁移经济学"逐渐发展。斯塔克（1984）通过对发展中国家大量的乡村调查发现，劳动力迁移率最高的并不是最贫困的乡村，反而是收入分配更不平等的乡村，且在这些乡村中贫困人群的迁移意愿更强烈[①]。以往的模型无法对这一经济现象给出合理的解释，新劳动力迁移经济学正好弥补了这一不足。该理论仍以理性选择作为前提条件，研究对象由个人发展为家庭，强调家庭才是流动决策的主体。并且，新劳动力迁移经济学理论以"相对贫困假说"为核心，主张劳动力流动决策不仅受城乡收入差距的影响，还取决于以下两个因素：一是家庭对于风险的规避。斯塔克（1983）在《欠发达国家劳动力迁移模型》一文中指出，对风险的厌恶也是影响劳动力流动决策的主要因素，家庭作为决策者，以追求未来风险最小和收益最大化作为决策原则来进行理性选择[②]。二是相对贫困度。斯塔克和布卢姆（1985）在《劳动力流动的新经济学》中提出相对贫困理论，该理论认为在劳动力的迁移决策中，相对贫困是促使家庭迁移的重要决定因素，家庭除了追求收益最大化之外，往往会更加重视参照群体的

---

① Stark，Oded. "Rural-to-urban Migration in LDCs: A Relative Deprivation Approach." *Economic Development and Cultural Change* 32.3（1984），p.480.

② Stark，Oded. "A Note on Modelling Labour Migration in LDCs." *The Journal of Development Studies* 19.4（1983），p.545.

对比效应[①]。当潜在迁移者的家庭在其社区内处于较低的经济地位，其相对贫困的感受就越强烈，因此具有更强的迁移动机，希望通过劳动力迁移获取较高的收入来获得心理满足。

新劳动力迁移经济学理论以家庭为研究对象，主张经济因素并非劳动力流动决策的唯一要素，强调迁移风险及相对贫困度对迁移决策的重要影响，有效弥补了托达罗模型的缺陷，更加符合发展中国家的社会现实。

二、贫困相关理论

（一）对贫困的认识

贫困是一种社会物质生活贫乏的现象，或是一种社会物质生活和精神生活的综合现象，其主要根源是物质生活条件缺乏与精神生活没有或缺乏出路。随着经济社会的发展，人们对贫困的认识不断地深入，由早期传统的收入贫困，逐步拓展到能力维度的贫困以及权利维度的贫困。

1. 收入贫困视角

早期学术界对贫困的认识主要局限于物质资料匮乏的层面，强调收入不足以支撑最基本的生活需要。如美国学者雷诺兹（Reynolds，1984）从收入不足角度对贫困进行阐释，认为贫困是一个家庭没有足够的收入来维持最基本的生活水平[②]。西勃海姆（Seebohm，1901）指出："如果一个家庭的总收入不足以维持仅仅是物质生活所必备的需要，那么该家庭就处于贫困状态[③]。"英国学者郎特里（Rowntree）通过1899年对英国约克郡贫困状况的调查，提出"贫困是总收入水平不足以获得维持体能所需要的最低数量的生活必需品"，该理论观点成了早期学术界对贫困的普遍认识[④]。此后，诸多学者相继从这一视角来定义贫困。

---

①　Stark，Oded，and David E. Bloom. "The New Economics of Labor Migration." *The American Economic Review* 75.2（1985），p.175.

②　Reynolds，Morgan O. *Power and Privilege：Labor Unions in America*. Universe Pub，1984，p.120.

③　Rowntree，Benjamin Seebohm. *Poverty：A Study of Town Life*. Macmillan，1901，p.85.

④　Rowntree，B. S.，and A. L. Bowley. "Wages in York in 1899." *Journal of the Royal Statistical Society* 65.2（1902），p.360.

上述学者对收入贫困的认识主要是基于经济意义上的讨论，具体而言，有绝对收入贫困和相对收入贫困之分。所谓绝对收入贫困，也可称之为生存贫困，是指个人和家庭的收入不能维持最基本的生存需要。绝对收入贫困的标准并不是固定不变的，这取决于一国的经济社会发展水平。与绝对贫困相对应的是相对贫困，该概念重视对比效应，"将穷人的生活水平与社会平均水平相比较而做出的判断"①。相对贫困包含各个社会阶层之间和各阶层内部之间的收入差距，其本质在于收入分配的不平等。

总体而言，从收入维度来定义贫困，是最传统也是最普遍的一种方式，它将贫困问题简化，直观地反映贫困群体无法满足其基本生存需要的生活状态。该视角由于简单易操作的特点，能够更加精准地识别贫困群体，同时也易于获得精确度量的统计资料。但由于其所涵盖的范围过于狭窄，仅着眼于物质生活层面的贫困，忽视了贫困是一个复杂的社会经济问题，具有明显的多元性特征，故难以客观真实地反映出现实的贫困状况。其次，缺乏深层次探讨贫困产生的根源，更多地注重贫困的表象，即低收入，并认为只要提高了贫困人口的收入就能有效缓解贫困，从而导致了贫困减缓策略的单一化。

2. 能力贫困视角

随着人们对贫困认识的不断深入，逐渐由收入贫困视角转向能力贫困视角。能力贫困视角不仅仅关注收入层面的剥夺，更强调贫困是对一个人基本可行能力的剥夺。世界银行在《1990 年世界银行发展报告》中指出，"贫困是缺乏达到最低生活水准的能力"。此后，世界银行通过对 60 多个国家 6 万多贫困人口的调查分析，在先前定义的基础上又引入了风险以及面临风险时的脆弱性，并在《2000—2001 年世界发展报告——与贫困作斗争》中将贫困重新定义为"贫困不仅仅意味着低收入和低消费，还意味着缺少受教育的机会、营养不良、健康状况差，同时包括风险和面临风险时的脆弱性，以及不能表达自身的需求和缺乏影响力。这些所有形式的贫困都制约着一个人享受自己所珍视的生活的基本能力"。

---

① Alcock, Pete. *The Politics of Poverty. Understanding Poverty.* Macmillan Education UK, 1997, p.18.

在这一基础上，学者开始从理论上来探讨能力贫困问题，其中，最具代表性的是阿玛蒂亚·森（Amartya Sen）的能力贫困理论。该理论的核心思想是"可行能力"，即一个人所拥有的、享受自己有理由珍视的那种生活的实质自由，并基于此来判断个人处境。沿袭这一视角，贫困被认为是基本能力的被剥夺，而不仅仅是收入的低下。阿玛蒂亚·森将可行能力定义为一个人有可能实现的、各种可能的功能性活动。因此，在阿玛蒂亚·森的理论中，可行能力的本质就是一种自由，是人们能够过自己愿意过的那种生活的实质自由。基于这个意义，基本可行能力主要指免受诸如饥饿、营养不良、可避免的疾病和过早死亡之类的困苦，以及能够识字算数、享受政治参与等方面的自由，或者将其归结为生存的能力（自由）、健康的能力（自由）、长寿的能力（自由）等。

阿玛蒂亚·森可行能力理论的重要价值在于开创性地把能力结合到贫困与反贫困的研究框架中，改变仅关注收入贫困这一传统视角，从能力贫困角度出发，深化了对贫困内涵的认识，指出物质的匮乏只是贫困的一个方面，能力贫困才是真正的贫困。但由于目前学界尚没有对可行能力公认的标准界定，且在进行指标测评时缺乏加总指标的科学、精确的方法，该理论在理论研究与实践运用中均受到了一定的阻碍。

3. 权利贫困视角

在对贫困认识的不断深化中，部分学者认识到经济贫困的深层次原因不仅仅是物质资本的匮乏，更重要的原因在于社会权利的不足，即所谓的权利贫困。该观点认为权利贫困是社会中的一部分弱势群体在政治、经济、社会等方面的社会权利未能得到充分保障，具体表现为社会剥夺或社会排斥等。

英国经济学家彼得·汤森（Peter Townsend）于1979年将社会剥夺（Social Deprivation）运用到研究贫困的定义中，提出"相对剥夺"的概念，即"社会上一般认为或风俗习惯认为应该享有的食物、基本设施、服务与活动的缺乏与不足"，并指出"人们常常因社会剥夺而不能享有作为一个社会成员应该享有的生活条件。假如他们缺乏或不能享有这些生活条件，甚至因此而丧失成为社会一员的身份，他们就是贫困的"。同时，英国学者克莱尔（Claire，2000）也指出"贫困不仅是物质及伤及人体的一种剥夺，它同时会损害人们的自尊、尊严及自我认同感，限制他们参与决策及进入相关机构的途径，并使得部分群体受伤害的程度呈螺旋式上升"[①]。此外，在国际社会中，更多的学者使用"社会排斥"（Social Exclusion）理论来研究贫困。该概念由法国学者勒内·勒努瓦（Rene Lenoir）首次提出，随后开始广泛流行，强调个人与整体社会之间的断裂情形，如泰勒（Taylor，2001）指出贫困是被拒绝获得那些使人们能够充分参与经济、社会生活的服务等[②]。英国政府"社会排斥办公室"把社会排斥定义为某些人或某个地区遇到一系列交织在一起的综合性问题时所产生的现象，这些问题诸如失业、收入低下、技能缺乏、健康状况不良、住房困难、罪案高发环境以及家庭破裂等。虽然目前该概念被广泛运用于经济社会中，但迄今为止，各国官方以及学术界并没有统一的定义。

总体而言，社会排斥理论拓宽了贫困的研究领域，对贫困成因的研究从个人特征和具体环境转向社会群体特征和社会整体结构，强调社会资源的分配不平等才是造成排斥的深层次原因，而并非以往所关注的收入贫困。但该理论也面临一系列问题，首先是目前学界以及各国官方尚未对其有统一的定义，且被认为是一个否认清晰定义及测量的概念[③]。其次，该概念具有特定的社会特征，因不同国家、不同社会形态而异，难以形成一致的定量方法和测度指标，进而也无法在各个国家及各个地区之间进行比较研究。

（二）贫困的成因理论

贫困作为普遍的社会经济现象，成为学界关注的焦点，国内外学者从多个视角对贫困的根源进行了深层次的探讨，不断丰富该领域的理论研究。从贫困理论的发展来看，学者们主要从物质资本、人力资本以及制度环境层面对贫困的成因进行研究。

---

① Gagné, Claire. "Poverty Reduction and Economic Management Sector Unit." *Journal of Applied Polymer Science* 80.1（2000），p.75.

② Taylor, J. Edward, and Philip L. Martin. "Human Capital: Migration and Rural Population Change." *Handbook of Agricultural Economics* 1（2001），p.480.

③ Micklewright, John. "Social Exclusion and Children: A European View for a US Debate." *LSE STICERD Research Paper No. CASE051*（2002），p.14.

1. 物质资本

20 世纪 50 年代，西方发展经济学家的主流观点认为，经济发展缓慢或是停滞不前、人均收入水平的低下是发展中国家陷入贫困的根源，而经济增长停滞不前、人均收入水平低下的原因在于缺乏物质资本和投资。因此，资本被经济学家认为是经济发展的制约条件和决定因素。

沿袭物质资本匮乏的这一视角，首先，纳克斯（Nurkse）于 1953 年在《不发达国家的资本形成》一书中提出了"贫困恶性循环"理论（Vicious Circle of Poverty），从资本的视角对贫困产生的机理进行了探讨，认为发展中国家之所以经济发展缓慢、人均收入水平低下并陷入长期贫困，并非国内资源不足，而是因为在经济中存在若干互相联系、互相作用的"恶性循环系列"[1]。具体而言，包括供给和需求两个方面的恶性循环。在资本供给方面，发展中国家落后的经济发展水平导致了低收入，低收入意味着低储蓄，低储蓄又造成了资本形成不足，资本形成不足又势必会影响生产规模的扩大和生产效率的提高，从而导致了人均收入水平的低下，如此形成一个周而复始的"低收入—低储蓄—低资本形成—低生产率—低产出—低收入"的恶性循环。同理，在需求方面，发展中国家落后的经济决定了人均收入的低下，低收入意味着低购买力，低购买力又导致了资本引诱不足，资本形成不足造成生产规模较低、生产效率较低，而低生产率导致低产出，并最终导致低收入水平。因此形成"低收入—低购买力—低投资引诱—低资本形成—低生产效率—低产出—低收入"的恶性循环。这两个恶性循环相互影响、相互作用，使发展中国家长期陷入贫困陷阱之中。由此，纳克斯得出"一国穷是因为它穷"的著名论断。随后，美国经济学家纳尔逊（Nelson）于 1956 年在《不发达国家的一种低水平均衡陷阱理论》中提出"低水平均衡陷阱"理论，描述了在人均收入增长缓慢的情况下人口增长与国民收入持久均衡的关系，以此来解释贫困的自我循环机制和过程[2]。该理论

---

① Nurkse, Ragnar. *"The Problem of Capital Formation in Less-developed Countries."* Oxford University Press 33（1953），p.120.

② Nelson, Richard R. "A Theory of the Low-level Equilibrium Trap in Underdeveloped Economies." *The American Economic Review* 46.5（1956），p.900.

认为，发展中国家人均收入水平过于低下，仅能维持基本的生存需要，死亡率高、人口自然增长缓慢，同时低收入造成过低的储蓄能力，最终导致资本形成不足；当增加国民收入来提高储蓄和投资，人口也会按相应的速度增加，从而拉低人均收入水平，欠发达国家由此掉入低水平均衡陷阱。因此，当发展中国家的人均收入水平无法上升到与人口自然增长率相等的收入水平时，该经济体就处于低水平均衡陷阱，即任何超过最低收入水平的国民收入增长都将被人口的自然增长所抵消，此时，经济增长无法实现国民财富的有效积累，最终导致了贫困的发生。该理论强调资本的匮乏是制约经济发展的关键因素，发展中国家只有进行大规模的资本投资才能冲出这种"低水平均衡陷阱"。在上述理论的基础上，美国经济学家莱宾斯坦（Leibenstein）于 1957 年提出了"临界最小努力"理论（The Theory of Cirtical Minimum Effect），进一步解释了发展中国家贫困的原因。该理论认为发展中国家由于长期处于人均收入水平过低的循环中，国民经济中内在推动力过小，导致了无论怎么增加投资，资本形成的规模都小于经济发展起飞阶段所需要的临界最小值，难以克服发展障碍，最终无法冲破低水平均衡陷阱[①]。究其原因，莱宾斯坦认为，在发展中国家的经济增长过程中存在着提高收入和压低收入两种相互对立、相互制约的力量。提高收入的力量取决于上期的收入水平和投资，而压低收入的力量则取决于上期的人口增长速度和投资规模。当压低收入的力量超过提高收入的力量时，人均收入的增长将会被人口的增长所抵消从而回落到原来的陷阱中；反之，才能打破原有的低收入稳定均衡状态。因此，发展中国家要想摆脱贫困，必须保证投资的增长速度超过人口的增长速度。

2. 人力资本

20 世纪 60 年代兴起的人力资本理论突破了以往的资本认识，拓展了新古典经济学的研究框架。在这一理论的基础之上，国内外众多学者开始从人力资本的视角研究贫困问题，并形成了人力资本的贫困理论。区别于既往的物质资本视角以及社会制度视角，该理论的核心观点认为，贫困产生的根本原因在于

[①] Leibenstein, Harvey. "The Theory of Underemployment in Backward Economies." *Journal of Political Economy* 65.2（1957），p.95.

人力资本的投资、积累及发展程度不足，这将导致劳动生产率的低下，从而产生贫困问题。其中，具有代表性的理论主要有舒尔茨的人力资本理论、阿玛蒂亚·森的能力贫困理论以及甘斯（Herbert J. Gans）的功能贫困理论。

首先，舒尔茨于1960年在美国经济协会的年会上作出了《人力资本投资——一个经济的观点》的著名演说，首次提出了人力资本的概念，认为"在影响经济发展的诸多要素中，人的因素是最关键的，经济发展主要取决于人的质量的提高，而非自然资源的丰瘠或资本存量的多寡"。随后，1964年《教育的经济价值》出版，人力资本理论正式诞生。具体而言，舒尔茨在《贫困经济学》中指出资本应分为"常规资本"与"人力资本"，其中人力资本是体现在劳动者身上的一种资本类型，包括劳动者的数量和质量两个方面，是劳动者知识程度、技术水平、工作能力以及健康状况等各方面的价值总和，且人力资本是通过投资形成的，类似土地、资本等实体要素，在经济增长的贡献中具有重要作用。在人力资本的投资中，舒尔茨强调教育作为一种生产性投资的重要作用，是为了获得将来具有生产能力的潜力。在对贫困现象的深入分析中，他进一步指出贫穷国家的经济之所以落后，其本质原因不在于物质资本的匮乏，而在于人力资本的不足以及对其投资的忽视。

随着对贫困问题研究的不断深入，20世纪90年代以来，以森为代表的众多经济学家突破传统物质贫困的视角，围绕"可行能力"提出了能力贫困理论。该理论从能力视角看待贫困问题，指出改变贫困状况的根本途径在于提高贫困者自身的能力。总体而言，主要包括以下几个观点：第一，贫困不仅仅来自收入水平的低下，更多的是基本可行能力的被剥夺；第二，收入和能力是相互影响、相互作用的，收入是获得能力的物质基础，而能力的提高有助于获得更高的收入；第三，良好的教育和健康的身体不仅有助于改善生活质量，还能提高个人增收和摆脱贫困状态的能力；第四，疾病、人力资本和社会保障制度的匮乏、社会剥夺等都是造成能力贫困的因素；等等。

美国社会学家赫伯特·J.甘斯具体概括了贫困或穷人在美国社会中的十大正功能，从而成为功能贫困理论的主要代表。功能贫困理论认为，穷人之所以存在，一方面是因为他们自身天赋较低，或是由于他们不愿意接受教育而付出的代价，因而只能承担一些报酬和重要程度均相对较低的职位；另一方面，是因为它可以发挥着某种利于社会正常运转的功能，即社会的运转在一定程度上需要部分社会群体或部分社会阶层的贫困。具体而言，贫困群体的存在才能保证有关社会功能的实现，如社会中那些肮脏的、危险的、临时性的、下贱的工作需要有人去做；贫困产生了诸如社会福利、救济工作者等相关的工作，为那些年龄较大、文化程度较低的人群提供了就业机会；穷人的存在还使得二手产品得以继续被人利用，从而有助于提高整个社会的经济效率等。

3. 制度环境

1957 年，著名经济学家冈纳·缪尔达尔提出了"循环累积因果理论"（Cumulative Causation Model）。该理论运用制度的、动态的研究方法，从政治、经济、土地关系、教育体制等制度方面分析了发展中国家贫困的根源，指出在一个社会的动态发展过程中，各个社会经济因素间存在着循环累积的因果关系，其中某一种因素的变化势必会波及其他因素，引起另一个因素的相应变化，且后一因素的变化反过来作用于前一因素，使经济发展过程沿着最初因素的发展方向发展，周而复始，逐渐形成累积性的循环发展趋势。

通过对亚洲一些国家的研究，缪尔达尔发现，阻碍这些欠发达国家迅速发展的原因在于现有体制和观念上的低效率以及不平等，最终导致发展中国家陷入低收入和贫困的累积性循环中无法逃离。如缪尔达尔通过对一部分南亚国家的研究，认为缺乏保障的土地使用权制度阻碍了当地农户提高生产的积极性，且地租与净收益的脱节使得地主也没有强烈的投资动机，最终不利于当地的农业发展；此外，一些国家尚未将各个不同人群整合统一为同一个国度；一些国家的政府机构缺乏权威性；一些国家的廉政标准和公共管理效率过于低下。以上这一切共同构成"软政权"，即缺乏立法和具体法律的遵守与实施，各级公务人员普遍与有权势的群体串通一气，具体表现为上层阶级可随意掌握经济社会各方面的权利为己所用。这些制度缺乏的根源在于人民群众参与程度低，以及刚性的、不平等的社会分层。制度的缺陷与公众态度的缺陷互相作用、互相影响，态度通常支撑制度，同时制度又反过来支撑态度，两者相辅相成，共同导致了低收入和低生产率。低收入和低生产率又造成教育水平低下、劳动力素质不高，使贫困进一步恶化。因此，缪尔达尔进一步指出，经济社会的发展中的方方面面都影响着收入的高低，其中起决定作用的因素在于资本的形成和收入分配的不平等，由此，发展中国家应通过土地关系、权利关系、教育体制等一系列激进的制度改革，使收入分配趋于平等，增加消费、提高投资并增加储蓄以促进资本形成，使生产率的提高带动人均收入水平的提高，最终使发展中国家冲出累积循环困境。

三、研究应用

既有的理论研究基础将贯穿于本书当中，从而有助于形成科学的分析逻辑。具体而言，在第三章的理论分析中分别以劳动力流动理论及贫困相关理论科学界定农村劳动力流动、贫困等核心概念的范畴，并厘清其内在传导机制及作用的基础性条件。在第四章的现状考察分析中，将运用劳动力流动理论及贫困相关理论归纳总结政策的演进逻辑以及新时期现状问题的深层次根源。在第五、六、七章的实证分析中，将以劳动力流动理论及贫困相关理论分析贫困地区农村劳动力流动减贫效应偏差的内在原因。最后，在第八章的政策建议中，将结合农村劳动力流动的内在动力机制以及农村贫困产生的理论根源，切实解决贫困地区农村劳动力流动减贫面临的关键问题与障碍。

第二节　贫困地区农村劳动力流动减贫的研究进展

一、贫困减缓的可行路径研究

国内外关于贫困减缓的可行路径的研究成果比较丰富，关注的焦点主要集中在物质资本、人力资本以及制度环境对缓解贫困的作用上。

（一）物质资本的注入

首先，纳克斯（1953）提出了"贫困恶性循环陷阱"理论，从资本的视角对贫困产生的机理进行了探讨，认为其根源主要在于资本的匮乏；纳尔逊

（1956）提出"低水平均衡陷阱理论"，指出人均收入的增长将会被人口的增长所抵消，最终导致贫困的产生；莱宾斯坦（1957）则提出了"临界最小努力"理论，主要用于解释发展中国家的贫困现象，认为发展中国家要摆脱贫困，必须保证投资的增长速度超过人口的增长速度。以上三大理论均着眼于发展中国家资本的匮乏，在这一理论观点的基础上，国内外学者进行了诸多探讨，大量的理论与实证研究均表明了政府的财政资金投入以及金融资源的注入是农村地区资本形成的重要途径，这对于打破贫困的恶性循环具有十分重要的作用，从而有效推动农村地区的经济发展以及贫困减缓进程 [1]。

在财政投入方面，许多学者的研究表明了政府部门在农村道路投资、农业补贴以及农村地区的公共服务支出等方面的财政投入，能够有效减缓农村贫困 [2]。林伯强（2005）、谢秀军（2013）等学者的研究也指出了公共财政对于促进贫困地区脱贫致富发挥着重要的作用 [3]。王娟和张克中（2012）进一步细分了不同财政支出类型对农村贫困的影响具有显著差异，其作用表现为：农业性的财政投入＞社会救济性的财政投入＞基本建设性的财政投入 [4]。储德银和赵飞（2013）则从非线性视角入手，研究结果表明政府的财政投入对农村贫困的影响表现为非线性门槛效应 [5]。在金融资源注入方面，早期的农业信贷补贴论及农村金融市场论等理论都强调了金融资源是农村地区资本形成的有效途径，能够有助于贫困减缓。尤其是在格莱珉银行取得成功之后，金融减贫这一领域成了学者关注的焦点。国内外学者主要从直接减贫和间接减贫机制探讨了金融作用于贫困减缓的路径，尽管部分研究结论指出金融在贫困减缓中具有一定的

---

[1] 王定祥等：《贫困型农户信贷需求与信贷行为实证研究》，《金融研究》2011 年第 5 期，第130 页。

[2] Caminada, Koen, and Kees Goudswaard. "Social Expenditure and Poverty Reduction in the EU15 and Other OECD Countries." *Department of Economics Research Memorandum*（2009）, p.12.

[3] 林伯强：《中国的政府公共支出与减贫政策》，《经济研究》2005 年第 1 期，第 30 页；谢秀军：《公共财政对贫困地区的扶持与路径优化》，《改革》2013 年第 8 期，第 56 页。

[4] 王娟、张克中：《公共支出结构与农村减贫——基于省级面板数据的证据》，《中国农村经济》2012 年第 1 期，第 42 页。

[5] 储德银、赵飞：《财政分权与农村贫困——基于中国数据的实证检验》，《中国农村经济》2013 年第 4 期，第 80—81 页。

局限性，但主流的研究结论基本都表明了无论是直接机制还是间接机制，金融资源对于贫困减缓均具有一定的积极作用①。具体而言，贫困农户能够通过金融资源改变自身资源禀赋，扩大再生产规模，提高收入水平，同时，金融资本的积累也能够推动农村社会的经济发展，从而带动贫困群体脱贫增收。刘贯春和刘媛媛（2016）的研究进一步指出了当农村金融市场与政府实现有效结合时，能够有利于提升农村地区金融资本的配置效率，更好地发挥农村金融的减贫功能②。

（二）人力资本的培育

舒尔茨则在《贫困经济学》中指出资本应分为"常规资本"与"人力资本"，并认为摆脱贫困的关键在于人力资本的提升。理论研究表明，教育作为人力资本的核心组成部分，首先通过影响受教育者的劳动生产率，从而影响收入及贫困，最终达到提高农户的收入水平并减缓贫困的作用。进一步地，人力资本论认为，教育具有很强的外溢效应，不仅能够提高受教育者本身的劳动生产率，还能有助于改善其他人的劳动生产率。随后，大量的实证研究也证实了教育在消除农村贫困方面起着重要的作用③。邹薇和郑浩（2014）则通过构建人力资本代际传递模型，从教育投资的风险与决策视角解释低收入家庭持续性贫困问题，结果表明，贫困的家庭对子女进行教育投资的意愿更低④。高艳云和王曦璟（2016）利用中国 2012 年家庭追踪调查数据，采用分层模型的方法进行实证分析，发现教育是增加农户收入、改善农户贫困的重要途径，并且地区经济的发展状况对于发挥教育改善收入维度的贫困效应有着重要的影响⑤。

①　王修华、邱兆祥：《农村金融发展对城乡收入差距的影响机理与实证研究》，《经济学动态》2011 年第 2 期，第 76 页。

②　刘贯春、刘媛媛：《金融结构影响收入不平等的边际效应演化分析》，《经济学动态》2016 年第 5 期，第 55 页。

③　章元等：《一个农业人口大国的工业化之路：中国降低农村贫困的经验》，《经济研究》2012 年第 11 期，第 80 页。

④　邹薇、郑浩：《贫困家庭的孩子为什么不读书：风险、人力资本代际传递和贫困陷阱》，《经济学动态》2014 年第 6 期，第 20 页。

⑤　高艳云、王曦璟：《教育改善贫困效应的地区异质性研究》，《统计研究》2016 年第 9 期，第 73 页。

此外，也有学者指出健康人力资本对缓解贫困的重要性，认为健康人力资本能够在一定程度上避免农户陷入贫困。程名望等（2014）利用中国2003—2010年的农村固定观测点的数据进行实证研究，证实了教育和健康人力资本通过影响农户的收入水平对农村减贫发挥着积极作用，并进一步分析了在缩小收入差距方面，相对教育人力资本，健康人力资本的作用更为显著[1]。

（三）制度环境的完善

默达尔（1968）突破了以往的研究，从经济、政治、制度等多个层面来研究发展中国家贫困产生的根源，提出了"循环积累因果关系"理论，主张从制度、土地等方面进行改革，实现收入平等，增加贫困群体的消费，提高投资引诱，进而使得发展中国家人均收入水平迅速提升[2]。森（1999）认为，"贫困不是单纯由于低收入造成的，很大程度上是因为基本能力缺失造成的"，由此造成了微观的贫困[3]。陈飞和卢建词（2014）基于中国1991—2009年健康与营养调查数据（CHNS），对东中西部省份的收入增长与分配机制的减贫效应进行实证研究，结果发现收入分配制度的扭曲会降低减贫速度，并导致低收入群体的收入份额不断萎缩[4]。陈飞和翟伟娟（2015）从农村土地流转视角研究制度变化对农村贫困的影响，发现农地流转有助于提高农户的家庭收入，并降低农户的贫困发生率[5]。邢成举（2017）通过对阳县苹果产业科技扶贫的调查，分析发现由于科技扶贫的门槛效应和规模偏好，贫困群体很难参与其中，这就导致了扶贫资源在贫富之间的非均衡配置结构，使得贫困群体与阶层固化现象加剧[6]。

---

① 程名望等：《农村减贫：应该更关注教育还是健康？——基于收入增长和差距缩小双重视角的实证》，《经济研究》2014年第11期，第71页。

② Myrdal, Gunnar, and William J. Barber. *Asian Drama: An Inquiry into the Poverty of Nations.* Pantheon, 1968, p.23.

③ Sen, A. *Development as Freedom.* Oxford University Press, 1999, p.32.

④ 陈飞、卢建词：《收入增长与分配结构扭曲的农村减贫效应研究》，《经济研究》2014年第2期，第105页。

⑤ 陈飞、翟伟娟：《农户行为视角下农地流转诱因及其福利效应研究》，《经济研究》2015年第10期，第172页。

⑥ 邢成举：《科技扶贫、非均衡资源配置与贫困固化——基于对阳县苹果产业科技扶贫的调查》，《中国科技论坛》2017年第1期，第118页。

因此，造成贫困的原因不仅包括贫困人口的人力资本、物质资本，也包括外部制度环境的影响。

二、农村劳动力流动对缓解贫困的相关研究

（一）间接研究

目前，绝大多数学者主要从宏观层面间接研究了农村劳动力流动对缓解贫困的影响。关注的焦点主要集中在农村劳动力流动对农业生产、收入差距以及对农村社会的影响。

1. 农村劳动力流动对农业生产的影响研究

由于劳动力流动，农户家庭剩余劳动力的数量以及结构发生改变，这无疑会对农业生产产生一定的影响。柳建平和张永丽（2009）基于中国甘肃省10个贫困村的调查数据，指出劳动力流动虽然有助于农户家庭劳动力及土地资源的合理配置，但对于农业生产率、劳动力素质的提高以及新技术的采用都没有明显的促进作用[①]。王跃梅等（2013）发现，劳动力流动通过改变农民的决策行为，从而降低了农业生产的精细化程度，反而向粗放化倾向转变[②]。聂正彦（2015）指出，青壮年劳动力的外流弱化了农村的人力资本，且新型职业农民成长缓慢，导致农业技术推广困难[③]。斯梅尔等（2016）发现农村劳动力流动对农业生产具有负面影响，并指出这主要是由于参与非农劳动会影响农户家庭在农业生产方面的劳动力分配以及农业投资[④]。苏昕和刘昊龙（2017）通过选取我国2010—2014年的28个省份的面板数据，采用DEA-Tobit模型测算了各省的农业生产效率，实证分析了农村地区劳动力流动对农业生产效率的影响，

---

① 柳建平、张永丽：《劳动力流动对贫困地区农村经济的影响——基于甘肃10个贫困村调查资料的分析》，《中国农村观察》2009年第3期，第70页。

② 王跃梅等：《农村劳动力外流、区域差异与粮食生产》，《管理世界》2013年第11期，第118页。

③ 聂正彦：《农业劳动力老龄化对农业生产的影响分析——基于甘肃省4市6县调查数据》，《国家行政学院学报》2015年第6期，第70页。

④ Smale, Melinda, et al. "Destination or Distraction？ Querying the Linkage Between Off-farm Work and Food Crop Investments in Kenya." *Journal of African Economies* 25.3（2016），p.400.

研究发现农村劳动力流动明显地弱化了农业现代化生产的主观动因以及客观条件，对农业生产造成直接的负面影响[①]。

关于这一问题也有不同的观点。盛来运（2007）的研究表明，农村劳动力流动不仅没有导致农业生产的萎缩，相反，劳动力流动带动了农村劳动力整体素质的提高，加快了农村地区农业新技术的应用，进而有助于传统农业向现代化农业的转变[②]。张永丽和王文娟（2008）认为，劳动力流动对农业生产的影响是多方面的，首先，对于农业劳动力资源配置方面，劳动力流动可以缓解紧张的人地矛盾，提高农业劳动的生产率；其次，有劳动力流动的农户对农机、农业新要素的投入要远高于没有劳动力流动的农户；此外，在农业生产决策方面，有劳动力流动的农户更加注重市场导向，相比较而言，没有劳动力流动的农户主要以满足自身需求为目的[③]。阿乔尼翁等（2017）基于马拉维第三次综合家庭调查（IHS3）以及综合家庭小组调查（IHPS）的数据，研究认为，农村劳动力流动会增加农户家庭进行农业生产投资的可能性，如马拉维农户家庭在无机化肥的购买决策方面提升了5%[④]。尽管该作用只限于购买决定，但这一发现与既有的研究观点一致，即农村劳动力流动所带来的非农收入能在一定程度上减少农村家庭在农业生产投资的现金限制[⑤]。

2. 农村劳动力流动对农村经济的影响研究

已有研究发现，人口变动对经济增长有着非常重要的影响[⑥]。刘秀梅和田维明（2005）直接研究了农村劳动力流动对我国经济增长的贡献，结果表明农村劳动力流动能够明显改善劳动力的边际生产力，进而有利于促进国民经济的

① 苏昕、刘昊龙：《农村劳动力转移背景下农业合作经营对农业生产效率的影响》，《中国农村经济》2017年第5期，第64页。

② 盛来运：《农村劳动力流动的经济影响和效果》，《统计研究》2007年第10期，第18页。

③ 张永丽、王文娟：《农村劳动力流动与缓解贫困——基于甘肃省贫困山区的实证分析》，《人口与经济》2008年第5期，第40页。

④ Adjognon, Guigonan Serge, et al. *Rural Non-farm Employment and Household Welfare: Evidence from Malawi*. The World Bank, 2017, p.14.

⑤ Ackah, Charles. "Nonfarm Employment and Incomes in Rural Ghana." *Journal of International Development* 25.3 (2013), p.330.

⑥ Lains, Pedro. "Catching Up to the European Core: Portuguese Economic Growth, 1910–1990." *Explorations in Economic History* 40.4 (2003), p.375.

增长[1]。张广婷等（2010）的研究发现，中国1997—2008年劳动力流动对劳动生产率的提高和GDP增长的贡献分别达到16.33%和1.72%，而由于户籍、土地等劳动力流动障碍引起的劳动力在各部门间的错配，造成经济增长效率下降8%[2]。齐明珠（2014）考察了中国1991—2011年农村劳动力流动对经济增长的贡献，发现农村劳动力流动在20年间累计使我国GDP总量提升了85.5%，同时使GDP年均增长1.5%[3]。

也有研究发现，农村劳动力流动在经济增长过程中会对收入分配产生重要作用。一方面，表现为对城乡收入差距的影响。王小鲁（2004）的研究指出，劳动力流动是中国地区间经济增长收敛的重要因素，对于降低城乡收入差距起着积极作用[4]。盛来运（2007）指出，劳动力流动能够在打破城乡二元经济结构方面发挥积极作用，这将有助于缩小城乡收入差距以及宏观经济的持续增长[5]。蔡昉和王美艳（2009）基于中国2005年1%人口抽样调查数据，研究发现劳动力流动不仅在理论上能缓解城乡收入差距，且事实上正在缩小这种差距[6]。另一方面，则表现为对农村内部收入差距的影响。有关劳动力流动对农村收入不平等的影响的实证研究结论不一。诸如沃尔德汉纳（2002）的研究发现，由于劳动力流动所带来的非农收入主要被分配到富裕群体中，因此扩大了收入不平等。[7]罗德里格斯（1998）基于菲律宾住户调查数据，运用反事实收

① 刘秀梅、田维明：《我国农村劳动力转移对经济增长的贡献分析》，《管理世界》2005年第1期，第93页。

② 张广婷等：《中国劳动力转移与经济增长的实证研究》，《中国工业经济》2010年第10期，第20页。

③ 齐明珠：《中国农村劳动力转移对经济增长贡献的量化研究》，《中国人口·资源与环境》2014年第4期，第130页。

④ 王小鲁：《区域收入差距与劳动力流动》，《中国改革论坛》2004年第12期，第35页。

⑤ 盛来运：《农村劳动力流动的经济影响和效果》，《统计研究》2007年第10期，第13页。

⑥ 蔡昉、王美艳：《为什么劳动力流动没有缩小城乡收入差距》，《经济学动态》2009年第8期，第8页。

⑦ Woldehanna, Tassew. "Rural Farm/Nonfarm Income Linkages in Northern Ethiopia." Promoting Farm/Nonfarm Linkages for Rural Development: Case Studies from Africa and Latin America, Rome: FAO（2002），p.12.

入估计方法，发现劳动力流动带来的汇款扩大了家庭收入差距[①]。巴勒姆和鲍彻（1998）基于尼加拉瓜的家庭数据，考察了汇款对收入分配的影响，研究发现在考虑到劳动力流动的选择性时，汇款使得家庭陷入更为严重的收入不平等状况[②]。胡枫（2010）利用湖北省 2005 年的农户调查数据，通过引入工具变量构造有外出劳动力户的反事实收入框架，发现农村地区真正流动的劳动力往往来自经济条件较好的农户，因此，劳动力流动带来的汇款收入扩大了农户家庭收入的不平等状况[③]。马特等（2012）通过 2008 年马来西亚的农户调查数据，发现当地的劳动力流动虽然增加了农户家庭收入，但同时也使得农村地区收入不平等现象更为严重[④]。相反地，德·让弗利（2005）则认为劳动力流动所带来的非农收入能够降低农村收入不平等[⑤]。王建国（2013）也指出，农村地区劳动力流动缓解了农村收入不平等程度[⑥]。

3. 农村劳动力流动对农村社会的影响研究

一种观点认为农村劳动力流动对农村经济社会的发展有着积极的作用。其中，部分学者从劳动力流动的汇款视角进行了探讨。吴继煜（2006）的研究表明，有劳动力流动的农户更加注重对家庭的教育投资，以此提高整个家庭的人力资本存量[⑦]。张永丽和王文娟（2008）也得出了类似的结论，并进一步指出这主要是由于有劳动力流动的农户对子女受教育水平的期望值更高。因此，来源于劳动力流动的汇款收入最优先的选择是用于教育所代表的人力资本投

---

① Rodriguez, Edgard R. "International Migration and Income Distribution in the Philippines." *Economic Development and Cultural Change* 46.2（1998），p.340.

② Barham, Bradford, and Stephen Boucher. "Migration, Remittances, and Inequality: Estimating the Net Effects of Migration on Income Distribution." *Journal of Development Economics* 55.2（1998），p.320.

③ 胡枫：《农民工汇款与家庭收入不平等：基于反事实收入的分析》，《人口研究》2010 年第 3 期，第 9 页。

④ Mat, Siti Hadijah Che, Ahmad Zafarullah Abdul Jalil, and Mukaramah Harun. "Does Non-farm Income Improve the Poverty and Income Inequality Among Agricultural Household in Rural Kedah？" *Procedia Economics and Finance* 1（2012），p.272.

⑤ De Janvry, Alain, Elisabeth Sadoulet, and Nong Zhu. "The Role of Non-farm Incomes in Reducing Rural poverty and inequality in China." *Department of Agricultural & Resource Economics*, *UCB*（2005），p.120.

⑥ 王建国：《外出从业，农村不平等和贫困》，《财经科学》2013 年第 3 期，第 86 页。

⑦ 吴继煜：《劳动力流动视角的人力资本效应认知》，《西北人口》2006 年第 6 期，第 51 页。

资①。爱德华兹和乌雷塔（2003）基于萨尔瓦多的数据，采用 COX 比例风险回归模型研究了劳动力流动所带来的汇款对农户教育投资的影响，研究表明，即使父母的文化水平较低，汇款对降低当地青少年文盲率、辍学率，提高入学率都有着十分重要的作用，且这一现象在贫困地区尤其明显②。此外，还有学者从流动者视角对这一问题进行研究，唐家龙（2005）的研究表明，劳动力流动可以使流动者在工作中积累经验并学到新的技术，从而提高自身的人力资本水平③。白南生和何宇鹏（2002）认为农村劳动力流动有助于提高流动者自身的劳动技能以及生活适应能力，且受到城市文化熏陶的外出劳动力的回流发挥着载体功能，将城市的生活理念及生活方式传播到农村，影响农村人口的生育意愿，对子女的教育等问题都将产生一定的影响④。张永丽和王文娟（2008）也认为，劳动力流动可以改变农村地区长期以来保守、封闭的格局，给广大农村地区注入城市生活理念以及现代化意识，同时也赋予了农民更多的就业机会，并且大量的劳动力流动有助于减轻当地人口对自然资源的依赖程度，从而能够在一定程度上缓解由于生态恶化而导致的贫困⑤。

与此同时，也有部分学者提出了相反的观点，认为农村地区大量劳动力外出务工虽然能增加农户的家庭收入，但同时也会掏空农户家庭的生活内容，且这种家庭生活的不完整形态构成了当前我国农民工最大的隐痛⑥。从留守老人角度来看，卢海阳和钱文荣（2014）的研究指出农村劳动力的外流不仅减少了

---

① 张永丽、王文娟：《农村劳动力流动与缓解贫困——基于甘肃省贫困山区的实证分析》，《人口与经济》2008 年第 5 期，第 40 页。

② Edwards, Alejandra Cox, and Manuelita Ureta. "International Migration, Remittances, and Schooling: Evidence from El Salvador." *Journal of Development Economics* 72.2（2003），p.435.

③ 唐家龙：《论迁移是人力资本投资的伪形式》，《人口研究》2005 年第 5 期，第 28 页。

④ 白南生、何宇鹏：《回乡，还是外出？——安徽四川二省农村外出劳动力回流研究》，《社会学研究》2002 年第 3 期，第 69 页。

⑤ 张永丽、王文娟：《农村劳动力流动与缓解贫困——基于甘肃省贫困山区的实证分析》，《人口与经济》2008 年第 5 期，第 40 页。

⑥ 贺雪峰、董磊明：《农民外出务工的逻辑与中国的城市化道路》，《中国农村观察》2009 年第 2 期，第 15 页。

留守老人的日常以及医疗方面的照料，反而增加了其劳动强度①。此外，贺聪志和叶敬忠（2010）利用中国五个劳动力输出大省的调研数据，发现大量农村劳动力的外出减少了留守老人获得照料的资源，尤其是日常照料、疾病照料缺失严重，从而导致了农村留守老人生活方式的改变②。连玉君等（2015）发现由于子女外出务工，留守父母的自评健康及生活满意度都双双下降③。与此同时，从村落角度来看，由于大量劳动力的外流，伴随着我国老龄化问题的加剧，部分农村地区"空心村""老人村"现象严重④。文军和吴越菲（2017）从村落视角揭示大量农村青壮年劳动力的外流使得农村人口结构发生改变，留守人口大多是老弱病残，从而导致了原有的村落秩序面临土崩瓦解的风险⑤。

（二）直接研究

近年来，尽管劳动力流动与农村贫困都是学界与社会各界所关注的焦点，但关于农村地区劳动力流动的减贫效应的直接研究却十分有限，且基于不同的研究对象与背景，劳动力流动是否能够成为农村地区减缓贫困的潜在途径，在已有的研究中并未得出一致性的结论。目前，主流的观点主要包括以下三类。

1. 农村劳动力流动有利于减缓贫困

国内外学者关于劳动力流动的减贫效应主要持支持的观点，认为发展中国家农村地区劳动力流动通过增加非农就业机会对提高农户家庭收入起着十分重要的作用，这主要表现为非农收入占农户家庭收入的比重日益提升⑥。因此，

---

① 卢海阳、钱文荣：《子女外出务工对农村留守老人生活的影响研究》，《农业经济问题》2014年第6期，第28页。

② 贺聪志、叶敬忠：《农村劳动力外出务工对留守老人生活照料的影响研究》，《农业经济问题》2010年第3期，第50页。

③ 连玉君等：《子女外出务工对父母健康和生活满意度影响研究》，《经济学（季刊）》2015年第1期，第190页。

④ 陆益龙：《农村劳动力流动及其社会影响——来自皖东T村的经验》，《中国人民大学学报》2015年第1期，第16页。

⑤ 文军、吴越菲：《流失"村民"的村落：传统村落的转型及其乡村性反思——基于15个典型村落的经验研究》，《社会学研究》2017年第4期，第29页。

⑥ 陈锡文：《我国农业农村的60年沧桑巨变》，《求是》2009年第19期，第35页。

劳动力流动被普遍认为是一种潜在的提高农村地区农户家庭收入、缓解贫困的有效途径[①]。早期的研究主要是基于理论上的探讨。刘易斯（1954）提出了经济二元结构理论，将劳动力从传统的农业部门向现代非农部门的流动纳入经济研究的重要内容。该理论认为劳动力从农业部门向非农部门的流动减少了农业部门劳动力的数量，从而提高了其在非农部门的工资，根据个人追求利益最大化的选择，这种流动提高了劳动力的收入水平[②]。在这一理论的基础上，哈里斯和托达罗（1970）认为劳动力流动是基于预期收入增加的决策，大量的农村劳动力直接进入到工资率低、就业不稳定的城市非正规部门，而不是城市正规部门[③]。随后，对该问题的实证探讨不断涌现。大量的实证研究表明，农村劳动力流动对贫困减缓有着积极的正向作用[④]。在具体的减贫程度上，一种观点认为农村劳动力流动能够显著地减少农村贫困。亚当斯（2001）基于埃及和约旦的数据，研究发现劳动力流动产生的收入分别占埃及和约旦农村贫困农户家庭收入的60%和20%，同时这种非农收入大大地降低了农村贫困以及收入分配不平等的程度[⑤]。都阳和朴之水（2003）从贫困地区农村地区劳动力流动的"利他性"假说入手，通过实证分析表明贫困地区劳动力流动具有明显的利他性特征，因此这能够成为缓解贫困的重要途径[⑥]。德·让弗利等（2005）利用1996年湖北省农户调查数据，通过Heckman两步法构建反事实框架，对比有劳动力流动和没劳动力流动情形下农户的家庭收入、贫困状态以及收入不平等现象的差异，发现缺乏劳动力流动的农户家庭更容易陷入贫困以及贫困程度

① Lanjouw P, Murgai R, Stern N. "Nonfarm Diversification, Poverty, Economic Mobility, and Income Inequality: A Case Study in Village India." *Agricultural Economics*, 2013, 44（4-5）, p.468.

② Lewis, W. Arthur. "Economic Development with Unlimited Supplies of Labour." *The Manchester School* 22.2（1954）, p.150.

③ Harris, John R., and Michael P. Todaro. "Migration, Unemployment and Development: a Two-sector Analysis." *The American Economic Review*（1970）, p.135.

④ Nguyen, Cuong Viet, Marrit Van den Berg, and Robert Lensink. "The Impact of Work and Non-work Migration on Household Welfare, Poverty and Inequality." *Economics of Transition* 19.4（2011）, p.780.

⑤ Adams, Richard H. Jr. *Nonfarm Income, Inequality, and Poverty in Rural Egypt and Jordan*. The World Bank, 2001, p.10.

⑥ 都阳、朴之水：《劳动力迁移收入转移与贫困变化》，《中国农村观察》2003年第5期，第8页。

更深。同时，受教育程度、房屋离当地乡镇中心功能区的距离、邻居是否参与非农活动等都是影响农户家庭成员参与劳动力流动的关键因素[①]。史耀波和李国平（2007）利用《中国统计年鉴》等数据，实证分析了中国广大农村地区劳动力流动对贫困的影响，研究发现劳动力流动有效地改善了农户的经济状况，显著地降低了农户的贫困发生率，且这种作用在 20 世纪 90 年代后更为明显[②]。杜鹏等（2007）利用中国人民大学人口与发展研究中心于 2005 年在四川南充的调查数据，发现农村地区劳动力流动者转移到家庭的收入对改善家庭福利具有显著的作用[③]。萨贝茨—惠勒等（2008）通过主成分分析方法实证检验了农村劳动力流动所带来的非农收入对埃及农村地区贫困以及不平等的影响，研究结果表明劳动力流动所带来的收入不仅能够显著地减少农村贫困，而且有助于缓解农村地区收入不平等[④]。罗楚亮（2010）根据 2007—2008 年两年的农户追踪调查数据，考察了中国农村贫困状况及变化特征，研究发现农户参与劳动力流动能够显著降低其陷入贫困的可能性，且当贫困标准越低，这种减贫效应也就越明显[⑤]。李聪（2010）基于陕西秦岭的调查分析认为，有劳动力流动的农户相对于没有劳动力流动的农户，其陷入贫困的概率相对较低，且对环境的依赖、抗击风险的能力及消费水平均优于没有劳动力流动的农户[⑥]。蒲艳萍（2011）通过对 2010 年中国西部地区 289 个自然村的调查分析，认为农村地区劳动力流动对增加农户家庭收入、缓解贫困、改善农户家庭福利水平有着积极的作用[⑦]。此外，流动人口的受教育程度不仅对提高流动者的绝

①　De Janvry, Alain, Elisabeth Sadoulet, and Nong Zhu. "The Role of Non-farm Incomes in Reducing Rural Poverty and Inequality in China." *Department of Agricultural & Resource Economics*, *UCB*（2005）, p.8.

②　史耀波、李国平：《劳动力移民对农村地区反贫困作用的评估》，《中国农村经济》2007 年第 1 期，第 18 页。

③　杜鹏等：《流动人口外出对其家庭的影响》，《人口学刊》2007 年第 1 期，第 6 页。

④　Sabates-Wheeler, Rachel, Ricardo Sabates, and Adriana Castaldo. "Tackling Poverty-migration Linkages: Evidence from Ghana and Egypt." *Social Indicators Research* 87.2（2008）, p.310.

⑤　罗楚亮：《农村贫困的动态变化》，《经济研究》2010 年第 5 期，第 127 页。

⑥　李聪：《劳动力外流背景下西部贫困山区农户生计状况分析——基于陕西秦岭的调查》，《经济问题探索》2010 年第 9 期，第 52 页。

⑦　蒲艳萍：《劳动力流动对农村经济的影响——基于西部 289 个自然村的调查资料分析》，《农业技术经济》2011 年第 1 期，第 73 页。

对收入、缓解农户贫困状态有着积极的影响，而且有助于促进流动者自身人力资本的积累及其对后代人力资本的投资。马特等（2012）以马来西亚吉打州为研究对象，利用 384 个农户调查样本，从贫困发生率 FGT（0）、贫困深度 FGT（1）以及贫困强度 FGT（2）三个维度探索了农村地区劳动力流动对贫困的影响，研究发现劳动力流动可以显著地缓解农村贫困，同时这种作用能够有效地降低贫困深度及贫困强度，但是这会在一定程度上加剧农户间收入不平等程度[①]。兰乔等（2013）利用印度农村地区的村级调查数据，实证研究发现非农部门能够打破农村地区极端贫困人口劳动力流动的障碍，这有助于提高他们的收入水平，从而有效地减缓贫困[②]。王建国（2013）基于 2008 年"中国城乡劳动力流动课题组"（RUMiC）对全国 9 省份农村住户的调查数据，采用参数及半参数两种互补的方法估计农户在没有劳动力流动情况下的反事实收入分布，从而系统地比较反事实与事实收入分布下的贫困及不平等指标，研究发现农村地区劳动力流动有效地缓解了农村贫困，并缩小了农村收入差距；同时，没有劳动力流动的农户的收入水平处在农村整体收入分布的中低端[③]。樊士德和江克忠（2016）基于 2010 年中国家庭追踪调查数据（CFPS），采用线性回归模型以及 Probit 模型系统地探讨了农村地区劳动力流动对全国总体以及不同区域、不同地貌农村地区的减贫作用，研究表明对于全国范围，劳动力流动不仅促进了农户绝对收入的提高，同时也有效地降低了贫困发生率，但这一作用在发达地区效果更为显著，而欠发达地区的边际贡献率则更高[④]。阿乔尼翁等（2017）基于马拉维的面板数据，采用多种研究方法多角度地对劳动力流动的减贫效应进行了实证检验，研究发现农村劳动力流动可以作为农村地区减贫的

① Mat, Siti Hadijah Che, Ahmad Zafarullah Abdul Jalil, and Mukaramah Harun. "Does Non-farm Income Improve the Poverty and Income Inequality Among Agricultural Household in Rural Kedah？" *Procedia Economics and Finance* 1（2012）, p.272.

② Lanjouw P, Murgai R, Stern N. "Nonfarm Diversification, Poverty, Economic Mobility, and Income Inequality: A Case Study in Village India." *Agricultural Economics*, 2013, 44（4-5）, p.470.

③ 王建国：《外出从业，农村不平等和贫困》，《财经科学》2013 年第 3 期，第 86 页。

④ 樊士德、江克忠：《中国农村家庭劳动力流动的减贫效应研究——基于 CFPS 数据的微观证据》，《中国人口科学》2016 年第 5 期，第 30 页。

有效手段，同时运用分位数回归进一步探讨了劳动力流动对于农户家庭福利影响的分层差异，发现相比富裕的农户而言，贫困农户的福利效应明显较弱[1]。另一种观点则指出农村地区劳动力流动虽然能够在一定程度上缓解贫困，但这种作用十分有限。兰乔等（2001）基于两套互为补充的数据，研究了萨尔瓦多农村贫困地区劳动力流动对贫困的影响，研究表明尽管很难期待劳动力流动能够作为农村贫困地区脱贫的有效手段，但事实上这一途径有助于预防贫困农户陷入更深层次的贫困[2]。杜鹰等（2005）利用中国贫困监测报告（1997—2001）和中国农村贫困调查（CRPS）两套互为补充的面板数据，实证分析了劳动力流动对中国农村贫困地区的影响，研究发现贫困地区农村劳动力流动可以增加农户家庭人均收入 8.5%—13.1%，进而有助于缓解贫困。尽管劳动力流动所带来的收入在总体层面可以减少贫困，但是由于贫困农户自身素质的局限，大部分真正贫困的农户无法参与到劳动力流动当中。因此，减贫效果比较微弱，贫困发生率仅从 15.4% 降到 14.4%[3]。劳动力流动对于农村贫困的影响因不同研究对象而不同，但有一点值得肯定的是，农村地区的劳动力流动能够起到安全保障的作用，防止农户陷入贫困危机[4]。

2. 农村劳动力流动不利于减缓农村贫困

这一观点主要从农村社会秩序与农村劳动力供给等视角进行分析。首先，关于农村社会秩序方面的研究。持这一观点的学者认为农村地区劳动力流动会给当地带来极大的社会成本，这势必会破坏广大农村地区的社会秩序，反而使农户陷入贫困[5]。甄小鹏（2016）的研究也得出了一致的结论，他指出农村劳

① Adjognon, Guigonan Serge, et al. *Rural Non-farm Employment and Household Welfare: Evidence from Malawi*. The World Bank, 2017, p.9.

② Lanjouw, Jean O., and Peter Lanjouw. "The Rural Non-farm Sector: Issues and Evidence from Developing Countries." *Agricultural Economics* 26.1（2001）, p.12.

③ Du, Yang, Albert Park, and Sangui Wang. "Migration and Rural Poverty in China." *Journal of Comparative Economics* 33.4（2005）, p.695.

④ Lanjouw, Peter. "Does the Rural Nonfarm Economy Contribute to Poverty Reduction." *Transforming the Rural Nonfarm Economy: Opportunities and Threats in the Developing World*（2007）, p.70.

⑤ Chinn, Dennis L. "Rural Poverty and the Structure of Farm Household Income in Developing Countries: Evidence from Taiwan." *Economic Development and Cultural Change* 27.2（1979）, p.290.

动力流动造成了严重的"空心化"及一系列负面的社会经济现象，且扩大了收入不平等，这极大地削弱了其带来的收入增长效应，进而导致农村贫困问题的加剧，甚至阻碍农业发展[1]。其次，在劳动力供给方面，一部分学者认为农村地区劳动力流动会引起大量高素质劳动力的流失，相比留在家庭继续从事农业生产的劳动力，流动的劳动力受教育的程度较高，接受先进知识与技术的能力更强，具有较高的人力资本禀赋，属于农村地区的"精英"[2]。因此，大量的精英流失会阻碍农业生产效率的提升，进而阻碍农村减贫进程。赵曼和程翔宇（2016）利用 2014—2015 年湖北省 1660 个农户数据，采用 Logit、Tobit 模型以及工具变量法，实证检验了农村地区劳动力流动对农户贫困的影响，研究表明农村劳动力流动导致家庭剩余劳动力供给不足，限制了家庭发展，进而不利于农户家庭的脱贫；其次，劳动力流动虽然增加了农户家庭的现金收入，但经过规模调整后家庭人均收入反而下降，加剧了农户的贫困程度[3]。此外，也有学者从其他视角进行了探讨。如哈格布雷德等（2010）指出，尽管在经济较为发达的农村地区，劳动力流动可以显著地降低贫困发生率，但是对于发展中国家落后的农村地区而言，依靠劳动力流动来实现减贫是不切实际的[4]。薛美霞和钟甫宁（2010）利用 1986—2004 年《中国农业年鉴》中相关数据资料，从贫困发生率、贫困深度以及贫困强度三个层面考察了贫困地区劳动力流动对农村贫困的影响，认为无论是在农村劳动力流动规模较大的地区还是规模较小的地区，人均非农收入的增加不仅对于贫困的缓解效应不显著，反而恶化了贫困深度和贫困强度[5]。李翠锦（2014）以 2008—2010 年新疆 30 个贫困县 3000 个农

① 甄小鹏：《农村劳动力流动决策及其对农村家庭收入与农村内部收入差距的影响——基于劳动异质性的视角》，西南财经大学博士论文，2016 年，第 46 页。

② 李全喜：《新形势下农村劳动力转移对农村反贫困的助推与挑战》，《农村经济》2014 年第 2 期，第 92 页。

③ 赵曼、程翔宇：《劳动力外流对农村家庭贫困的影响研究——基于湖北省四大片区的调查》，《中国人口科学》2016 年第 3 期，第 106 页。

④ Haggblade, Steven, Peter Hazell, and Thomas Reardon. "The Rural Non-farm Economy: Prospects for Growth and Poverty Reduction." *World Development* 38.10（2010），p.1435.

⑤ 薛美霞、钟甫宁：《农业发展、劳动力转移与农村贫困状态的变化——分地区研究》，《农业经济问题》2010 年第 3 期，第 40 页。

户的微观面板数据为样本，运用固定效应和工具变量法进行了实证检验，系统地分析了劳动力流动对于贫困的影响，研究发现劳动力流动仅仅提高了中等收入农户的收入水平，对于贫困农户并无减贫效应，同时对于富裕农户的收入水平也没有影响[①]。

3. 农村劳动力流动的减贫效应不确定

根据卢卡斯和斯塔克（1985）的"利他性"假说，劳动力流动是否能够改善家庭福利并减缓农户贫困取决于流动者的动机，即流动者是"自利"还是"利他"。如果是前者，劳动力流动可能仅仅改善流动者自身的福利状况，对于农户家庭的其他成员而言效果甚微[②]。有学者还指出了农村劳动力流动是否能够减贫并非仅取决于劳动力流动本身，而是取决于贫困农户劳动力流动所能获取的非农工作的机会，以及这一非农工作能否有效提升流动人口的物质资本及人力资本[③]。此外，还有学者认为，一般而言，农村劳动力流动能够消除贫困，但是在某些情况下，反而会加剧贫困，这主要取决于流动人口转移汇款的边际效益，即当流动人口人均汇款高于其在农村务农的边际产出时，劳动力流动将有助于改善贫困，而当流动人口的人均汇款低于其在农村务农的边际产出时，劳动力流动无疑会加剧农户的贫困程度[④]。同时，还有部分研究表明劳动力流动与贫困之间的关系并不是简单的线性关系，而是呈现出复杂的混合型关系[⑤]。此外，沈等（2010）从理论层面上指出收入的积累和劳动力外出网络扩大使转移收入与农村贫困及不平等呈现出"倒 U 形"的关系[⑥]。

[①] 李翠锦：《贫困地区劳动力迁移、农户收入与贫困的缓解——基于新疆农户面板数据的实证分析》，《西北人口》2014 年第 1 期，第 36 页。

[②] Lucas, Robert EB, and Oded Stark. "Motivations to Remit: Evidence from Botswana." *Journal of Political Economy* 93.5（1985），p.910.

[③] De Haan, Arjan. "Livelihoods and Poverty: The Role of Migration-a Critical Review of the Migration Literature." *The Journal of Development Studies* 36.2（1999），p.40.

[④] 杨靳：《人口迁移如何影响农村贫困》，《中国人口科学》2006 年第 4 期，第 66 页。

[⑤] Guriev, Sergei, and Elena Vakulenko. "Breaking Out of Poverty Traps: Internal Migration and Interregional Convergence in Russia." *Journal of Comparative Economics* 43.3（2015），p.641.

[⑥] Shen, I-Ling, Frédéric Docquier, and Hillel Rapoport. "Remittances and Inequality: A Dynamic Migration Model." *Journal of Economic Inequality* 8.2（2010），p.210.

三、农村劳动力流动的影响因素的相关研究

农村劳动力流动的影响因素也是学者们所关注的焦点，并形成了大量丰富的研究观点。早期的研究主要着眼于劳动力流动的经济收益，如肖斯塔（1962）的研究表明，区域之间的不同收入流减去劳动力初始的转移成本是影响劳动力个体决定是否转移的重要因素[①]。巴格瓦蒂等（1975）基于 Harris-Torado 模型，分析了特定部门黏性工资的政策排名，所得出的研究结论指出预期收入是决定劳动力流动的原因[②]；菲尔茨（1979）对该模型做了进一步改进，探讨了预期收入之外的其他影响因素，提出不鼓励农村人口大规模向城市流动，并通过小幅度增加就业机会来抑制城市失业率的建议，这间接表明城市失业率高低是劳动力流动的原因之一[③]。在前期研究基础之上，埃德马尔（1980）率先使用简化模型，说明了工业部门和农业部门之间的差距是劳动力流动的原因，并且提出了"农业部门存在收益递减规律"和"工业部门吸收农村剩余劳动力一般不会引起城市或乡村地区工人工资的上升"两个基本假设[④]。至此，新古典迁移理论把劳动力流动的研究重点锁定在农村劳动力向城市迁移和从事第一产业的劳动力向第二、三产业转移。如阿克塞尔松（1998）认为只要生产部门间存在着比较经济利益，就会使社会劳动力从经济收益比较低的部门流动到比较高的部门，在现实经济中，一般表现为从农业部门流向工业部门和商业部门，同时他通过大量数据总结出了"人口迁移法则"，除比较经济利益之外，迁移空间距离、迁移时间尺度、迁移制度障碍、迁移对产业发展的影响都是影响劳动力流动的重要因素[⑤]。蔡昉等（2004）的研究则证明，城乡收入差距是

①　Sjaastad, Larry A. "The Costs and Returns of Human Migration." *Journal of Political Economy* 70.5, Part 2（1962），p.85.

②　Bhagwati, Jagdish N., T. N. Srinivasan, and V. R. Panchamuki. "Static Allocational and Efficiency Impact on Growth." *Foreign Trade Regimes and Economic Development*：India. NBER, 1975, p.182.

③　Fields, Gary S. "Place-to-place Migration：Some New Evidence." *The Review of Economics and Statistics*（1979），p.28.

④　Bacha, Edmar L. "Industrialization and Agricultural Development." *Policiesfor Industrial Progress in Developing Countries*（1980），p.259.

⑤　Axelsson, Roger, and Olle Westerlund. "A Panel Study of Migration, Self-selection and Household Real Income." *Journal of Population Economics* 11.1（1998），p.70.

导致农村劳动力人口向城市迁移的持续动力，但不是唯一的因素，农村内部收入差距的扩大所导致的农户相对经济地位的变化也是促使农村劳动力人口向城市迁移的重要原因之一[①]。王春超（2005）研究了城乡收入差异、就业聚集效应对农村劳动力转移的影响，认为就业集聚效应是劳动力转移的主要原因，收入差异对劳动力转移影响不明显[②]。佟新华和孙丽环（2014）的研究结果表明地区间实际收入差异是中国劳动力流动的主要驱动因素，流动限制性政策、流动距离所带来的流动成本对中国劳动力流动模式影响显著，而贸易与劳动力流动存在明显的相互促进作用[③]。温涛和王汉杰（2015）的研究也表明了城乡收入差距、农民收入结构变化、经济增长、受教育水平等因素均显著地影响农村劳动力流动[④]。樊新生等（2015）发现个体、家庭、区域因素都会影响农村劳动力流动空间决策，但影响机制较为复杂，并不是简单地呈现正向或负向的相关关系[⑤]。可以发现，农村劳动力流动影响因素的研究视角在不断拓展，逐步由单一的经济收入因素转变为多主体、多层面的因素。

第三节　简要述评

综观已有文献，国内外学者对于减贫途径的研究十分广泛，并主要集中于物质资本投入减贫、人力资本减贫以及制度环境的培育，在劳动力流动研究领域也形成了较为系统的理论架构。现有的理论研究为本书提供了扎实的逻辑起

① 蔡昉等：《就业弹性、自然失业和宏观经济政策——为什么经济增长没有带来显性就业？》，《经济研究》2004 年第 9 期，第 23 页。

② 王春超：《收入差异、流动性与地区就业集聚——基于农村劳动力转移的实证研究》，《中国农村观察》2005 年第 1 期，第 13 页。

③ 佟新华、孙丽环：《中国省际劳动力流动的主要影响因素分析》，《吉林大学社会科学学报》2014 年第 5 期，第 68 页。

④ 温涛、王汉杰：《产业结构、收入分配与中国的城镇化》，《吉林大学社会科学学报》2015 年第 4 期，第 138 页。

⑤ 樊新生等：《农村劳动力流动空间及其影响因素分析——以河南省为例》，《经济地理》2015 年第 7 期，第 136 页。

点，大量减贫效应测度的实证分析方法也给予了笔者很好的启示。而劳动力流动作为农村反贫困的重要路径之一，大量学者意识到了这一问题的重要性，并做了诸多理论探讨与实证检验，但仍缺乏全面、系统的研究。

总体而言，在已有的关于劳动力流动与贫困减缓的研究中存在以下局限。一是早期的研究更多地基于理论上的探讨，近年来的实证研究则主要聚焦在农村地区劳动力流动对收入这一贫困维度的影响，较少考虑到对多维贫困的作用，而正如阿玛蒂亚·森所指出，贫困表现为基本能力的剥夺和机会的丧失，尤其是对于我国贫困地区的剩余贫困人口，其致贫因素往往是复杂的、多维度的，"因病、因残、因学"等问题十分突出，习近平总书记也指出了"在幼有所育、学有所教、劳有所得、病有所医、老有所养、住有所居、弱有所扶上不断取得新进展"，因此，仅从收入层面考察农村劳动力流动的减贫效应是不全面、不严谨的。二是在劳动力流动的研究中，研究的侧重点在于流动地域上的划分，着重考察县及以上的流出情况（外出农民工）①，对本乡镇的流动关注不足（本地农民工）②。事实上，自我国经济进入"新常态"以来，本地的非农就业已成为农村劳动力流动的重要出路，与此同时，农村劳动力的自我创业态势（自我雇佣）正在逐渐显现，乡村振兴战略也已成为我国的重要国家发展战略，因此，仅着眼于农村劳动力外出形式的减贫路径已然无法符合新时期的农村劳动力流动的现实格局。三是在研究视角的选择方面，绝大部分农村劳动力流动的减贫研究都是以全国普通农村地区作为研究对象，而经过长期的扶贫开发，目前真正意义上的贫困人口主要集中在贫困地区，是当前实现全面脱贫的主要矛盾，同时，新时期我国的农村贫困已发生根本性变化，贫困群体分化问题凸显，其从事非农产业的能力与回报也必然随之发生改变，既往研究难以有效揭示新时期贫困地区农村劳动力流动的减贫效应。

---

① 根据国家统计局的相关定义，外出农民工指的是在户籍所在乡镇地域外从业的农民工。事实上，在2008年金融危机之前，出口需求旺盛，沿海地区的非农就业岗位需求巨大，在这一时期，农村劳动力流动主要以外出形式为主，这也使得大量的研究都着眼于农村劳动力外出务工这一劳动力流动形式。

② 本地农民工指的是在户籍所在乡镇地域以内从业的农民工。

　　由此可见，新时期贫困地区农村劳动力流动的减贫效应研究有待进一步深化与完善。鉴于此，本书将以 2016 年我国连片特困地区的农户微观调研数据为基础，运用全新的视野、思路、理论、方法和技术手段，通过理论整合、方法创新和全面的实证考察，对上述既有研究的局限做出突破，科学地揭示新时期我国贫困地区农村劳动力流动的减贫效应及其存在的问题与偏差，进而提出有利于优化贫困地区农村劳动力流动减贫政策体系的思路。

第三章

贫困地区农村劳动力流动的
减贫机理分析

农村劳动力流动对农户贫困状态的影响是复杂、多路径的，要有效实现贫困地区农村劳动力流动的减贫效应，必须在着力优化提升农户家庭可支配收入、人力资本培育及社会参与等传导路径的基础上，充分发挥政府的引导作用，夯实贫困地区农村劳动力流动减贫的基础性条件。为了更深层次探究贫困地区农村劳动力流动对农户贫困的影响，本章首先对相关概念进行了界定，并在此基础上将农村劳动力流动与农户贫困纳入统一的分析框架中，分析贫困地区的基础条件及面临的现实约束，以进一步探求农村劳动力流动对缓解农户贫困的作用机理。

第一节　贫困地区农村劳动力流动减贫的概念界定

一、贫困

（一）贫困的定义

随着经济社会的不断发展，学术界对贫困的认识不断深化，越来越多的学者从不同角度对贫困进行定义。基于贫困的维度，目前主要的定义可以分为两类：一是早期从经济或物质资料的匮乏层面定义的收入贫困，进一步细分为绝对收入贫困与相对收入贫困；二是突破单一维度从多维视角定义贫困，即人的贫困不仅仅指收入贫困，还应包括多个社会福利特征指标，如饥饿、住房、卫生设施、营养不良、教育、健康等基本可行能力[1]。

1. 收入贫困

收入贫困的含义为，当人均或者户均的收入低于某个绝对标准就是贫困，根据参照系的不同，具体有绝对收入贫困和相对收入贫困之分。①绝对收入贫困。该概念从生存角度定义贫困，是指在一定的社会生活方式下，个人或家庭的收入不足以维持最基本的生存需要的一种贫困。其衡量标准为贫困线，即满足衣、食、住等人类生活基本需要的最低收入标准，且该标准因不同国家不同国情而略有差异。如世界银行制定了两条贫困线：一是适用于小康社会，以日收入 2 美元为标准；一是用于非洲等二十多个世界上最贫穷的国家，以日收入 1.25 美元为标准。此外，绝对贫困标准会随着时间而不断变化，一般而言，其随着经济的增长而向上发展。如 1985 年，我国农村贫困人口的标准是人均年收入低于 206 元人民币，30 年后的 2015 年，该标准提高到人均年收入 2800 元，增长了 12 倍。②相对收入贫困。相对收入贫困从比较和差距角度来定义贫困，指个人或家庭的收入低于社会平均水平，且低于社会认可的一定程度。即在满足最低生存需求后，与社会上其他群体相比，处于更低的生活水平状态。该定义基于两个理论假设，其一是价值观念上，认为人不仅有物质需要，还有精神文化的需要；其二是物质上的，生活必需品在质和量两个方面的标准不断变化，均取决于与其他社会成员的比较。阿尔科克和皮特（1997）也指出，"相对贫困的定义是建立在将穷人的生活水平与其他较为不贫困的社会成员的生活水平进行比较的基础上的，通常包括对作为研究对象的社会的总体平均水平的测度"[2]。如有些国家把低于平均收入 40% 的群体划分到相对贫困组别；世界银行则把收入低于平均收入 1/3 的社会成员视为相对贫困。总体而言，相对贫困的根源在于经济发展的不平衡以及社会分配的不平等，并由此造成对社会一部分成员在生活质量、环境等各个方面的相对剥夺。

---

[1]　Sen, A. *Development as freedom*. Oxford University Press, 1999, p.70.

[2]　Alcock, Pete. *The Politics of Poverty. Understanding Poverty*. Macmillan Education UK, 1997, p.56.

2. 多维贫困

随着研究的深入，学术界从不同角度对贫困作出了更全面的阐释。根据维度的不同，可以分为单维贫困和多维贫困。①单维贫困。所谓单维贫困，即从某一个单一的角度或特征去定义贫困。目前比较常见的有收入贫困、消费贫困、健康贫困、教育贫困等。其中，最常见的是收入贫困，随着人们对贫困内涵的不断丰富，逐渐延伸至教育贫困、健康贫困甚至能力贫困。②多维贫困。多维贫困即基于多个社会福利指标来衡量贫困。福利经济学家最早认识到经济指标并不能完全描述贫困和福利问题，他们指出有些福利与收入相关，有些福利则与收入无关。显然，通过收入的提高减少收入贫困，最终也只能改善与之相关的福利状态，不能增加与收入无关的福利，即福利包含多个方面，因此贫困也是多维的。随后，阿玛蒂亚·森（1976）明确提出需要从多个维度来深化认识贫困与发展问题，其主张的"可行理论"被学术界公认为是多维贫困的理论基础[①]。具体而言，阿玛蒂亚·森认为贫困不能仅采用收入进行衡量，需要从可行能力或自由的多个维度进行考察，诸如免受饥饿、疾病的能力，满足接受教育、营养需求及参与社会活动的功能等。这些功能都与社会福利息息相关，而福利的综合性特征也表明了贫困的多维形式。目前的研究也从单一的经济指标体系逐步过渡到了综合社会指标体系，比较常见的有牛津大学贫困与人类发展中心（OPHI）的多维贫困指数（MPI）、联合国人类发展指数（HDI）等。

3. 贫困的测度

贫困的测度是研究贫困问题的基础。随着人们对贫困问题研究的不断深入以及数量统计方法在该领域的应用，学术界诞生了一系列关于贫困测度的方法和指标。目前，世界各国常用的测度方法主要有贫困发生率、贫困距、森贫困指数以及 FGT 指数。

（1）贫困发生率（Head-Count Ratio）

贫困发生率，又可称之为人头指数，该指标最早由郎特里于 1901 年提出，

---

① Sen，Amartya. "Poverty：an Ordinal Approach to Measurement." *Econometrica：Journal of the Econometric Society*（1976），p.225.

是历史上最早提出且目前仍被广泛应用于定量描述贫困状况的指标，指的是可支配收入或者消费支出低于贫困线的人口占总人口的比率[1]。具体数学表达式如下：

$$H = \frac{q}{n} \qquad (3.1)$$

其中，q 为贫困人口数量，n 为总人口。

相比其他测度指标，该指标具有计算简单、可操作性强；所需的贫困状态信息较少，便于收集统计资料；具有更强的直观性、易于理解等优点。但不足之处是该指标包含的信息较少，只能反映贫困的广度，无法刻画贫困的深度和强度；同时，该指标易在反贫困政策方面具有误导性，易导致处于贫困线附近的人群得以优先被扶贫，且不适于以家庭为单位的调查对象。

（2）贫困距（Poverty Gap）

由于贫困发生率只能反映贫困人口的规模信息，故随后，美国社会安全管理局（The United States Social Security Administration）最早提出了贫困距这一指标，作为对贫困发生率指标的修正，并由巴彻尔德于 1971 年应用于实践，作为对贫困发生率指标缺陷的修正。该指标又称为收入缺口率、贫困差距比例或贫困深度指数，指的是使贫困人口的收入达到贫困线水平所需的收入总额，其来衡量贫困人口收入低于贫困线的程度。数学表达式如下：

$$I = \frac{1}{q} \sum_{i=1}^{q} \frac{Z - Y_i}{Z} \qquad (3.2)$$

其中，Z 为贫困线，Y_i 为第 i 个贫困者的收入水平。

贫困距的提出虽然在一定程度上弥补了贫困发生率指标的缺陷，能够反映贫困的总体程度，但未能反映贫困者的个体情况，且该指标由于给予每个贫困个体的贫困收入缺口以同等的权重，忽视了相对剥夺，难以反映收入对贫困程度的边际贡献呈递减趋势，因此存在理论上的缺陷。

（3）森贫困指数（Sen Index）

针对贫困发生率和贫困距两个指标的缺陷，阿玛蒂亚·森于 1976 年构造

---

① Sen，Amartya. "Utilitarianism and Welfarism." *The Journal of Philosophy* 76.9（1979），p.470.

了森贫困指数，该指数同时满足贫困指标的聚焦性公理（Focus Axiom）、单调性公理（Weak Monotonicity Axiom）、转移性公理（Transfer Axiom），数学表达式如下：

$$S = H[I + (1-I)G] \tag{3.3}$$

其中，H 是贫困发生率，I 是贫困距，G 是贫困人口收入分布的基尼系数。

森贫困指数最大的贡献在于通过收入排序形式赋予不同贫困缺口相应的权重，因此能够进一步反映贫困人口收入的相对差异。此外，该指标可以表示为贫困发生率、贫困距以及贫困人口基尼系数的乘积的函数形式，有助于对影响扶贫政策的各种因素进行分析。但因其权重的选择的主观性和随意性以及计算的复杂性，很少被用于实践。虽然森贫困指数存在上述缺陷，但森开创性地为贫困测度引入了一套科学严谨的衡量方法。随后，部分学者延续森的思路，改变权重设立方法构造了一系列其他的贫困指数。如 T 指数（Thon Index）、K 指数（Kakwani Index）、Ta 指数（Takayama Index）、SST 指数（Sen–Shorrocks–Thon Index）、FGT 指数（Foster–Greer–Thorbecke Index）等。

（4）FGT 指数（Foster–Greer–Thorbecke Index）

1984 年由弗斯特（Foster）等人提出了测度贫困的新指标，该指标摒弃了以收入排序作为权重的方法，采用新的权重设立形式，克服了森贫困指数以及其衍生指数的缺陷。该指标简称 FGT 指数，目前已被广泛应用于贫困的测度中。其数学表达式如下：

$$P_\alpha = \frac{1}{n} \sum_{i=1}^{q} \left(\frac{Z - Y_i}{Z} \right)^\alpha \tag{3.4}$$

其中，α 表示贫困厌恶参数，且 $\alpha \leqslant 0$。

在 FGT 指数中，当 α 取 0、1、2 时分别对应三个指标 H、PG 以及 SPG，表达式如下：

$$H = \frac{q}{n} \tag{3.5}$$

$$PG = \frac{1}{n} \sum_{i=1}^{q} \frac{Z - Y_i}{Z} \tag{3.6}$$

$$SPG = \frac{1}{n}\sum_{i=1}^{q}\left[\frac{Z-Y_i}{Z}\right]^2 \qquad (3.7)$$

其中，如前文所述，H 为贫困发生率，用来测量贫困的广度；PG 为贫困发生率与贫困距的乘积，是贫困深度指数；SPG 为加权贫困距，是贫困强度指数。

总体而言，该指数从贫困广度、深度、强度全方位立体考察贫困状况，其最大的优点在于能够进行分解分析，有助于决策层制定更加有针对性的反贫困政策。但 FGT 指数由于缺乏直观性，且未能说明参数 α 在实际中的最优取值，故限制了其应用。

（5）A–F 多维贫困指数

A–F 方法，利用"双界限"法来识别农户多维贫困，即通过两个临界值来判断。首先，将样本的每个贫困维度与所对应的剥夺临界值相对比，从而判断该样本在每个维度上的贫困状态。其次，通过计算每个样本在所有维度上的剥夺总得分，并与所设定的多维贫困临界值相对比，从而判断该样本是否处于多维贫困状态。具体方法如下。

首先，各维度的取值。假设有 n 个样本，每个样本的多维贫困由 d 个指标来评价，y_{ij} 表示样本 i 在维度 j 的取值（$i=1,2,\cdots,n$；$j=1,2,\cdots,d$），因此，n 个样本在 d 个维度上的贫困状况可以用矩阵 $M^{n,d}$ 来表示，$y \in M^{n,d}$。

其次，贫困的识别。令 z_j 代表第 j 个贫困维度被剥脱的临界值（$z_j > 0$），当 $y_{ij} < z_j$ 时，则样本 i 在 j 维度处于贫困状态。定义 g_{ij} 为每个样本在每个维度上的剥夺得分，若 $y_{ij} < z_j$，则 g_{ij} 取值为 1，否则为 0。对每个贫困维度分别赋予权重 w_i，则样本 i 在 d 个贫困维度的剥夺总得分为：

$$c_i = \sum_{j=1}^{d} w_j g_{ij} \qquad (3.8)$$

当样本的剥夺总得分大于临界值 k 时，即 $c_i > k$，则该样本被界定为多维贫困。通过以上两步，可以得到样本的多维贫困指数 MPI 及贫困人口的平均被剥夺程度 A：

$$MPI = \frac{1}{n}\sum_{i=1}^{q} c_i(k) \qquad (3.9)$$

$$A = \frac{1}{q} \sum_{i=1}^{q} c_i(k) \qquad (3.10)$$

其中，q 代表处于多维贫困状态样本的数量，则多维贫困发生率 H 可表示为：

$$H = \frac{q}{n} \qquad (3.11)$$

根据以上三式可知，多维贫困指数 MPI 也可表示为：

$$MPI = H \times A \qquad (3.12)$$

（二）贫困线的定义

贫困线的设定和选择关乎贫困人口或者贫困农户的识别，是贫困研究领域中的关键问题之一。关于贫困线，学术界从不同的角度出发，对其有不同的理解。

1. 绝对贫困线和相对贫困线

绝对贫困线从生存的角度作为标准对贫困进行界定，它是指在一定的时间、空间和社会发展条件下，维持人们基本生存和社会公认标准所必须消费的物品和服务的最低费用。绝对贫困线强调的是避免"食不果腹、衣不蔽体、住不遮风雨"的生存需求。具体而言，绝对贫困线通常是定义一个收入水平，并以此作为标准来衡量各个国家或地区社会成员的贫困状况。如以美国中等收入的 20% 作为绝对贫困线来衡量各国的贫困。而相对贫困线是与社会平均水平进行比较而定义的贫困线，其强调个人或家庭的收入与社会平均水平比较后所处的地位。

2. 生存线、温饱线以及发展线

生存线、温饱线以及发展线是针对绝对贫困、基本贫困和相对贫困而提出的概念。所谓生存线，即能够维持个人或家庭生理需求所需要的最低费用，低于此线会危及生命；温饱线，指在维持简单再生产条件下，能够满足最基本的生活需求的最低费用，低于此线会得不到温饱；发展线，是达到基本上能自给有余的最低费用，高于此线则摆脱贫困。

3. 贫困线的测度

对于绝对贫困线而言，常用的测量方法包括热量—支出法、营养构成法、恩格尔系数法及马丁法。①热量—支出法。该方法首先根据营养部门专家的意见界定最低热量摄入量，其次确定合适的食物消费种类和数量，在此基础上乘以相应的价格并加总得出最低食品费用支出。这种方法简单易操作，但它忽略了不同年龄组对营养成分的需求差异，而人体所需不仅仅是热量，因此这一指标十分粗糙，易造成估计偏误。②营养构成法。该方法根据维持人们生存所需的营养量来衡量贫困线，克服了热量—支出法仅仅考虑摄入量的缺陷。③恩格尔系数法。该方法在20世纪60年代由美国人奥珊斯引入，由于操作简便而流行起来。具体而言，这一方法建立在恩格尔定律的基础上，等于饮食支出与收入的商，即恩格尔系数，同时设定该系数的50%—60%作为某一地区的贫困线标准，使用该方法确定的贫困线往往偏低。④马丁法。该方法是由美国研究贫困的专家马丁提出的一种计算贫困线的方法。具体分为高低两条贫困线，其中，低贫困线是指食物贫困线加上刚好有能力达到食物贫困线的住户的非食物必需支出；高贫困线是指食物支出达到食物贫困线的住户的总支出。该方法能够全面地考察绝对贫困和相对贫困，但在实际操作中对于高贫困线和低贫困线的选择往往存在较大分歧，因此限制了该方法在实际中的应用。

对于相对贫困线而言，衡量方法主要有收入等分定义法和收入平均数法。①收入等分定义法。该方法又称为比重法，即将各个收入阶层按5等分或10等分进行划分，根据基尼系数进行比较，再把总人口的一定比例定义为贫困人口，然后根据这一比例利用家庭调查资料，最终计算出贫困线。②收入平均数法。该方法将总人口按照不同水平的人均生活收入进行分组，然后以总人口人均生活收入的1/2或者1/3作为最低生活费用标准，最后计算出贫困线。

上述贫困线的测度均有各自的优点及缺陷，在实际问题中具体采用何种衡量标准主要取决于研究目的及所搜集到的统计资料。

（三）本书的界定

根据上述定义，本书将分别从贫困地区农户的单维贫困和多维贫困两个视角进行研究，以期全面考察当前新时期我国贫困群体的贫困状态。其中，单维贫困选取的是收入维度的贫困，以2015年中国的官方绝对贫困线作为标准进行界定，即农户的家庭人均纯收入是否低于2800元作为衡量标准；多维贫困指标体系的构建则是在参照牛津大学 OPHI 研究所开发的 MPI 指数以及联合国千年发展目标（MDG）的基础上，结合现阶段我国贫困地区的现实情况，从贫困地区农户的生活水平、资产、健康状况、教育条件以及社会保障五个维度进行衡量，科学全面地反映我国贫困地区农户的贫困程度，进而有利于制定更加有的放矢的反贫困政策。

二、贫困地区

改革开放以来，随着我国扶贫事业的不断推进，贫困人口的规模大幅度缩小。然而，从 20 世纪 90 年代末期开始，我国的农村贫困出现了一系列新的变化。其中一个很重要的变化就是贫困性质逐渐由以往整体式区域贫困转向区域性贫困与个体贫困并存的局面。这种改变源于我国扶贫事业的深入使大部分贫困人口摆脱了贫困，剩下的贫困人口逐渐向资源和环境比较恶劣的中西部偏远山区集中，而该部分农村地区与全国其他普通农村地区不一样，这使得以往整体式区域化扶贫政策逐渐失去了意义，扶贫的边际效益也不断下降。由此，《中国农村扶贫开发纲要（2011—2020 年）》确定了当前扶贫攻坚阶段的主战场，即区域经济发展迟滞的 14 个集中连片特困地区（六盘山区、秦巴山区、武陵山区、乌蒙山区、滇桂黔石漠化区、滇西边境山区、大兴安岭南麓山区、燕山—太行山区、吕梁山区、大别山区、罗霄山区等区域的连片特困地区和已明确实施特殊政策的西藏、四省藏区、新疆南疆三地州），这些地区自然条件恶劣、资源匮乏、基础设施薄弱，同时，贫困人口的受教育程度普遍偏低、内生动力不足。因此，脱贫难度、脱贫成本也随之增大。目前，中国的 14 个连片特困地区覆盖了绝大部分贫困地区以及深度贫困的群体。《中国农村贫困监测报告》显示，2016 年 14 个连片特困地区的贫困人口数量为 2182 万人，而全国贫困地区的贫困人口总量为 2654 万人，其占比高达 82.21%。

具体而言，我国 14 个集中连片特困地区中农民的人均收入为 2676 元人民币，仅相当于全国平均水平的一半，且在全国综合排名靠后的 600 个县中有 521 个囊括在片区内，比例高达 86.8%。因此，根据我国当前贫困的新形势，本书的贫困地区界定为集中连片特困地区。

三、农村劳动力流动

（一）劳动力与农村劳动力的概念

顾名思义，劳动力是指具有劳动能力的人口。根据世界银行的定义，劳动力为"在劳动年龄（15—64岁）范围内具有劳动能力的人口，也就是说已参加劳动或将来可能参加劳动的人群"。人口学则将16岁至64岁之间的人口作为适龄劳动人口。根据我国劳动保障法律法规："十六岁进入劳动年龄，凡是进入这个年龄的有劳动能力的人口都属于劳动力；男职工六十岁，女职工五十五岁为退休年龄"。

农村劳动力，指乡村人口中年龄在16岁以上、经常参加集体经济组织和家庭副业劳动的劳动力，但不包括16岁以上的在校学生、由国家支付工资的职工等。该定义强调户籍隶属于农村社区的人口。具体包括：①从事农林牧渔业、农村工业、建筑业、交通运输业、商业、饮食业等各种生产活动的劳动力，从事采集、捕猎、农民家庭兼营工业等副业生产劳动并从中直接取得实物、现金收入的劳动力；②从事农村房地产管理、公用事业、居民服务和咨询服务业，卫生、体育和社会福利事业，教育、文化艺术和广播电视业，科学研究和综合技术服务业，金融、保险业，以及乡镇经济组织（政务）管理等项工作，并取得实物、现金收入的劳动力；③国家向乡村调用的建勤民工，由集体经费支付工资或补贴的乡村脱产干部，到全民所有制单位或城镇集体所有制单位工作，并取得实物、现金收入的合同工、临时工；④自行外出就业但没有转走户口的劳动力。

根据上述定义，本书所研究的农村劳动力是指常年居住在农村的住户中，年龄在15岁以上65周岁以下有劳动能力的家庭成员，但不包括15岁以上的在校学生、服兵役人员，以及由国家支付工资的职工或因身体原因缺乏劳动能力的家庭成员。

（二）农村劳动力流动的含义

17世纪英国古典经济学家威廉·配第在《政治算术》中论述了经济发展过程中不同产业之间的收益差异，认为"工业的收益比农业多得多，而商业的收益又比工业多得多"，并指出这种产业之间收入的差异是劳动力流动的重要原因，它会推动劳动力从低收入的产业向高收入的产业流动，即从农业部门向工业和商业部门流动。随后，英国经济学家科林·克拉克在比较不同收入水平下，就业人口在三次产业中的分布结构及变化趋势的基础上，进一步验证了配第的主张，认为不同产业之间收入的差距会促使劳动力向具有更高收益的部门流动，最终形成了著名的配第—克拉克定理。该定理将经济活动区分为第一、第二、第三产业，揭示了在经济发展中劳动力在三次产业中的演变规律，认为随着人均国民收入水平的提高，劳动力首先是由第一产业向第二产业转移，当人均国民收入水平进一步提高时，劳动力便向第三产业转移。

与此同时，在发展中国家经济发展的早期阶段，农村劳动力流动往往伴随着城镇化进程，不断地由农村地区流向城市的非农产业，即城乡之间的流动。在地区间经济差距较大的环境下，农村劳动力流动则进一步表现为欠发达地区的农村地区流向发达地区的城市地区。从本质上来看，这一类型的农村劳动力流动更加强调的是地域间的流动。

基于上述经济学家以及学者们对农村劳动力流动的认识，从宏观视角来看，农村劳动力流动大致可归结为两个方面：一方面是产业间的流动，由第一产业向第二、第三产业流动，即农业流向非农产业；另一方面则是地域间的流动，由某一区域向另一区域转移，如农民工进城务工。从微观视角来看，农村劳动力流动是个人或家庭对于较好的经济机会或自我发展机会的一种反映。从已有研究来看，既往学者对我国农村劳动力流动的研究普遍侧重于地域间流动这一层面，尤其强调外出到县级及以上行政区域就业，忽略了农村劳动力在本乡、本镇的非农就业。究其原因，这主要是由于改革开放以来，我国城市经济得到迅速发展，城乡收入差距的不断扩大吸引着大量农村劳动力向城镇转移，尤其是自我国加入世界贸易组织以来，沿海地区的大规模劳动力需求导致了大量农村劳动力不断向沿海发达城市流动，因此，地域间的流动成为这一时期学者研究中所关注的焦点。但是，也有学者注意到农村劳动力的就地流动，即从事本地非农产业，这种"离土不离乡"的流动模式成为农村劳动力获得更好的工作机会、增加收入的重要途径，且具有较高人力资源禀赋的农村劳动力，其优先选择的是就地流动，即从事本地的非农产业，而不是异地转移[①]。如果将农村劳动力流动具体细分为本地农业、本地非农、外出务工三种类型，则本地非农就业成为农村劳动力增加收入的首要选择，其次才是外出务工。朱农（2004）也指出，和城市流动（地域流动）相比，流向本地非农产业（就地流动）是一种更易参与、成本更低的流动[②]。正如上文所言，在新时期，非农就业结构与就业需求已经发生根本性转变，本地非农就业逐渐成为农村劳动力流动的首要选择。《2016年农民工监测调查报告》的数据显示出了这一流动趋势，2011—2016年，我国外出农民工增速呈逐年回落趋势，增速从2011年的3.4%下降到2016年的0.3%。外出农民工占农民工总量的比重也由2011年的62.8%逐渐下降到2016年的60.1%。相反，2016年本地农民工11237万人，比上年增加374万人，增长3.4%，增速比上年加快0.7%；而外出农民工16934万人，比上年增加50万人，增长0.3%，增速较上年回落0.1%。本地农民工增量占新增农民工的88.2%。在外出农民工中，进城农民工13585万人，比上年减少157万人，下降1.1%。

因此，基于前述学者的定义以及我国当前农村劳动力流动的新形势，本书的农村劳动力流动并不完全把两类流动形式分开来探讨，在兼顾第二类流动（地域流动）的同时，重点讨论产业间的流动，把农村劳动力在本乡镇从事非农产业（就地流动）纳入研究框架中，以期更加全面真实地反映当前我国农村劳动力流动的现实状况。

第二节　农村劳动力流动缓解农户贫困的作用机理

就贫困地区的农村而言，其面临着多种资源禀赋的约束。一般来说，贫困

---

① Zhao, Yaohui. "Leaving the Countryside: Rural-to-urban Migration Decisions in China." *American Economic Review* 89.2（1999），p.283.

② 朱农：《离土还是离乡？中国农村劳动力地域流动和职业流动的关系分析》，《世界经济文汇》2004年第1期，第58页。

地区都是物质资本匮乏的地区,同时也是人力资本要素稀缺的地区,且从地理区位来看,贫困人口往往集中于地理位置偏远、自然条件恶劣的地区,这些地区的发展严重滞后,因此该地区贫困人群长期从事单一的农业生产,其社会参与也极为低下。在这些要素禀赋的制约下,劳动力资源成为贫困农户家庭拥有的最重要的生产要素。因此,有研究指出受土地、水及其他资源的限制,仅依靠农业增长来提高贫困农户收入、减缓贫困是不可持续的,更重要的是要转移农村剩余劳动力[①]。通过贫困地区农村劳动力在部门之间以及地域之间的流动,贫困农户家庭可以重新配置其生产要素,借以摆脱已有的资源束缚,利用非农部门的就业机会或其他经济发达地区的发展机会,使得劳动力在流动中不断积累物质资本、提高人力资本以及增加经济社会参与度,从而为留守家庭带来减贫效应。鉴于此,本书根据已有文献提供的理论借鉴以及经验证据,尝试性地将农村劳动力流动与农户贫困纳入一个统一的分析框架中,以探求农村劳动力流动是如何缓解农户贫困的,其内在的传导路径是什么。如图 3.1 所示,农村劳动力流动通过影响农户收入、人力资本及经济社会参与度依次作用于农户的物质贫困、能力贫困及权利贫困,并最终起到缓解农户贫困状态的作用。

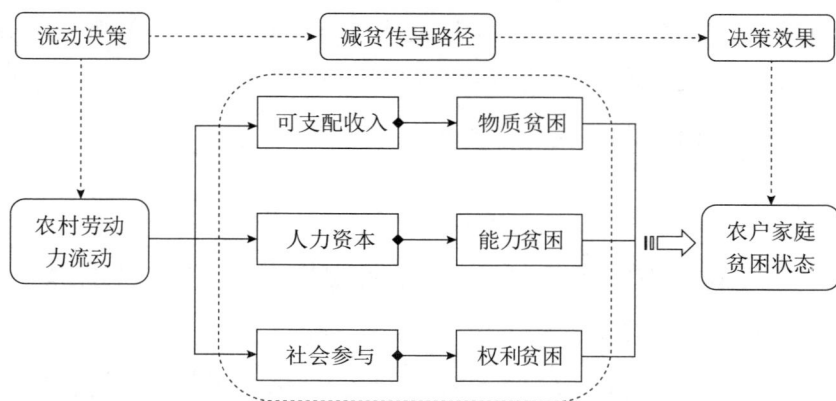

图 3.1 农村劳动力流动影响农户贫困的作用机理分析

---

① Zhang, Yuan, and Guanghua Wan. "An Empirical Analysis of Household Vulnerability in Rural China." *Journal of the Asia Pacific Economy* 11.2(2006), p.202.

一、农村劳动力流动的减贫机制：提高农户家庭可支配收入

众多研究表明，物质资本的匮乏是农村贫困的重要原因之一，这在经济意义上主要表现为农户家庭可支配收入极为低下。就贫困地区的农户而言，通过农村劳动力流动，一方面能够重新配置家庭的生产要素逐渐提高劳动生产率，成为其增加收入、摆脱贫困的希望所在；另一方面，随着农村劳动力由传统的农业部门流入现代化非农部门，农户家庭中劳动力配置结构发生改变，这势必会影响留守家庭的农业生产活动，进而对农户家庭的农业经营性收入产生影响。大量边际效率极为低下的劳动力从有限的土地中释放出来，为土地流转创造了条件，尽管目前土地流转的规模仍然很小，但也影响着农户的财产性收入。由此可见，农村地区劳动力流动通过农户的非农收入、农业经营性收入以及财产性收入三方面对农户家庭的收入状况有着至关重要的影响，并进一步影响农户家庭的物质资本积累，从而缓解农户的收入贫困，具体传导路径如图3.2所示。

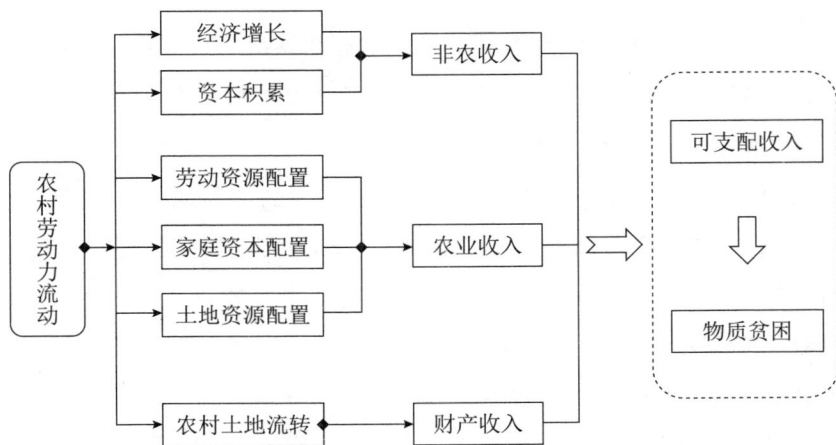

图 3.2　农村劳动力流动影响农户物质贫困的作用机理分析

（一）农村劳动力流动对非农收入的影响

宏观意义上，刘易斯指出经济的发展依赖于现代工业部门的扩张，而工业部门的扩张又需要农业部门提供大量的廉价劳动力。农村地区劳动力流动

通过释放边际生产率极为低下的剩余劳动力，向非农部门及城镇转移，从而成为支撑我国经济高速增长的重要源泉。这种经济增长反过来又有利于为流动者创造更多的就业岗位，增加其务工收入。就我国的现实背景来看，2001年加入世贸组织扩大了外需，迫切需要农业部门提供更多的剩余劳动力，以满足经济快速发展的需要。数据显示，自我国加入世贸组织以来，城市企业为农民工提供了更多的就业机会且增加了外出农民工的就业收入，具体来看，被监测企业新招农村流动劳动力数量同比增加10.7%，新招农村劳动力人均月收入比2001年同期增加2.7%[①]。由此，从宏观层面可以看出，农村劳动力流动促进了经济发展，同时也正逐渐成为增加农户家庭收入的一种重要途径。

从微观视角来讲，农户贫困是由于家庭物质资本的有限性及不可及性造成的。首先，农村劳动力通过转移到非农市场得到更高收入的机会进而影响农户物质资本的获得。具体而言，农村劳动力从传统农业部门流动到非农部门的工作类型主要包括工资活动（受雇佣）和私营活动（自我雇佣）两种形式，并且由于工资活动相对私营活动的成本与风险均较低，因此绝大部分流动的劳动力选择从事工资活动。但无论以上哪种非农工作形式，都在一定程度上缓解了物质资产的限制从而改善了农户家庭的贫困状态。其次，新迁移经济学派认为，外出务工人员的汇款行为提高了农户家庭资产的可及性，使留守家庭借以突破自身发展制约，创造性地参与到其他活动中，从而获得多样化收入的机会。且根据已有研究，农村劳动力流动具有明显的"利他性"特征，也就是说，农村劳动力流动到非农部门的主要目的就是挣钱寄回老家，以此改善留守家庭的生活条件。这些汇款一方面直接增加了留守家庭的收入水平与储蓄等金融资产，同时也在一定程度上缓解了贫困农户的信贷约束，有利于其增加对物质资产、人力资产、社会及自然资产的投资。如已有学者研究指出，汇款用途中最优先的选择是被用于教育所代表的人力资本投资；德辛卡（2006）指出外出务工人员的汇款还被用于留守家庭成员的医疗与健康投入；同时，汇款也被留守家

---

① 数据来源：http://www.people.com.cn/GB/jinji/36/20030217/924619.html，2003-02-17。

庭用于农业生产以及房屋建造方面的投资 [①]。此外，沙米（2003）的研究指出，汇款还被用于典礼仪式、其他公共活动等社会资产投资，这种投资有时甚至占据了汇款总额的绝大部分 [②]。由此可见，与劳动力流动相联系的资产积累机会带来的资产提升为改善留守家庭的生活状态创造了条件，从而起到减缓农户贫困的目的。

（二）农村劳动力流动对农业经营性收入的影响

农村劳动力流动主要通过优化劳动力资源配置、优化家庭资本配置及优化土地资源配置这三方面对农户家庭农业经营性收入产生影响。

第一，农村劳动力流动有助于优化劳动力资源配置，从而提高人均劳动生产率、分散农业经营风险，最终有利于农业经营收入的提高。具体而言，在广大农村贫困地区，土地是农户最为重要的财产资源，然而贫困地区人口密度大，人多地少的矛盾日益突出，大量的农村剩余劳动力赋闲在家。因此，当赖以生存的土地等自然资源无法承受超负荷的人口压力时，农村劳动力流动将成为缓解已有生态约束的一种重要途径。通过农户家庭中一部分劳动力的外出转移，把农村大量剩余的、边际生产率极为低下的劳动力配置到非农部门，可以减少从事农业生产的劳动力，缓解尖锐的人地矛盾，直接提高农业劳动生产率，有利于农业经营收入的提高。此外，由于农业生产自身的弱质性以及生产过程的特殊性，农业是典型的风险型产业，面临着自然风险和市场风险等诸多风险。其中，自然风险是指由于自然力的不规则变化而引起的自然灾害，主要表现为气象灾害、病害以及虫害三个方面，从而导致农业生产面临巨大的风险；而农业生产的市场风险则是指在农业生产和农产品销售过程中，由于市场供需的失衡、农产品价格的波动性、贸易的不确定性等因素导致农户面临较大的市场风险。农业保险能够降低农户在农业生产经营中所面临的各种风险，从而有助于其提高对农业生产投资的积极性。但就我国目前的现实背景来看，商

①　Deshingkar, Priya. "Internal Migration, Poverty and Development in Asia: Including the Excluded." *IDS Bulletin* 37.3（2006），p.92.

②　Chami, Ralph, Connel Fullenkamp, and Samir Jahjah. "Are Immigrant Remittance Flows a Source of Capital for Development？" *IMF Staff Papers* 52.1（2005），p.63.

业性农业保险与政策性农业保险均尚不完善，要想通过农业保险市场来规避农业生产经营的风险并不现实[1]。鉴于此，农村劳动力流动就成为对保险功能的一种替代，通过劳动力流动把家庭中的劳动力资源在农业部门与非农部门之间进行合理配置，使得家庭收入来源多样化，有助于分散农业生产经营的风险，缓解自然风险与市场风险对农业经营的消极影响。这种抗风险能力的提升有助于提高农户增加农业生产投资的积极性，也有利于提高农户的农业经营性收入。

第二，农村劳动力流动通过优化资本配置，促进农业生产投资，从而有利于提高农户家庭的农业经营性收入。一方面，家庭中劳动力外流到非农部门可以为农业生产提供融资，进而支持留守家庭的农业生产。具体而言，农户家庭中流动的劳动力在非农部门取得更高的收入，并通过汇款的方式向留守家庭进行收入转移，这种汇款流入大大地改善了留守家庭的资源禀赋，使得留守家庭能够突破原有的资本约束，转变以往的资源配置以及农业生产决策，促使留守家庭更新或追加农业生产性投资，进而有助于提高农业经营性收入。另一方面，我国广大农村地区正规金融体系尚不完善，且由于农业信贷存在着交易成本较高、风险与收益不匹配的约束，导致信贷市场上选择性信贷配给现象严重，农户往往无法从正规金融机构获得贷款。随着信贷效应对农业生产投资的重要性逐渐凸显，信贷资源供给无法有效满足农业生产投资需求，在这种情况下，劳动力流动为缓解农户的信贷约束提供了一种新的可能。首先，劳动力流动能够在一定程度上缓解正规信贷的约束。农户家庭中部分劳动力流动到非农部门就业，能够使其获得较农业部门而言更高的非农收入，同时也能缓解农业生产风险对农业经营性收入的冲击。在农户家庭收入增加、农业经营风险降低的情形下，正规金融机构也随之增加放贷的意愿，有利于农户获得正规金融机构贷款的概率和额度。其次，劳动力流动也能够缓解非正规信贷的约束。这主要是由于农户家庭中的劳动力流动到本地或异地的非农部门，通过社会参与互动，有助于其突破原有的地缘、血缘和亲缘等社会关系，在流动中构建更为

---

[1] Wu, J., and Richard M. Adams. "Production Risk, Acreage Decisions and Implications for Revenue Insurance Programs." *Canadian Journal of Agricultural Economics* 49.1 (2001), p.27.

发达的社会网络。复杂的社会网络有利于拓宽非正规信贷的来源渠道，这显然能够在一定程度上缓解农户的非正规信贷约束。此外，世界银行的研究报告也指出了穷人可以利用这种社会资本来储备粮食、信贷等资源。总体而言，农村劳动力流动不仅能够缓解农户正规信贷约束，而且有助于非正规信贷资源的获取，这能够有效满足农户的信贷需求，进而提高农户增加农业生产投资的积极性，最终有利于农业经营性收入的增长。

第三，农村劳动力流动有助于优化土地资源配置，从而有利于农户农业经营性收入的提高。这是由于流动初期，外出的劳动力一般属于家庭中的剩余劳动力，他们的流动基本不会影响留守家庭的农业生产；随着家庭中外出劳动力的数量逐渐增多、流动时间的延长，土地的稀缺性开始降低。此时，超过留守家庭剩余劳动力负荷的、多余的土地为土地流转创造了条件。在当前我国推动土地流转制度的背景下，能够促进土地的集中，进而扩大农业生产的土地经营规模，使得部分农户可以分享规模经营的利益。与此同时，这种土地的规模经营能够改变传统的小农式生产，不仅有利于农业的现代化生产，还能促进新型农业经营主体的培育，最终有利于农户农业经营性收入的提高。可见，农村地区的劳动力流动促进了农业生产方式的变革，打破了传统的小农生产方式的特点。尤其是家庭中劳动力流动到非农部门换来的资本、先进的理念和其他现代要素进入留守家庭，使原本分散的农户能够按照专业化和社会化的要求进行生产要素的自由组合，进而实现土地的规模经营。

（三）农村劳动力流动对财产性收入的影响

改革开放以来，家庭联产承包责任制的实施虽然调动了广大农户的生产积极性，但仍局限于小农生产的特点。随着各种体制障碍的消除，我国农村劳动力经历了从不流动到流动、从小规模流动到大规模流动的过程，且这一农村劳动力流动过程在推动改造传统的小农式生产方面发挥了举足轻重的作用，使原本附着于有限土地的大量劳动力重新配置到非农部门，大大降低了土地资源的稀缺性。当留守家庭剩余的劳动力不足以维持原有土地规模的农业生产时，部分农户将土地委托给亲朋好友耕种或是搁置。目前，在土地流转制度的兴起下，还有部分农户逐渐开始选择将多余的土地通过出租的方式流转给未发生劳动力流动的家庭或是职业农民，同时获得出租土地的财产性收入。世界银行在中国部分省份的一项跟踪调查显示，在20世纪90年代末期，我国有7%至10%的农户存在土地流转交易，至2000年以后，这种土地流转的比例不断上升，据估算，目前大约有15%的农户存在土地租赁行为。同时，相关公开数据显示，截至2014年上半年，我国土地流转面积已达到3.8亿亩，占全国总耕地面积的28.8%，是2008年全国土地流转面积的3.5倍[1]，而农村土地的流转必然能够直接提升农户的财产性收入。

综上所述，农村地区劳动力流动通过对农户的非农收入、农业经营性收入以及财产性收入的增加效应最终有助于提高农户家庭可支配收入总量，缓解家庭的资金约束，改变家庭的收入贫困；同时，增加的收入也用于购置生产、生活所需的物资，以此达到缓解家庭物质贫困的目的。

二、农村劳动力流动的减贫机制：培育人力资本

人力资本理论构建者舒尔茨认为，人力资本是附着在劳动力身上的一种资本类型，体现为劳动力的数量和质量，是劳动者的知识程度与健康状况方面的价值总和。已有研究表明，基础教育是影响农户贫困的核心人力资本要素[2]。同时，健康人力资本能够避免农户陷入"贫困陷阱"（Poverty Trap）。根据中山大学发布的《中国劳动力动态调查：2015年报告》，我国劳动力平均受教育年限仅为9.28年，农业户口的劳动力受教育年限则更低；同时，根据国家卫生和计划生育委员会（现国家卫生健康委员会）统计数据，我国农村地区部分健康指标改善趋于平缓，甚至呈现下降趋势，尤其是对于经济落后的农村地区，其健康水平属于不发达国家类型[3]。可见，农民的基本文化素质以及健康状况令人担忧。而农村劳动力流动能够有助于改善当前农村劳动力人力资本低下的面貌，使得广大农民及后代子女在受教育程度与健康状况方面都有所提升，增

---

[1]　数据来源：http://www.chinanews.com/gn/2015/01-23/6996832.shtml，2015-01-23。

[2]　章元等：《一个农业人口大国的工业化之路：中国降低农村贫困的经验》，《经济研究》2012年第11期，第82页。

[3]　http://www.39yst.com/jibingku/article/460944.shtml，2017-01-26。

强农村贫困人群的自我发展能力，从而有利于贫困群体实现脱贫目标。具体如图 3.3 所示。

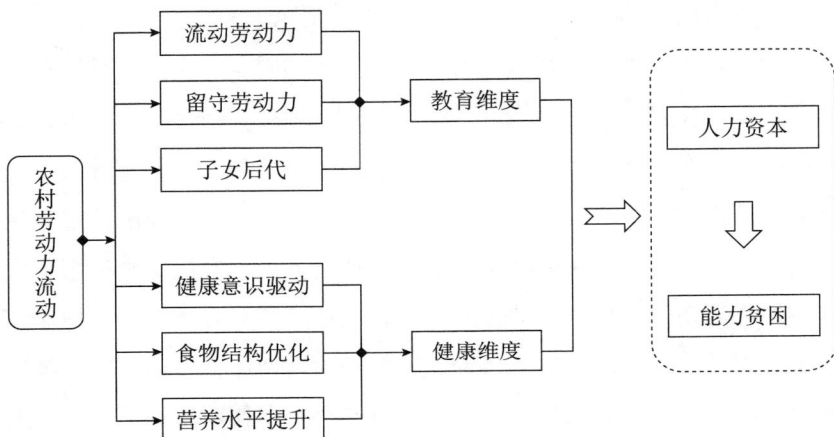

图 3.3　农村劳动力流动影响农户能力贫困的作用机理分析

（一）教育维度

第一，对流动者自身而言，劳动力流动有助于其提高自身的人力资本存量。我国农村地区经济文化发展相对落后，缺乏充足的正规教育资源，因此农村地区流动的劳动力一般以低知识、低技能或者是无技能为特点。尽管广大农民难以通过正规教育来提高自身的文化素质以及专业技能，但劳动力流动通过"再培训"以及"干中学"的方式为流动劳动力的人力资本提升提供了有效的途径。这一观点也得到了理论界的认可，"干中学"模型指出，知识的积累并不是来源于刻意努力的结果，反而是传统经济活动的副产品。具体而言，农村劳动力从农业部门流动到本地或是异地非农部门就业，一方面新的工作岗位给流动劳动力提供了相关的技能培训，使其通过参加正式培训或是学徒项目显著提高人力资本水平；另一方面，人力资本是附着于劳动力身上的一种无形资产，伴随着劳动力流动，而知识存在明显的溢出效应，来自不同地域、不同文化程度的农村劳动力之间在相互协调合作的过程中相互交流、相互学习，通过这种"干中学"的方式使附着在劳动力身体上的人力资本实现知识溢出效应，从而有助于逐步提高流动劳动力自身的人力资本水平。

　　第二，对本地农村留守劳动力而言，农村劳动力的流动有利于农村劳动力整体素质的提高。人力资本理论认为，教育具有很强的外部性特征，不仅能提高受教育者本身的劳动生产率，还有助于改善周围群体的生产效率。首先，长期以来，囿于户籍制度、分割劳动力市场等因素的限制，农民工难以在大中小城市永久定居，由此农户家庭仅把劳动力流动视为一种增加家庭收入的决策，流动者往往在本乡、本县、本省以及外省之间进行循环流动。这种流动主要表现为"候鸟式"流动，流动者兼业性突出，外出务工的同时并不完全脱离农业，反而与农业仍保持紧密的联系，农闲时外出务工，农忙时则回家务农。伴随着这种循环流动，农村的流动劳动力不自觉地发挥着载体功能，把城镇先进的生活理念、经济发展的新信息、务工的新经验及新体会传播到农村地区，这必然对家乡农村劳动者的思想观念与行为方式产生潜移默化的影响。通过这种知识、技术的正外部性，有助于农村留守劳动力人力资本的提高。其次，部分农村劳动力的回流也有利于本地农村劳动力素质的提高。近年来，外出农民工返乡创业正在悄然兴起，休闲农业、农村电商以及乡村旅游等农村新产业迅速发展，成为农民增收、农村发展、农业增效的新动力。统计数据显示，自2013 年以来农民工返乡创业人数逐年增加，2014 年新增加 4.5 万人，2015 年增加 6.3 万人，总人数高达 28.43 万人①。随之而来的是资本的回流，这既包括物质资本的回流，也包括人力资本的回流。该部分回流的劳动力经过城镇经济社会生活的洗礼，在非农就业中开阔了视野，积累了资金和经营管理领域的相关经验，掌握了一定的知识技能和市场信息，返乡后具有较强的创业能力。其中一部分回流劳动力走上了自主创业的道路，他们开始在家乡兴办二、三产业，不仅为本地其他农村劳动力提供了非农就业机会，同时，也带动了本地劳动力素质的提高，为本地农村劳动力人力资本存量的提升做出了贡献。可见，农村劳动力在流动过程中不仅提升了自我，也改造了周围的劳动力群体。

　　第三，对子女而言，农村劳动力流动有助于其子女受教育水平的提高。一方面，农村劳动力流动到城镇非农部门就业，由于自身知识技能的局限，起初

---

　　①　数据来源：http://www.studytimes.cn/zydx/GCFT/2017-02-20/8474.html，2017-02-20。

往往只能流动到城市的非正规部门，随后才能有机会慢慢进入城市正规部门。面对城市非农工作的强大竞争与危机感，流动者逐渐意识到教育的重要性，并促使其日益重视对子女的教育投资。另一方面，农村劳动力流动降低了对后代进行人力资本投资的资金约束。目前，就我国农村的教育情况而言，受教育的机会成本很高，农村孩子受教育机会与受教育水平差异较大。而流动的劳动力通过进入工资报酬更高的非农部门可以增加收入，减轻了人力资本投资的资金约束，进而可以大大提高子女接受教育以及相关培训的支付能力。由此，通过劳动力流动使流动者日益加强对子女教育的重视，并不断提高支付能力，有利于提高后代劳动力的基本文化素质以及职业技术能力，同时增加自身家庭的人力资本积累，提高农户家庭的自我发展能力，并最终有助于农村人力资本存量的提高。

（二）健康维度

我国广大农村地区农户的健康水平与城镇居民的差距巨大，且长期处于较低水。《城市蓝皮书：中国城市发展报告 No.9：迈向健康城市之路》数据显示，我国城镇居民的平均寿命为 75.21 岁，而农村地区则仅为 69.55 岁。此外，从农村地区的生育质量来看，2016 年《中国卫生和计划生育统计年鉴》的数据显示，农村地区的生育质量远远落后于城镇地区，具体表现为我国农村地区的新生儿死亡率（6.4‰）、婴儿死亡率（9.6‰）、五岁以下儿童死亡率（12.9‰）均约为城镇地区的两倍。可见，我国城镇居民的健康状况已然接近发达国家水平，而大部分农村地区的健康水平尚处于不发达国家类型，尤其是农村贫困地区，人均健康水平远远落后。究其原因，一是农民的健康意识不足，大部分农户家庭的食物消费仅维持温饱线，更谈不上对营养水平的重视。张雪梅（2013）研究指出，除主食以外，我国广大农村居民的其他大部分食物的摄入量均不足，且呈现出食物结构不合理、质量低下、营养单一、总量不足等特点；二是农民食品支付能力不足，绝大部分农户家庭的收入主要依靠农业生产，收入水平较低，除了必要的生活开支外，难以兼顾营养的均衡摄入[1]。

---

[1] 张雪梅：《农产品价格上涨背景下我国农村贫困居民食物消费与营养研究》，中国农业科学院博士论文，2013 年，第 32 页。

　　而农村劳动力流动带来的不仅是收入水平（支付能力）的提高，也使得农户的生活方式发生一定的改变。具体而言，流动者由乡村到城镇，经过城镇生活的洗礼，开阔了眼界、增长了见识，逐渐意识到食物消费、营养水平的重要性，并且随着家庭可支配收入水平的提高，其在健康意识的驱动下将开始改善营养摄入结构，从而不断提高家庭的食物消费与营养水平。根据福格尔等学者的研究，食物消费与营养水平是提升健康人力资本的两大核心要素。一方面，食物消费与营养水平的提高有助于家庭成员避免因长期营养不良而导致的各种疾病，同时降低生病率。另一方面，通过食物消费与营养水平的提高还能有助于改善人的体魄和身体结构，如平均身高的提高以及身高体重比的改善等。长此以往，在这两方面的作用下，农村劳动力流动能够促进农户家庭成员健康人力资本的积累与改善。

　　总而言之，劳动力流动不仅能提高流动者自身的人力资本存量，还有助于促进本地剩余劳动力以及后代子女素质的改善。同时，也有助于改善自身及家庭成员的健康状况。通过这一形式的人力资本积累，能够避免农户因能力不足而陷入贫困陷阱[①]，形成缓解"能力贫困"的内生减贫机制，加快培育贫困人口的内生发展动力。这具体表现为能够增加农户的非农就业机会、提高农民的劳动生产率，进而克服低收入困境，促进农户脱贫增收并斩断代际贫困。

三、农村劳动力流动的减贫机制：强化社会参与

　　长期受城乡二元经济结构的影响，我国在经济发展过程中，城乡之间的差距不断扩大，再加上区位劣势明显，这导致了我国广大农村地区的农民正逐渐被主流社会边缘化，尤其是对于贫困人口而言，这一现象尤为明显，他们被排除在制度红利之外，难以与城市居民共同分享经济发展的成果。这种社会排斥主要体现在，一是农村教育条件落后，师资力量薄弱、学校硬件设施陈旧等均

---

　　①　事实上，在我国的剩余农村贫困人口当中，其致贫因素集中地表现为"因病、因残、因学"，即缺乏自我发展能力，长期处于"能力贫困"状态。

造成了农村居民受教育程度远远落后于城市居民，特别是子女上学条件仍没得到根本改变，难以形成自我发展能力，极易造成农村代际贫困现象的恶化。二是农村居民就医条件落后，与义务教育相比，城乡基础医疗差距更大，农民看病难的现象极其普遍，因病致贫、因病返贫的现象屡屡发生。三是农村居民养老、医疗等方面的社会保障尚不完善，且呈现出保障覆盖面小、保障水平低等特点，使得农村居民无法同城镇居民享有同等的社会保障待遇。可见，农村居民，尤其是农村贫困人群，由于自身的局限以及在社会变化、社会利益分配机制不公等因素的作用下，逐渐失去机会而被边缘化，最终导致其被排斥在主流社会之外而成为弱势群体，使得教育、医疗、保险等一系列社会保障制度仅成为部分群体的福祉与特殊权益，难以惠及贫困人口。

根据文建龙和肖泽群（2008）的研究，社会中一部分人群（通常指社会弱势群体）在经济、政治、社会、文化权利等方面享有不足的状态即形成"权利贫困"[①]。由此可以看出，就我国农村的现实情况而言，与城市居民相比，广大农民群体不仅是在物质生活上相对贫困，更是在权利享有方面相对贫困。正如著名经济学家阿玛蒂亚·森所指出，"农民贫困的根源并不在于农民贫困本身，而是深藏在农民贫困背后的另一种贫困——权利贫困，即贫困不单是一种供给不足，更多的是一种权利不足"。如何改变农民的相对权利贫困状态已成为亟待解决的社会问题，尤其是对于农村贫困人口，他们是社会的脆弱群体，更加需要政府和社会的救助。然而，在现实利益格局更加偏向强者而抛弃弱势群体、社会保障体系尚不健全的背景下，劳动力流动为农村居民寻求发展、缓解社会排斥所带来的权利贫困状态提供了一条新的可行路径。李培林（1996）的研究指出，农村劳动力的流动不仅仅是人口的流动，更是一种社会的流动，它包含了地域流动、职业流动以及阶层流动三方面[②]。初期，农村劳动力的流动主要依靠以血缘、亲缘和地缘的社会关系为纽带以获取本地或异地的非农就业信息，因此劳动力流动形式通常表现为亲戚关系、老乡关系聚集在同一地方或

---

① 文建龙、肖泽群：《权利贫困的个人综合能力原因分析》，《甘肃理论学刊》2008年第2期，第32页。

② 李培林：《流动民工的社会网络和社会地位》，《社会学研究》1996年第4期，第45页。

同一部门务工。随后，根据美国社会学家格兰诺维特的"强关系"和"弱关系"理论，他认为求职者要想获得一份好的工作，其获取信息的途径主要是来自那些关系不那么亲密、交往不那么频繁的异质人群（即"弱关系"），而不仅仅是由内部建立起联系的"强关系"，因为在同质人群中彼此获取信息的重复性太高，相对价值也就越低。因此，农村劳动力在进入城市后，社交面不断扩大且增加了社会互动，其社会关系逐渐由血缘、亲缘、地缘关系推开，在经历了学习和再社会化过程中，拓展了"弱关系"，并能够逐渐使用"弱关系"来获取各种资源以及信息。其作用路径如图3.4所示。

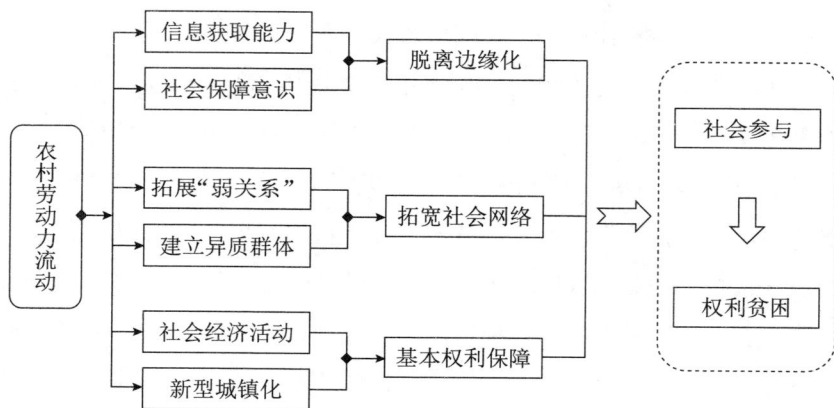

图3.4　农村劳动力流动影响农户权利贫困的作用机理分析

农村劳动力通过这种流动主动融入经济社会，增强了社会互动，扩大了自身的社会关系网络，有利于改善自身及留守家庭的权利贫困状态。具体来说，首先，农村劳动力流动到城镇非农部门中，较其原有的农民职业身份而言，是社会地位的向上流动。在初次职业流动中，他们一方面积累了相关的知识以及职业技能，不断加强社会参与，逐渐改变自身社会边缘人的现状，提高了自身获取有利信息的能力，诸如了解随迁子女教育、医疗补助、就业指导、学习培训、养老保障等一系列政策福利；另一方面，通过社会参与过程，不断增强社会保障意识，并积极主动争取属于自身的权利，而不是"自觉地"远离社会保障之外，愿意接受那些无保障或是低保障条件的就业机会。其次，随着与城市人群以及其他外来人群交往的逐渐深入，流动者逐渐突破初期以血缘、地缘、亲缘为纽带建立起来的同质社交圈，融入新的群体以及与各种组织机构打交道，逐渐与新的异质性群体建立起更加有效的、跨度更大的社会网络。这种社会资源的建立有助于流动者获取各方面社会资源，诸如子女上学、自身就业指导、留守家庭医疗、养老保障等，这成为流动者个人以及留守家庭生存发展的重要资本，并对原有的趋于劣势的资源分配格局产生较大影响。再者，部分劳动力流动到城市的非农部门，能够主动参与到社会经济的发展中。在目前我国新型城镇化战略的推动下，"以人为本"是我国未来城镇化发展道路的核心，政府部门开始不断为这部分群体提供基本的公共服务，如在随迁子女教育、劳动就业权利、医疗、保险、公共等各个社会福利方面改进农民工基本权利保障的现状，并不断提高流动者对基本公共服务的满意度，以帮助农民工阶层在城市中生存和发展。

通过以上分析可以发现，农村贫困群体可以借助劳动力流动这一渠道有效提高自身及家庭的社会参与度，在加强社会互动的同时扩大社会网络资源，进而改善自身及家庭成员的"权利贫困"现状。

第三节　贫困地区农村劳动力流动减贫的基础性条件分析

一、农村个体劳动力流动的能力基础

通过农村劳动力流动缓解农户贫困的作用机理分析可以发现，无论是通过何种传导路径实现减贫效应，其作用的基本条件在于农村劳动力个体具备"外流"的能力，即其能够满足非农就业市场的劳动力需求，从而进入到非农就业市场当中，这也是农村劳动力流动减贫效应发挥的先决条件。然而，就我国贫困地区的剩余贫困人口而言，受自身人力资本禀赋的制约，其"外流"能力较低，农村劳动力流动的减贫作用十分有限，原因在于农村贫困人群外出的可能

性较低 ①。究其根源，贫困地区农村劳动力流动能力主要受到以下三方面因素的制约。

一是基本素质较低导致的"外流"障碍。本杰明等（1901）指出，受过教育的农村劳动力能更好地利用经济转型过程中的机会 ②。诸多学者进一步对这一作用进行了具体计算，发现教育水平可直接提高劳动力非农就业的概率，其弹性为 1.2 ③；陈玉宇和邢春冰（2004）的研究结果表明，在 1991 年、1993 年以及 1997 年，劳动力每增加一年教育，可使其在非农部门就业的机会分别增加 2.2%、3.2% 和 1.5% ④。可见，教育在促进劳动力获得非农就业机会方面起着举足轻重的作用，尤其是对于受教育水平低的农村经营者而言，从事非农工作的概率较低。纵观我国广大农村贫困地区，农村劳动力的基本素质堪忧。《2016 年农民工监测报告》显示，高达 73.6% 的农民工受教育程度集中在初中及以下水平，且接受过非农就业技能培训的农民工仅占 30.7%。城市农民工是我国农民中素质较高的群体，其基本文化素质尚且如此，可以断言，农村地区留守劳动力的素质更为低下。正是囿于广大农民受教育水平较低导致其自身基本素质有限，进而阻碍了其获得进入非农部门的机会。

二是信息不对称导致的"外流"障碍。我国贫困人群主要分布在闭塞偏远地区，据 2011 年国务院颁布的《中国农村扶贫开发纲要（2011—2020）》，全国绝大部分贫困地区和深度贫困人群集中在 14 个连片特困地区，如六盘山区、秦巴山区、武陵山区等。这些地区大多属于"老少边穷"地区（指革命老区、少数民族地区及边疆地区），远离经济政治发展的中心，信息化基础设施较为落后，互联网普及率更为低下。大众传媒在该地区的缺位，一方面造成农民可获取信息的媒介资源极少；另一方面，可接触的媒介形式单一，

---

① Du, Yang, Albert Park, and Sangui Wang. "Migration and Rural Poverty in China." *Journal of Comparative Economics* 33.4（2005），p.701.

② Rowntree, Benjamin Seebohm. *Poverty: A study of Town Life.* Macmillan, 1901, p.35.

③ Huffman, Wallace E. "Farm and Off-farm Work Decisions: The Role of Human Capital." *The Review of Economics and Statistics*（1980），p.19.

④ 陈玉宇、邢春冰：《农村工业化以及人力资本在农村劳动力市场中的角色》，《经济研究》2004 年第 8 期，第 110 页。

主要以电视、报纸、广播以及手机网络为主，接触率分别为 97.3%、28.3%、17.6%、11.9%。由此，农村劳动力的初次"外流"所依靠的并非政府和市场这一类社会资源，而是乡土网络，他们获取的绝大部分务工信息是通过老乡、亲戚口头传递的。这种原始且单一的信息渠道导致他们所获取的信息往往具有重复性、低级性、狭小性以及失真性等特点，难以为其提供准确、及时、广泛的务工信息，致使许多农村劳动力"外流"能力有限或是盲目外出，满怀希望进城却无法在城市求得生存与发展，最终也难逃失望而归的结局。可见，环境封闭、信息匮乏，造成贫困地区农村人口普遍缺乏有效获取、交流以及应用信息的能力，进而严重地限制了农村劳动力"外流"到非农部门的机会。

三是根深蒂固的"贫困文化"导致的"外流"障碍。著名的人类学家奥斯卡·刘易斯于 1959 年在《五个家庭：墨西哥贫穷文化案例研究》一书中首次提出"贫困文化理论"，该理论认为，处于贫困亚文化的人有自我独特的文化认知以及生活观念，且这种亚文化通过穷人之间的"圈内"交往而得到加强，并维持这种贫困生活，同时，在这种环境中成长的下一代也自然而然习得这一文化，贫困文化由此发生代际传递，使得他们难以抓住摆脱贫困的机会。具体而言，贫困人群长期生活在地理位置偏远的地区，封闭、落后、保守成为其主要的文化特征。在这样的生存环境下，他们安于现状，缺乏向上流动的意识与渴望，由此产生了一种低水平的心理平衡，并把这种状态变为一种习惯；加之长期受到贫困的束缚，也使他们在精神与心理上都被牢固地锁在其中，进而形成自身寻求解放与发展的严重障碍。"穷人的思维"难以打破，由此产生的宿命论意识以及接受被注定的状态，最终形成一种自我保存的贫困链。这一现象被美国经济学家加尔布雷斯称之为对贫困的顺应（Accommodation to Poverty）。可见，贫困人群有一套他们自己的生活逻辑，他们不仅缺乏"起飞"的意识，更是缺乏"起飞"的行动。这种意识的局限使得他们不愿改变、不愿作为，自觉放弃"外流"求生存、谋发展的机会，最终难以形成脱贫的内生动力。

由此可见，要有效发挥贫困地区农村劳动力流动的减贫效应，必须注重培育贫困地区农村劳动力个体的综合素质、拓宽非农就业信息渠道、打破长期形成的贫困思维，从而真正夯实贫困地区农村劳动力个体流动的能力基础，为贫困地区农村劳动力流动减贫效应的发挥创造有效的基础性条件。

二、农村家庭劳动力要素的合理配置

贫困地区农村劳动力个体的"外流"能力是实现农村劳动力流动减贫效应的基础，而贫困地区农村家庭劳动力要素的合理配置则是实现减贫效应的关键所在。这主要是由于农村劳动力流动对农户贫困的影响是复杂、多维的，当农村家庭劳动力要素配置失衡时，将不可避免地影响农村经济社会的有序发展，而这直接关系到农村劳动力个体及其农村家庭留守成员的贫困状态。因此，要有效发挥贫困地区农村劳动力流动的减贫效应，必须注重农村家庭劳动力要素的合理配置。

具体而言，劳动力要素对于农业生产的作用与工业生产一致，都是不可或缺的要素投入。农户通常希望能将其所拥有的劳动力资源在农业部门与非农部门之间进行合理配置，从而实现效用的最大化。在一个农户家庭承包的土地数量一定的情况下，当家庭中"外流"劳动力较少时，并不会影响留守家庭的农业生产，从而也不会导致农业经营性收入的降低。这主要是由于该部分劳动力本就属于原有家庭中的剩余劳动力，即使不外流到非农部门，也是赋闲在家，对农业生产没有任何贡献，即农业剩余劳动力。随着一个家庭中"外流"劳动力增多，逐渐超过剩余劳动力的临界线，家庭中的留守劳动力数量已不能满足当前的农业生产，此时自然会对农作物产出有直接的负向影响。但这种负面影响也不是绝对的，在有劳动力外流的农户家庭中，存在着资金对劳动力的替代作用。即当外流劳动力只是略微超出剩余劳动力的边缘时，尽管有一定的负面影响，但这种负面影响能够在一定程度上通过"外流"劳动力给留守家庭的汇款行为而带来的资金所抵消，这种非农收入增加了农户对农药、化肥与良种的投资，提高了农业产出。然而，当农户家庭中的外流劳动力数量远超剩余劳动力供给时，将导致农户家庭劳动力要素配置严重失衡，汇款所带来的边际收益已然无法抵消流动对农业产出所造成的负向影响。留守家庭所面临的大量劳动力缺失直接导致农业产出急剧下降，农业经营性收入的来源也必然受到一定制约，而农业经营性收入又是农村家庭收入的重要来源，因此，这势必会降低劳动力流动所带来的减贫效应。

与此同时，随着农户将家庭中主要的劳动力配置到非农部门就业，面对大量的农村劳动力的转移，留守人员问题、"空心村"问题逐渐成为社会关注的焦点。《2016 年农民工监测调查报告》显示，在转移出去的劳动力中男性占比为 65.5%，女性占比为 34.5%；从年龄结构来看，农民工群体仍以青壮年为主，平均年龄为 39 岁。由此可以看出，农村留守人员主要由老人与儿童构成。对于留守老人来说，其生活照料情况很大程度上受到家庭结构、居住安排以及两代人之间的空间距离影响，而家庭中作为主要劳动力的子女"外流"到城镇将不可避免地引起这些因素的改变，这不仅削弱了留守老人的日常照料，而且增加了他们的劳动强度。进一步地，凯恩达（2006）指出，留守老人中，女性老人在生活照料方面存在更多的困难，对于留守儿童而言，形势更不容乐观①。在这部分群体中，有 43.91% 的留守儿童是同祖父母一同居住，形成所谓的"隔代家庭"。一方面，留守老人自身受教育程度偏低的影响，大多教育观念淡薄、教育方式落后，无法为留守儿童提供科学、合理的学习指导；另一方面，长期亲子分离的家庭结构与关系模式也严重影响了留守儿童的身心健康，致使父母与子女之间产生心灵上的隔阂，儿童也因此失去心理归属感以及心理依恋，最终引起留守儿童在安全、卫生保健、学习、心理以及品行等方面的一系列问题。可见，在农村劳动力大规模流动的今天，家庭成员的聚少离多已然使农村家庭生态系统不同程度受损，家庭的基本功能诸如关爱孩子的成长、老人的照料等难以完全实现。尽管劳动力"外流"能够改善留守家庭的物质生活，但这种家庭分离也在一定程度上会降低家庭成员的幸福感和获得感，最终影响劳动力流动在多维层面的减贫效应。

通过以上分析可以发现，贫困地区农村劳动力流动减贫效应的发挥有赖于农村家庭劳动力要素的合理配置。只有通过合理地配置家庭劳动力，才能够全

---

① Kaneda，T. "Chinas Concern Over Population Aging and Health." *Washington D*（2006），p.23.

面地改善农户各方面的贫困状态，最终真正使其摆脱贫困陷阱。然而，从目前我国贫困地区的现实情况来看，囿于贫困地区经济社会发展的落后，农村劳动力过度外流，导致了剩余贫困人口基本为老弱病残的家庭留守成员，农村家庭劳动力要素配置失衡，这可能会在一定程度上抑制贫困地区农村劳动力流动的减贫功能。

三、贫困地区产业结构的发展程度

在农村个体劳动力具备"外流"能力、农村家庭劳动力要素合理配置的基础上，贫困地区农村劳动力流动的减贫效应自然就取决于地区产业发展程度，尤其是贫困地区的产业结构发展。毋庸置疑，贫困地区农村劳动力流动的客观条件在于充足的非农就业岗位，而就业岗位的创造则依赖于产业结构的发展。就上文所言，在新时期，本地非农就业已成为我国农村劳动力流动的主要特征，因此，要充分发挥贫困地区农村劳动力流动的减贫效应，就必须注重贫困地区的产业结构发展。

具体而言，虽然自改革开放以来，我国经济蓬勃发展，大城市以及沿海开放城市的经济扩张为农村剩余劳动力创造了大量的非农就业机会，推动了剩余农村劳动力的转移，农村外出务工人员持续、大规模地增加，逐渐成为农户增收、缓解农村剩余劳动力就业压力的重要途径。但 2008 年全球金融危机的爆发对我国经济和劳动力就业造成了巨大的冲击，就业形势急转直下，减少了农村劳动力的非农就业机会，致使大城市及沿海开放城市的大批农民工不得不提前返乡。根据陈锡文（2009）的估算，受全球金融危机的影响，我国有 2000 多万农民工失去工作或尚未找到工作[1]。尤其是在当前我国处于经济转型的特殊时期，伴随着产业结构优化升级与供给侧结构性改革的推进，相当一部分的传统产能逐渐被淘汰，致使一大批职工在找到新工作前，不得不面临结构性失业。根据国家发展改革委测算，在煤炭和钢铁两个行业中，去产能将分别影响就业总量 130 万人和 50 万人[2]。虽然从总量来看，去产能对就业的冲击并不算

---

① 陈锡文：《我国农业农村的 60 年沧桑巨变》，《求是》2009 年第 19 期，第 35 页。
② 数据来源：http://www.ce.cn/cysc/ny/gdxw/201606/27/t20160627_13200345.shtml，2016-06-27。

太突出，但在供给侧结构性改革过程中，劳动力处于失业状态的持续时间主要取决于其受教育程度和年龄特征。相比而言，那些受教育程度较高的年轻劳动力更容易抓住新的就业机会，实现转岗。然而，对于绝大部分农民工而言，他们受教育程度较低、年龄偏大，在经济的结构性调整中极易失去非农就业机会，不得不提前返乡。据统计，在钢铁与煤炭行业中，职工年龄在 40 岁及以上的占比分别为 41.4% 和 48.9%，且受教育程度在初中及以下的占比分别高达 55.9% 和 69.4%[①]。可见，在不利的宏观经济环境下，劳动力市场需求疲软，加上农民工自身基本素质的局限，将不可避免地使贫困地区农村劳动力"外流"到非农部门就业受到冲击。

在城市非农工作机会减少的不利环境下，本地非农就业成了贫困地区农村劳动力的"最后一根稻草"，然而，其形势也不容乐观。这是由于我国剩下的贫困人口分布较为分散且自我发展能力低下，致使商业无法发展，制造业与第三产业缺乏发展动力；加上受历史以及地理区位等因素的影响，我国贫困地区基础设施落后、产业基础薄弱，特别是园区发展相对滞后，缺乏大产业的支撑与带动，无法形成完整的产业链，从而导致贫困地区产业结构过于单一。2015 年国家统计数据显示，我国第一产业增加值为 8.8%；《2015 年中国农村扶贫监测报告》指出，我国连片特困地区第一产业增加值占比高达 23.8%。由此可见，连片特困地区的非农产业发展仍处于滞后状态，这具体表现为，贫困地区的产业结构呈现出明显的初级化、低级化以及粗放化特征，农业作为主导产业，吸收了贫困地区绝大部分农村劳动力，但产出比重却远低于 50%，导致高投入、低产出的局面；第二产业虽有所发展，但由于自主创新能力不足，致使多数产品缺乏竞争力，经济效益因此受限；第三产业发展迅速，但新型服务业发展缓慢，行业龙头企业更是稀缺，难以发挥对区域经济的牵引作用，也就无法充分吸收贫困地区剩余劳动力。同时，贫困地区农村劳动力的非农就业往往基于地缘、血缘的社会网络，这使得其非农就业具有明显的模仿效应。在单一产业结构发展的条件下，一旦产业受到外部经济环境冲击，贫困地区农村劳

---

① 蔡昉：《认识中国经济减速的供给侧视角》，《经济学动态》2016 年第 4 期，第 20 页。

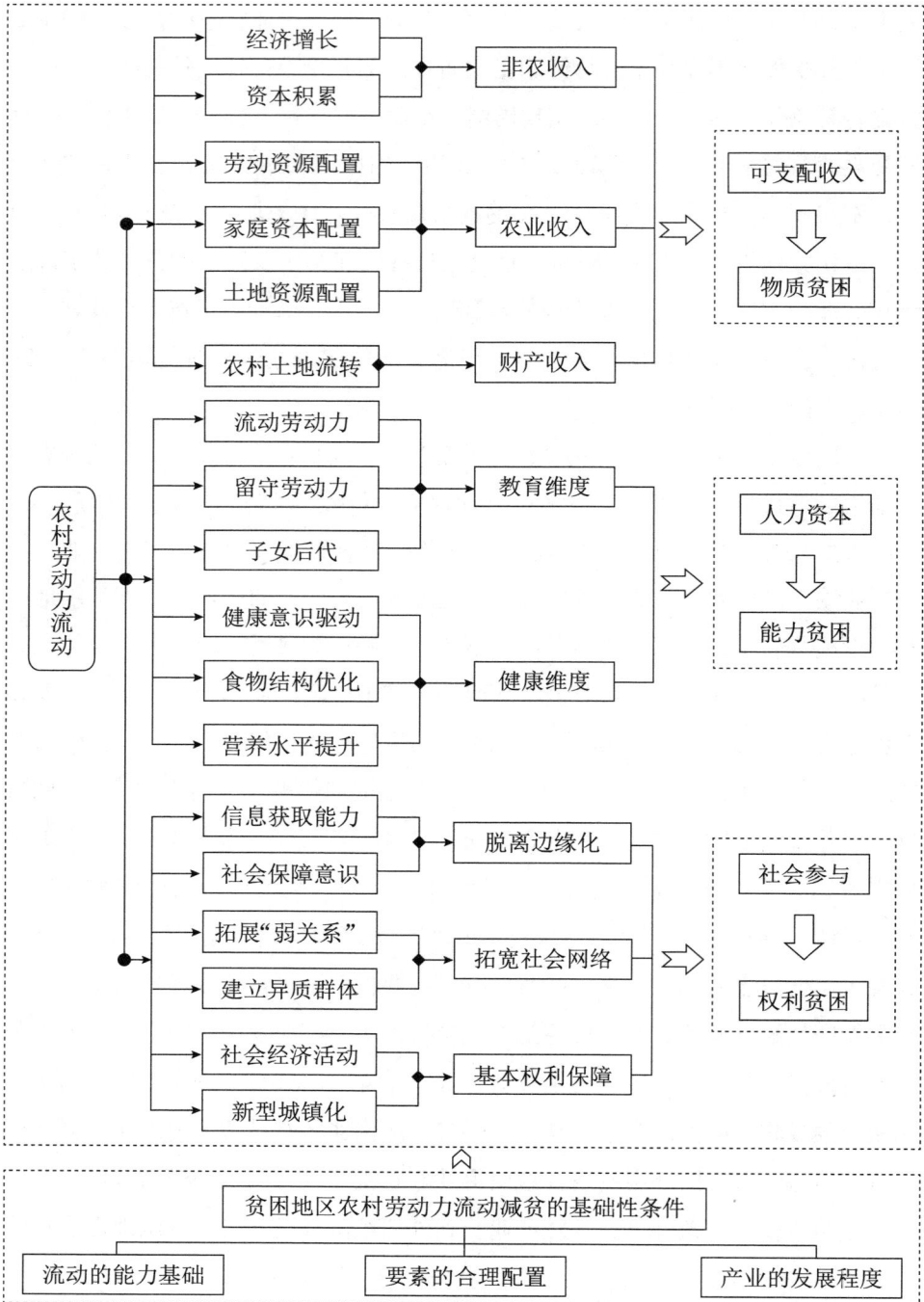

图 3.5　理论分析框架图

动力的非农收入势必会受到严重的影响，这将可能导致贫困人口返贫现象的发生。总而言之，贫困地区的产业基础薄弱、结构单一且发展缓慢，难以为农村剩余劳动力提供充足的非农就业机会，这直接抑制了贫困地区农村劳动力实现本地非农就业的可能性。

通过以上分析可以发现，贫困地区农村劳动力流动的减贫效应必须依托于强大、健全的产业基础，由此展开的农村劳动力流动减贫才是科学的、可持续的。因此，应以乡村振兴战略为核心，科学合理规划贫困地区的产业发展，从而为新时期贫困地区农村劳动力流动减贫创造良好的外部经济环境基础。图3.5 为本书的理论框架图，该图系统展示了农村劳动力流动影响农户贫困的传导路径，同时，也揭示了贫困地区农村劳动力流动减贫的基础性条件，为后文的分析奠定了扎实的理论基础。

第四章

农村劳动力流动与农村扶贫的
政策演变及现状分析

在前文理论分析的基础上，本章将全面总结改革开放以来我国农村劳动力流动以及农村扶贫政策的演变历程，并基于我国连片特困地区的微观农户调查数据，客观地揭示现阶段我国贫困地区农村劳动力流动与农村贫困的现状，力求全面、科学地把握政策演变的内在逻辑以及新时期的现状特征，在此基础上，将深入分析贫困地区农村劳动力流动减贫效应发挥过程中可能存在的现实问题与障碍，从而为后文的实证研究部分提供客观合理的现实依据。

第一节　农村劳动力流动与农村扶贫的政策演变

一、农村劳动力流动的政策演变

改革开放以来，伴随着户籍制度的不断松动、家庭联产承包责任制的实行等分割城乡劳动力市场的一系列制度的变革，我国农村劳动力多年来停滞不前的状态逐渐被打破，大量农村劳动力从农村涌向城市、从农业部门涌向非农领域。纵观我国改革开放以来的历史变革和经济社会发展，我国农村劳动力流动的政策演变大致可以划分为五个阶段：限制流动阶段、允许流动阶段、引导流动阶段、鼓励流动阶段以及规范流动阶段。

（一）第一阶段：限制农村劳动力流动阶段（1978—1983 年）

改革开放初期，在户籍制度等一系列相关政策的约束下，农村劳动力的流动受到了极大的限制。随着 1978 年改革开放，我国农村开始实行家庭联产承包责任制，农业生产由此出现了结构性的变革，这大大地提高了农业生产效率，解放了一部分农村剩余劳动力。与此同时，大批"上山下乡"的知识青年返城，增加了城市劳动力供给，这无疑加大了城市的就业压力。为此，国务院于 1981 年 12 月下发了《关于严格控制劳动力进城做工和农业人口转为非农业人口的通知》，对农村剩余劳动力的流动实行严格控制，同时鼓励农村剩余劳动力实现"离土不离乡"的就地就业。具体而言，中央对农村劳动力流动做出了三方面的要求：其一，严格控制城市用工单位从农村招工；其二，清理企事业单位使用的农村劳动力；其三，加强户口和粮食管理。在这一阶段，农村出现的剩余劳动力在比较利益的驱动下逐渐由农业部门向本地非农产业转移，促进了农村地区乡镇企业的迅速发展。根据统计资料，截至 1983 年，在农村社会总产值的构成中，非农产业占比由 1978 年的 31.4% 上升至 33.3%，乡镇企业的从业人数占乡村常住人口的 2.2%，农村非农劳动力占乡村劳动力的比重由 1978 年的 7.1% 上升至 8.8%，农业劳动力占社会劳动力的比重由 1978 年的 70.2% 降至 67.1%[①]。

（二）第二阶段：允许农村劳动力流动阶段（1984—1988 年）

在这一阶段，随着家庭联产承包责任制政策的持续开展，农业生产效率的提高释放了一大批农村剩余劳动力，使农村劳动力的流动成为可能。同时，该时期国家对人民公社制度、农产品统购统销制度的改革，消除了部分劳动力流动的体制障碍。此外，该时期国家的改革重心向城市转移，在鼓励发展乡镇企业深化农村经济体制改革的同时，也鼓励多种所有制形式、多种经营方式促进城市经济的发展。随着这一系列经济体制改革措施的全面推广，大大增加了对农村劳动力的用工需求。在这一背景下，为了适应经济发展对劳动力的需求，国务院于 1984 年 10 月颁布了《关于农民进入集镇落户问题的通知》，放宽了

---

① 中华人民共和国农业部编：《中国农业发展报告》，P95，表 1，表 2，表 3，表 10。

对农村劳动力流动的限制。《通知》指出，凡是申请到城镇务工、经商或从事服务业的农民及家属，在城镇有固定住所、有经营能力或是在乡镇企事业单位长期务工的农村劳动力，在自备口粮的前提下允许到城镇落户。随后，国务院又相继出台了《国营企业实行劳动合同制暂行规定》等一系列规定，放宽了国营企业对农村劳动力的招收限制。由此，在国家政策的鼓励下，农村劳动力的流动得到迅速发展。据统计，截至1988年，在农村社会总产值构成中，非农产业由1983年的33.3%上升至53.2%，农村非农劳动力占乡村劳动力的比例也由1983年的8.8%上升至21.5%[①]。其中，外流劳动力开始突破"离土不离乡"的模式，48.8%的外出劳动力流向了本地非农产业，而流向城镇地区的比重则高达50.6%[②]。

（三）第三阶段：引导农村劳动力流动阶段（1990—2000年）

随着我国改革开放进程的不断深入，国民经济得到了快速发展，尤其是东部沿海地区的经济发展，对农村劳动力产生了巨大的需求，这无疑大大刺激了农村劳动力的转移就业，尤其是在1992年邓小平同志南方谈话后，非国有部门的迅速发展促使我国农村劳动力流动进入了一个高潮时期，主要表现为由农村向城镇、由中西部向东部沿海地区的跨区域流动。据统计，1992年流入城市的农村劳动力高达3500万人次，1993年甚至达到了5000万—6000万人次；1995年出省的农村劳动力人数达到2500万—2800万人次[③]。在这一阶段，政府针对大规模的农村劳动力流动采取鼓励和引导的方针，同时制定了一系列新的政策和措施来加强对农村劳动力流动的规范。首先，1992年中央部门全面取消了粮食计划供应制度，同时户籍制度有所松动，为劳动力流动创造了条件；其次，为了引导农村劳动力合理有序地流动，劳动部于1993年颁布了《关于印发〈再就业工程〉和〈农村劳动力跨地区流动有序化——"城乡协调就业计划"第一期工程〉的通知》，制定了农村劳动力主要输出地、输入地管

---

①　中华人民共和国农业部编：《中国农业发展报告》，P95，表1，表2，表3，表10。

②　庚德昌主编：《全国百村劳动力情况调查资料集（1978—1986）》，中国统计出版社1989年版，第289页。

③　数据来源：国家统计局1995年1%人口抽样调查数据公报。

理的具体目标，并提出建立公平竞争的劳动力流动市场；再次，为了强化对流动人口的有效管理，劳动部于 1994 年颁布了《农村劳动力跨省流动就业管理暂行规定》，次年 9 月中共中央办公厅、国务院办公厅又转发了《中央社会治安综合治理委员会关于加强流动人口管理工作的意见》，推出了就业证管理制度，即被跨省单位录用的农村劳动力，在跨省流动前需持本人身份证和相关材料证明，于户口所在地的劳动就业服务机构领取外出人员就业登记卡，并凭借就业卡到用人单位当地的劳动部门领取外来人员就业证，证卡合一生效。总体而言，上述一系列新政的实施，在引导农村劳动力有序流动、规范流动人口的管理方面发挥了积极的作用。

（四）第四阶段：鼓励农村劳动力流动阶段（2000—2012 年）

与前三个阶段不同，在这一阶段，随着我国加入世贸组织，经济社会环境发生了深刻的变化，劳动力流动政策从引导流动向鼓励流动转变，且保障农民工权益、改善农民工福利也成为该阶段政府关注的重点。具体而言，2000 年以后政府对农村劳动力流动的政策做出了一系列积极的改变，主要体现在以下三方面。其一，在流动约束方面，"十二五"规划明确提出改革城乡分割体制、取消各省市针对农村劳动力进城就业的不合理限制。如劳动部和社会保障部于 2005 年发布了《关于废止〈农村劳动力跨省流动就业管理暂行规定〉及有关配套文件的通知》，正式废除了农村流动人口的就业证制度。其二，在户籍制度方面，政府一直致力于户籍制度的改革，一些省市逐步取消了农业户口和非农业户口，且部分经济发达的地区在取消农业户口和非农业户口的基础上还进一步落实了与户籍相关的社会福利，这为农村劳动力进城就业创造了条件。其三，在流动人口基本权利方面，2003 年国务院办公厅下发了《关于做好农民进城务工就业管理和服务工作的通知》，再次重申取消农民进城务工的不合理限制的同时，进一步强调了重视保障农民工权益、关心和服务农民工生活。为流动人口提供配套服务，如改善创业、就业及子女上学等方面的条件，取消针对流动人口设立的各种不合理收费，如流动人口管理费、暂住费等，积极促进流动人口与城市社会的融合。其四，在农民工技能培训方面，2004 年中共中央、国务院《关于促进农民增加收入若干政策的意见》提出要加强农民工职业技能培训。如 2004 年相关部门组织了农村劳动力转移培训阳光工程。在这一系列的政策措施的鼓励下，该时期劳动力进入快速、大规模流动阶段。据统计，2002 年农村进城务工的劳动力数量突破 1 亿，占城镇就业比例高达 42.3%[①]。且直到 2012 年，进城务工的农村劳动力数量不断增加，占城镇就业比例也一直维持在 40% 以上。

（五）第五阶段："新常态"下规范劳动力流动阶段（2012 年以后）

2012 年以后，在我国经济逐渐进入经济"新常态"的背景下，经济下行的压力前所未有，经济的发展方式由粗放型向集约型转变已成为必然举措，这意味着传统的低素质农村剩余劳动力即将面临大规模失业的风险，如何优化提升农村流动劳动力的质量、保障农村劳动力流动后的就业问题成了"新常态"下农村劳动力流动政策的重要着力点。从图 4.1 可以看出，自 2010 年以来，尤其是 2012 年以后，尽管我国农民工总量依然处于上升趋势，但其增长速度急剧下降（由 2012 年的 3.9% 下降到 2016 年的 1.5%）。因此，在宏观层面上，2012 年党的十八大明确指出加快改革户籍制度，有序推进农业转移人口市民化。随后，2013 年党的十八届三中全会也明确指出深化户籍制度的改革，以促进劳动力流动。此外，党的十八届五中全会也明确强调继续推进新型城镇化的进程，深化户籍制度改革，促进有能力的农业转移人口在城镇落户。中观层面，国务院于 2014 年颁布了《国务院关于进一步推进户籍制度改革的意见》，取消了农业户口与非农业户口性质区分。数据显示，党的十八大以来，我国农村劳动力转移就业平稳增长，一方面，农民工综合素质显著提高，2016 年全国农民工中高中及以上文化水平的农民工比例为 26.4%，较 2012 年提高了近 3 个百分点；另一方面，全国农民工总量由 2012 年末的 2.63 亿人上升到 2016 年的 2.82 亿人。由此可见，在"新常态"下，我国农村劳动力流动政策倾向发生了根本性的转变，由既往的总量推动政策转向质量培育政策，从而科学地应对供给侧结构性改革下产业结构的高级化发展，切实解决现阶段农村剩余劳动力"总量过剩、结构性短缺"的阶段性矛盾。

---

① 数据来源：《中国农民工调研报告》以及 2002 年《中国统计年鉴》。

毋庸置疑，这对于"新常态"下我国经济的平稳增长至关重要，一方面，能够加快培育与经济发展阶段相适应的劳动力供给；另一方面，有序地规范农村劳动力流动也能够避免大量农村劳动力流动所带来的失业问题，从而保障社会的健康稳定发展。

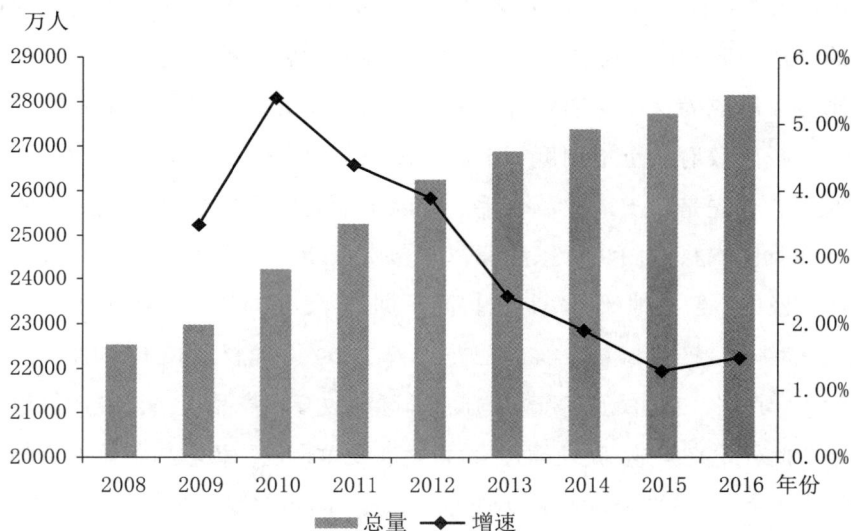

图 4.1　我国农民工总量及增速

数据来源：《农民工监测调查报告》（历年）

二、农村扶贫的政策演变

自 1978 年改革开放以来，我国的经济社会取得了全面发展，且随着一系列反贫困政策实施的不断深入，我国农村贫困问题得到大大改善，扶贫事业取得了举世瞩目的成就，贫困发生率由 1978 年的 97.5% 下降到 2016 年的 4.5%（2010 年贫困标准）。联合国发布的《千年发展目标报告（2015 年）》显示，全球极端贫困人口已从 1990 年的 19 亿降至 2015 年的 8.36 亿，其中，中国的贡献率超过 70%。总体而言，针对农村贫困问题，我国政府开展了以解决农村贫困人口温饱问题、逐步实现共同富裕为主要目标的有计划、有组织的大规模反贫困斗争，尤其是 20 世纪 80 年代以来，我国政府和人民为此进行了持续不断的努力。具体而言，我国的反贫困历程大致可以分为以下五个阶段①。

（一）第一阶段：体制改革扶贫阶段（1978—1985 年）

改革开放初期，我国贫困问题十分突出，集中体现为大面积的农村贫困。据统计，按当时我国政府制定的贫困标准，在 8 亿农村人口中有超过 2.5 亿的贫困人口，占比高达 30.7%。究其原因，造成这一时期大面积贫困的根源在于落后的计划经济体制限制了农村生产力的发展、阻碍了劳动生产率的提高。因此，制度改革成为这一时期缓解农村贫困问题的关键。1978 年十一届三中全会以后，我国政府从土地制度、市场制度以及就业制度三方面开展了一系列体制改革。首先是从土地改革入手，废除了原有的人民公社为主的集体经营体制，在我国农村全面实行家庭联产承包责任制。这大大调动了农村劳动力的生产积极性，使土地产出率得以提高。据统计，从 1978 年至 1985 年间，我国农村人均粮食产量增长 14%，棉花增长 73.9%，油料增长 176.4%，肉类增长 87.8%。其次，在市场制度改革方面，逐渐放开农产品价格，农产品市场得以重建。此外，在就业制度层面，大力发展乡镇企业，为农村贫困人口的非农就业提供了条件。这些政策的实施极大地促进了国民经济的快速发展，并通过农产品价格的提高、农业产业向附加值更高的产业转化以及农村劳动力的非农就业三个渠道，将利益传递给贫困人口，使其能够脱贫致富。据统计，这一期间，农村居民人均纯收入增长了 2.6 倍，全国农村绝对贫困人口由 2.5 亿减少到 1.25 亿，平均每年减少 1786 万人次，贫困发生率也由 30.7% 降至 14.8%。在体制改革扶贫阶段，制度改革为主导的反贫困政策取得了显著成效，全国贫困人口全面下降、贫困规模大幅度减小。

（二）第二阶段：大规模开发式扶贫阶段（1986—1993 年）

20 世纪 80 年代中后期，在以土地制度为基础的一系列改革开放政策的推动下，我国农村整体贫困状态得到极大的缓解。绝大部分农村地区凭借自身独特的资源、区位等优势，经济得到迅速发展，但还有一部分地区由于经济、社

---

① 扶贫阶段的划分主要参照中国社会科学院农村发展研究所研究员、国务院扶贫开发领导小组专家咨询委员会委员吴国宝教授的观点，http://business.sohu.com/20120705/n347317233.shtml，2012-07-05。

会、历史、自然以及地理等因素的限制，发展相对滞后，难以摆脱贫困。尤其是东部沿海地区，其经济发展较快，这逐步拉大了与内陆贫困地区的差距，使我国农村区域发展不平衡问题凸显出来。针对这一阶段贫困特征的变化，我国政府加大了扶贫力度，且对相关扶贫政策进行了重大变革，由以往的救济式扶贫过渡到开发式扶贫阶段。具体而言，首先，国务院于1986年成立了专门的扶贫工作机构，即"贫困地区经济开发领导小组"，旨在统一领导全国贫困地区的经济发展工作。其次，鉴于农村贫困人口地域性分布特征，我国政府提出针对18个集中连片特困地区实施重点扶贫开发，且逐步在全国范围内确立了328个重点贫困县，同时各省、自治区又确定了371个贫困县，覆盖了我国绝大部分贫困地区，为区域扶贫打下了坚实的基础。与此同时，还制定了一系列配套政策，如安排专项资金、制定专门的优惠政策、实行对口帮扶等。自此，在全国范围内启动有计划、有组织和大规模开发式扶贫，标志着我国的扶贫事业进入了一个新的历史阶段。通过这一阶段的不懈努力，我国农村绝对贫困人口持续减少，由1986年的1.25亿降至1993年的8000万，年均减少640万人，贫困发生率也由14.8%下降到仅8.7%。此外，国家重点扶持贫困县农民人均年纯收入也由1986年的206元提高到1993年的483.7元，年增长率约为13%。

（三）第三阶段：扶贫攻坚阶段（1994—2000年）

在经历了体制改革扶贫阶段和大规模扶贫开发阶段后，我国农村贫困人口大规模减少，贫困特征也随之改变，呈现出明显的地缘性特征。这主要表现为剩余的8000万贫困人口集中在自然条件恶劣、基础设施薄弱及社会发育落后的中西部地区，如西南大石山区（严重缺土）、西北黄土高原区（严重缺水）、秦巴贫困山区（土地落差大、耕地少、交通状况恶劣、水土流失严重）以及青藏高原区（积温严重不足）。在这一背景下，国务院于1994年制定了《国家八七扶贫攻坚计划》，这是我国历史上第一个有明确目标、明确对象、明确措施以及明确期限的扶贫开发纲领性文件。该计划明确指出，要集中人力、物力、财力，动员社会各界力量，争取用七年左右的时间，到2000年年底基本解决农村贫困人口的温饱问题。随着这一计划的实施，截至2000年年底，所确定的目标基本实现。具体而言，一方面解决了 5000 万贫困人口的温饱问题，从 1994 年到 2000 年年底，我国农村贫困人口由 8000 万减少到 3000 万，贫困发生率从 8.7% 下降到 3% 左右。其中，国家贫困县的贫困人口从 5858 万减少到 1710 万。另一方面，经济发展速度加快，在计划执行期间，国家贫困县农业增加值增长 54%，年均增长率达到 7.5%；工业增加值增长 99.3%，年均增幅为 12.2%；地方财政收入增长约一倍，年均增长 12.9%；农民人均纯收入从648 元提高到 1337 元，年均增长 12.8%。2001 年 5 月，温家宝在中央扶贫工作会议上指出，"除了少数社会保障的对象和生活在自然条件恶劣地区的特困人口以及部分残疾人外，全国农村贫困人口的温饱问题基本得到解决"。

（四）第四阶段：新时期扶贫阶段（2001—2010 年）

21 世纪初，中国的扶贫开发仍然面临着严峻的挑战。这主要是由于剩下的 3000 万贫困人口，其分布更加分散，绝大部分贫困人口居住在自然条件更为恶劣、经济发展水平更低的偏远地区，是扶贫中的硬骨头。尚存在 6000 万的低收入人口，尽管这部分群体的基本温饱问题已经得到解决，但贫困脆弱性问题依然存在，极易重新返回到贫困状态。与此同时，尽管经历前三个扶贫阶段的不懈努力，我国广大农村贫困地区的发展落后状况有所改善，但贫困人群基本生产生活状况还没有得到质的转变，且我国人口基数大，在今后相当长的一段时期内将面临巨大的就业压力，势必会影响贫困人口就业，使扶贫政策的实施效果大打折扣。另外，在 2000 年后，随着我国加入世界贸易组织以及城镇化的不断推进，城镇在创造就业、吸纳劳动力以及帮助贫困人口脱贫致富等方面的作用不断凸显。因此，在新的形势下，国务院于 2001 年 5 月颁布了《中国农村扶贫开发纲要（2001—2010 年）》，对 21 世纪前十年我国的农村扶贫开发工作进行了全面的部署。这是继"八七扶贫攻坚"计划后又一个指导全国扶贫工作的纲领性文件。《纲要》指出，2001 年至 2010 年我国扶贫开发的总体目标是尽快解决极少数贫困人口的基本温饱问题，巩固温饱成果，逐步提高贫困人口的生活质量以及自我发展能力，改变贫困地区落后的经济面貌，为实现小康水平创造条件。具体而言，鉴于剩余贫困人口更为分散的特征，《纲要》重新定位了扶贫政策的瞄准机制，由以往集中于贫困县转向以贫困村为基本单位，强调参与式扶贫。此外，《纲要》明确提出劳动力流动是反贫困的重要途径之一，因此劳动力转移技能培训、整村搬迁、产业扶贫作为该时期主要的三项扶贫政策在全国广泛推广，有效地促进了贫困人口的减少。自此，我国的扶贫开发工作全面进入了一个崭新的阶段。截至2010年，随着《中国农村扶贫开发纲要（2001—2010）》的实施，我国的贫困人口从2010年的9422万下降到2010年的2688万，年均减少673万，贫困发生率由10.2%下降到2.8%。

（五）第五阶段："精准扶贫"新阶段（2011年以后）[①]

在以往扶贫政策实施的基础上，为进一步加快贫困地区发展，促进共同富裕，实现到2020年全面建成小康社会奋斗目标，中共中央、国务院于2011年发布了《中国农村扶贫开发纲要（2011—2020）》，该方案的总体目标是到2020年，稳定实现扶贫对象"两不愁、三保障"（不愁吃、不愁穿，保障其义务教育、基本医疗和住房）。尽管以往区域化扶贫战略在很大程度上消除了大面积的贫困人口，为中国扶贫事业的发展做出了巨大的贡献。然而，随着经济水平的不断发展，一方面，区域经济增长的"益贫性"开始不断减弱，更多地表现为"益贫困地区"而非"益贫困农户"，"益富裕农户"而非"益贫困农户"，贫困地区的贫富差距逐渐扩大。另一方面，伴随着我国经济进入新常态，城镇吸纳劳动力的能力不断减弱，扶贫工作面不得不面临着"最后一群人"的问题。从图4.2可以看出，改革开放以来，我国贫困人口的数量大规模减少、贫困发生率大幅下降（2010年贫困标准），但从2010年到2016年，我国贫困发生率仅从17.2%下降到4.5%，年均下降幅度约为2.1%，即贫困发生率的降低速度趋于平缓，扶贫边际效益不断递减。因此，习近平总书记于2013年在湖南湘西考察时创造性地提出了"精准扶贫"这一重大理论与政策命题，明确了扶贫工作在整个国家的经济社会发展全局中的特殊重要性，标志着我国迈入精准扶贫的新阶段。"精准扶贫"强调对不同贫困区域环境、不同农户的贫困

---

① 尽管"精准扶贫"战略是习近平总书记于2013年提出的，但自2011年以来，我国的扶贫政策实施已开始逐渐由"区域化"向"精准化"转变，因此，本书将2011年之后的扶贫阶段统称为"精准扶贫"新阶段。

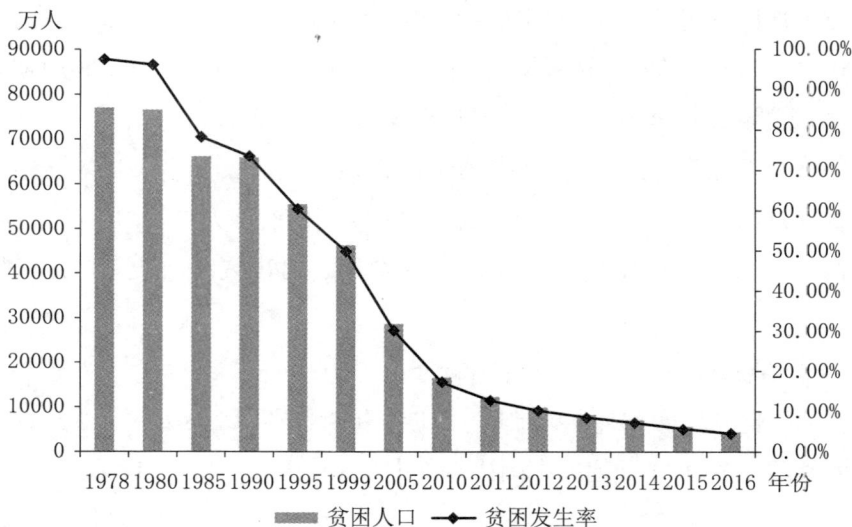

图 4.2　全国农村贫困状况（2010 年标准）

数据来源：《中国农村贫困监测报告》(历年)

状况，运用有针对性的、科学的、有效的程序对贫困对象实施精准识别、精准帮扶以及精确管理。随后，中央办公厅于 2014 年制定了详细的扶贫工作模式的顶层设计，进一步推动了"精准扶贫"思想的落地。2015 年 1 月，习近平总书记在云南调研时强调了要坚决打好扶贫攻坚战，加快民族地区经济社会发展。同年 6 月，在贵州省的调研中，强调要科学谋划好"十三五"时期扶贫开发工作，确保贫困人口到 2020 年如期脱贫，并提出扶贫开发"贵在精准，重在精准，成败之举在于精准"这一理念。尤其是规划了详细的脱贫政策体系、财政投入体系、监督体系、考核评估体系。据统计，从 2013 年至 2016 年间，我国农村贫困人口年均减少 1391 万人，累计脱贫总数为 5564 万人；贫困发生率从 2012 年年底的 10.2% 下降至 2016 年年底的 4.5%，下降 5.7 个百分点。农村贫困人口的大规模减少，为如期全面建成小康社会打下了坚实的基础。

三、总结与启示

（一）农村劳动力流动政策演变的总结与启示

总体而言，改革开放以来我国农村劳动力流动经历了从"限制流动"到

"规范流动"五个阶段，政府从谨慎对待也逐渐转变为积极引导。在 20 世纪 80 年代，尽管我国经济体制和社会管理改革不断深入，经济活力持续释放，就业容量不断扩大，但政府对待农村劳动力流动总体来说还是相对谨慎的，具体表现为 20 世纪 80 年代初的控制向城市流动，到 80 年代后期仅是有条件地允许流动。直到 20 世纪 90 年代，各级政府对农村劳动力的流动才开始走向了规范管理的积极应对阶段，从 20 世纪 90 年代初期开始，逐步实施暂住证管理制度、取消不合理的收费、保障农民工权益等解决措施。在进入 21 世纪后，随着中国加入世贸组织，劳动力的大量需求引致了政府在农村劳动力流动政策方面的大力推进。但随着"新常态"背景下经济形势的巨大转变，为了有效应对非农就业市场的劳动力需求变化，农村劳动力流动政策着力点转变为了"优化"与"规范"。因此，客观而言，在新形势下，贫困地区农村劳动力流动面临着新的机遇与挑战，这就需要政府在脱贫攻坚阶段，以精准的帮扶政策实现贫困地区农村劳动力的合理流动，从而保障劳动力流动减贫的可持续性。

（二）农村扶贫政策演变的总结与启示

通过对既往扶贫政策的梳理可以发现，改革开放之初，我国处于传统的计划经济时代，由于体制的僵化，贫困问题普遍存在。随着十一届三中全会的召开，我国进入了改革开放的新阶段，尤其是家庭联产承包责任制的确立，极大地鼓舞了广大农民的生产积极性，推动了农业经济的迅速发展，使一大批贫困人口得以摆脱贫困。据统计，我国绝对贫困人口从 1978 年的 2.5 亿下降到 1985 年的 1.25 亿。随后，我国先后经历了大规模开发式扶贫和扶贫攻坚阶段，贫困发生率不断降低。2000 年以后，我国进入扶贫新时期，加入世贸组织以及城镇化的推进使许多贫困家庭由农村涌入城市，实现了收入重心来于城镇、收入效应惠及全家的脱贫目标。同时这一阶段也兼顾实施了产业扶贫、整村推进等相关政策。此后，随着我国经济进入新常态，在区域扶贫效率不断减弱以及城镇吸纳劳动力的能力不断降低的背景下，习近平总书记提出"精准扶贫"的理念，自此，我国扶贫工作迈入"精准扶贫"的新阶段。

由此可见，随着贫困形态的不断变化，扶贫政策也在不断调整，这充分体现了社会主义与时俱进、实事求是的本质特征。尤其是在脱贫攻坚阶段，习近平总书记的"精准扶贫"战略很好地适应了目前贫困群体边缘化特征的客观需求。而农村劳动力流动是重要的减贫政策取向，必须与精准扶贫政策实现有机结合，从而保证 2020 年全面脱贫目标的顺利实现。

第二节　贫困地区农村劳动力流动与农户贫困现状

一、调查设计

本书主要围绕着"贫困地区农村劳动力流动的减贫效应"这一科学问题，在分析贫困地区农村劳动力流动对缓解贫困的作用机制的基础上，考察当前我国新形势下贫困地区农村劳动力流动的减贫效应。根据这一研究目标的要求，需要涉及农户家庭基本情况、劳动力流动情况、贫困状态等方面的微观数据，且限定为贫困地区的观察样本。已有的数据库或统计年鉴难以为本书提供全面的数据支持。因此，为了保证研究的科学性与准确性，依托国家社科基金重点项目"贫困地区精准脱贫的多元化路径设计与退出机制"，课题组于 2016 年暑期在我国连片特困地区进行了大规模的微观农户入户调查。

（一）调查方法的选择

问卷调查根据问卷填答者的不同可以分为自填式问卷调查和代填式问卷调查。其中，以自填式问卷调查最为方便、快捷，但由于调研对象是贫困地区广大的农民群体，其文化水平较低，对于问卷调查的理解能力有限。因此，采用代填方式的问卷调查，调研人员入户与农户家庭成员当面接触、沟通，更加充分地了解农户基本家庭情况以及相关重要信息，并逐一按问题顺序完成问卷内容。

具体而言，问卷调查方法采用的是分层随机抽样法，该方法又称类型随机抽样法，首先将总体各单位按照一定标准细分为各类型（或层），然后在各个层中按比例随机抽取样本。这种方法的优点在于抽样误差较小、样本代表性较好，但相比简单随机抽样更显繁杂。总之，该方法在定量调查中是一种卓越的概率抽样方式，被普遍应用于调查中。因此，课题组在九大连片特困地区内，根据贫困县人均地区生产总值的水平，划分高、中、低三个层次，并在每组内随机抽取；同理，样本村的选择也是通过在所选定的贫困县中进行随机抽取而实现；样本农户则进一步在样本村中随机抽取产生。这使得调查样本具备代表性。

此外，为了保证调查问卷的可操作性，课题组成员在重庆市黔江区、贵州省黔东南等贫困村进行了前期预调查。通过预调查过程中发现的问题，课题组对问卷进行了完善与补充，使问卷设计更具科学性。

（二）调查样本的选择

选择我国连片特困地区作为研究样本，主要是基于以下考虑：与全国普通农村地区不同，连片特困地区作为我国脱贫攻坚的主战场，分布了全国约80%的贫困人口，是解决我国贫困问题的主要矛盾，能够较好地代表现阶段贫困地区的发展特征。在14个集中连片特困地区中，通过分层随机抽样的方法，选取了9个片区进行实地考察，具体包括：六盘山区、秦巴山区、武陵山区、乌蒙山区、滇桂黔石漠化区、滇西边境山区、燕山—太行山区、四川藏区、罗霄山区。

具体而言，课题组选取了9个贫困片区中的8个省份18个贫困县83个贫困村的农户家庭。同时，为了保证调研数据的质量，每个调研小组由3位教授、4位博士及10名硕士研究生组成，且在正式调研前由问卷设计者对调查人员进行前期培训，以使调研成员掌握调研内容、具体操作要求以及其他相关注意事项。随后，在2016年7月至9月期间，课题组前往调研样本区对2015年农户的家庭情况进行了一对一的问卷调查及访谈。共随机抽取了2802个农户家庭，最终收回有效问卷2661份，问卷的有效率为94.96%。具体样本点分布如表4.1所示。

表 4.1　调研样本分布

贫困片区	省份	样本（市）区、县、村分布
六盘山区	甘肃	（平凉市）泾川县陈坳村、永丰村、高丰村、代家村
秦巴山区	四川	（南充市）仪陇县双河村、铜鼓村、烽岩村、新洪村、琳琅村
	甘肃	（陇南市）成县新村、黄陈村、化垭村
武陵山区	重庆	黔江区兴泉村；酉阳土家族苗族自治县长运村、峡口村、官清坝村、红霞村、鹅塘村、菖蒲村、马鹿村、井园村
	湖南	（张家界市）桑植县新桥村、朝阳地村、云丰村、洪家关村；慈利县大坊村、七方峪、五狮寨村、朱家咀村、夹石村
乌蒙山区	四川	（泸州市）古蔺县新店子村、锅厂村、永吉村、两河口村、麻柳滩村、飞龙村、龙坪村、玉田村、王堂村；（凉山彝族自治州）布拖县博日村、老真村、若普村
滇桂黔石漠化区	贵州	（黔东南苗族侗族自治州）黎平县肇兴侗寨村、堂安村；从江县岜扒村、小黄侗寨村
滇西边境山区	云南	（临沧市）云县黑马塘村、南河村、大帮卡村、勐勐村、平掌村、河外村；（大理市）云龙县永安村、胜利村、大工厂村、哨上村；（楚雄市）双柏县古木村、大庄村、尹代箐村、木樟榔村、干海资村、小古木村、新会村
燕山—太行山区	山西	（忻州市）五台县北大兴一村、北大兴三村、南大兴村
四川藏区	四川	（康定市）青杠三村、塔公村、新房子村、陇须村、舍联村、门坝村、老五大寺村、新五大寺村、阿斗沟村、折骆村
罗霄山区	江西	（吉安市）永新县小湾村、江口村、牛田村、民主村；万安县上陈村、小溪村、里仁村

（三）调查内容的设计

　　调查内容主要包括了贫困地区农户家庭的基本情况、劳动力配置状况、农户贫困状态等。具体而言，各部分涵盖以下内容。

　　农户家庭基本信息方面，主要内容涉及家庭特征、人力资本、物质资本、社会资本四个层面。其中，农户家庭特征包括户主性别、户主年龄、家庭总人口、15 岁以下儿童及 65 岁以上老人的人数、2015 年家庭总收入（如从事农业生产的总收入、非农行业总收入、转移性总收入、财产性总收入）、2015 年家庭总支出（如食品消费支出、衣着支出、房屋建造及改造支出、家电购买支出、交通费与通信费支出、文化娱乐支出、医疗保健支出、礼金支出）以及

2015 年农业生产的收成情况等；人力资本层面包括户主的文化程度、家庭中具有高中以上学历的人数、硕士及以上学历人数；物质资本包括家庭土地耕作面积以及房屋价值；社会资本则包括是否有亲友在县城或城市生活、是否有亲友在政府部门就职以及是否加入农业合作社。

农户家庭劳动力配置状况主要包括家庭有效劳动力人数、劳动力性别、年龄、婚姻状况、受教育水平、有无技能等；同时还包括农户家庭中劳动力从事非农产业的信息，如是否有家庭成员从事非农产业以及家庭中从事非农产业的劳动力数量，且该部分劳动力从事非农活动的类型（自我雇佣、工资活动）、从事地点、从事时间、从事季节以及各自在非农领域的年收入、转移收入等方面的信息。

农户生活状况的信息采集则是根据联合国千年发展目标（MDG）并结合我国贫困地区的客观现实进行问卷设计，囊括了居住条件、资产状况、健康状况、教育状况、权利状况五个维度。如农户饮用水是否干净、家中是否通电、是否使用非传统燃料、是否所有适龄儿童（6—15 岁）都在上学、家庭成员是否都拥有医疗保险、生病就医是否方便等。

二、农村劳动力流动现状

劳动力流动是劳动者个体和家庭共同决策的结果，个体层面和家庭层面的特征都是影响这一行为的重要因素。鉴于此，基于贫困地区农户问卷调查数据，接下来将从贫困地区农村劳动力个体层面以及农户家庭层面分析贫困地区农村劳动力流动的现状及其特征。

（一）个体层面分析

1. 贫困地区农村劳动力基本特征

在调研的 2661 户贫困地区农户家庭中，农村有效劳动力总数为 6215 人，其中，外出劳动力有 2701 人，占劳动力总数的 44.1%。从贫困地区农村劳动力的总体情况来看，男性的比例略高于女性，平均年龄为 40 岁左右，81.7% 的农村劳动力处于已婚状态，在人力资本方面的情况则不容乐观，贫困地区农村劳动力的平均受教育程度仅略高于小学文化，尤其是在劳动技能方面，仅有

13.7% 的劳动力具备特殊劳动技能。通过对农业劳动力和外出劳动力在年龄、性别、受教育水平等方面的对比，我们可以发现贫困地区农业劳动力和外出劳动力具备以下特征。首先，从性别来看，农业劳动力男性的比例为 44.9%，而流动到非农产业的男性比例则高达 67.6%，由此可以发现，贫困地区农村劳动力流动以男性为主，女性则主要留守农村地区从事传统农业生产。其次，从年龄结构来看，外出劳动力的平均年龄在 36 岁左右，留在家里继续从事农业生产的劳动力平均年龄约 42 岁，即外出劳动力以年轻劳动力为主。从受教育程度来看，外出劳动力的文化素质普遍高于农业劳动力，具体而言，外出劳动力的平均受教育程度接近初中水平，而农业劳动力则在小学水平。另外，对劳动力有无技能的分析发现，仅 3.2% 的农业劳动力有一技之长，相反，在外出劳动力中，这一比例高达 27.1%。以上情况反映了在贫困地区，外出劳动力一般以文化素质较高、有一技之长的中青年男性为主，是农村劳动力中的"精华"。

表 4.2　外出劳动力与农业劳动力的个体特征比较

个人特征	总体均值	农业劳动力		外出劳动力		均值差异
		观测值	均值	观测值	均值	
性别	0.549	3424	0.449	2701	0.676	−0.227***
年龄	39.955	3424	42.855	2701	36.280	6.575***
婚姻状况	0.817	3424	0.863	2701	0.760	0.103***
教育	2.38	3424	2.058	2701	2.789	−0.731***
技能	0.137	3424	0.032	2701	0.271	−0.239***

数据来源：作者根据课题组调研数据整理计算。

为了更为细致地反映贫困地区农村劳动力的人力资本状况，本书详细对比了各类农村劳动力的受教育程度差异。具体来看，贫困地区农村劳动力素质如表 4.3 所示，贫困地区农村劳动力总体受教育程度集中在小学和初中范围内，且以小学为主，占比分别为 42.25% 和 30.94%；其次是文盲，比重达 16.78%；大专及以上教育程度的劳动力占比最低，仅有 3.8%。对于农业劳动力而言，其受教育程度绝大部分处于小学水平，占比高达 46.73%，而外出劳动力受教育程度则主要集中在初中水平，因而在总体上外出劳动力素质要高于农业劳动力。不识字（文盲）教育程度的劳动力比例在农业劳动力中为 26.34%，而在外出劳动力中为 4.66%，前者比后者高出 20% 以上。在农业劳动力中，受过大专及以上高等教育的劳动力比例仅有 0.96%，相反，这一比例在外出劳动力中则达到了 7.4%。由此可以看出，与纯农业劳动力相比，外出劳动力在人力资本禀赋方面具有明显的优势。

表 4.3　外出劳动力与农业劳动力的劳动力素质对比

劳动力受教育程度	全部劳动力		农业劳动力		外出劳动力	
	观测值	百分比（%）	观测值	百分比（%）	观测值	百分比（%）
文盲	1028	16.78	902	26.34	126	4.66
小学	2588	42.25	1600	46.73	988	36.58
初中	1895	30.94	777	22.69	1118	41.39
高中	381	6.22	112	3.27	269	9.96
大专及以上	233	3.8	33	0.96	200	7.4
样本规模	6125		3424		2701	

数据来源：作者根据课题组调研数据整理计算。

2. 贫困地区非农劳动力的基本情况

在了解了贫困地区农村劳动力总体概况的基础上，本节着重分析外出劳动力具体工作时间、地点、类型以及收入等方面的特征。在本书的定义中，外出劳动力从事非农工作的类型包括工资活动和私营活动。

①非农工作基本特征

总体而言，从外出劳动力从事非农工作的不同类型来看，从事工资活动的比例为 85.38%，而私营活动为 14.62%，前者高出后者 5 倍多。而性别对于非农活动形式选择的影响不大，均有超过 80% 的比例选择工资活动，分别占男性、女性外出劳动力的 87.35% 和 81.26%，较少比例选择了私营活动，如表4.4 所示。

在工作地点的选择方面，绝大部分外出劳动力选择在本乡镇从事非农工作，占比达到 40.91%，其次是外省，占 31.36%，本省的最少，只有 27.73%。这在两性之间也存在明显的差异，更多的女性愿意留在本地就业，占女性外出劳动力的 44.91%，这一比例高出男性近 6 个百分点，但两性均是选择在本乡镇从事非农工作的居多，这可能是由于女性需要在家照顾老人小孩以及在不完全信息市场上能够更多地参与家庭工作以发挥其拥有的比较优势。在工资活动中，男性多以在外省务工为主，女性则以本乡镇就地务工为主；而对于私营活动而言，两性均有超过一半的比例选择在本乡镇，分别占比 67.97%、84.15%。

在工作时间方面，男性和女性之间、工资活动和私营活动之间都表现出不同的特点。从工作时间的长度来看，两性均已 9—12 个月为主，但女性参与者较男性参与者的工作密度更大。从事工资活动者在 1—4 个月时间段来看，男性参与者与女性参与者相差不大，但在 5—8 个月的时间长度内，男性参与者要高于女性近 8 个百分点，而在 9—12 个月的跨度中女性参与者则高出男性参与者约 8 个百分点。在从事私营活动方面，二者在 9—12 个月的时间长度中几乎一致，但在 1—4 个月中女性要高于男性，5—8 个月中男性则高于女性。

在工作季节方面，有 72.71% 的外出劳动力倾向于全年从事非农工作，仅 27.29% 选择农忙时在家从事农业生产，农闲时才从事非农工作。从参与工资活动者来看，选择全年从事非农工作的女性要高于男性 10 个百分点，但两性在私营活动中的选择则相差无几。

表 4.4　从事非农工作的基本特征

	总体	男性	女性	工资活动		私营活动	
				男性	女性	男性	女性
工作地点（%）							
本乡镇	40.91	38.99	44.91	34.80	35.86	67.97	84.15
本省	27.73	28.53	26.06	28.78	28.69	26.84	14.63
外省	31.36	32.48	29.03	36.43	35.44	5.19	1.22
工作时间（%）							
1—4 个月	9.18	9.36	8.8	10.16	8.86	3.9	8.54
5—8 个月	16.7	19.17	11.54	19.81	11.82	14.71	10.36
9—12 个月	74.12	71.47	79.66	70.03	79.32	81.39	81.1

续表

	总体	男性	女性	工资活动		私营活动	
				男性	女性	男性	女性
工作季节（%）							
全年	72.71	69.88	78.63	68.28	77.78	80.95	82.32
非农忙	27.29	30.12	21.37	31.72	22.22	19.05	17.68

数据来源：作者根据课题组调研数据整理计算。

②非农劳动力的经济特征

农村外出劳动力的经济特征（月均收入、消费比重、转移收入比重）在不同性别之间、不同非农工作类型之间存在着明显的差异，如表4.5所示。

首先，从月收入水平来看，外出劳动力总体上月均收入分布以2000—3000元为主，占比为34.62%，其次是1000—2000元和3000—4000元，分别为28.28%和17.22%，而1000元以下低收入和5000元以上的高收入则少之又少。具体来看，两性之间在月均收入分布上的表现也有所不同。男性月均收入主要集中在2000—3000元段，其次是1000—2000元段和3000—4000元段，这两段占比相差不大；相反，女性则以1000—2000元收入为主，占比高达41.25%，其次才是2000—3000元段，且在各高收入阶段中，男性占比都明显超过女性。从不同类型的工作来看，在工资活动中，男性同样以2000—3000元为主，女性则相对较低，以1000—2000元为主；而在私营活动中，两性均以2000—3000元为主。显然，在非农市场上，男性的劳动力要素价格普遍要高于女性，这可能是由于男性多以从事技术工为主，而女性则主要从事没有技术含量等服务性质的工作。

其次，从消费比重来看，总体上超过一半的外出劳动力处于30%以下的低消费水平，中等消费（30%—60%）占比32.4%，高消费（60%）的比例最低。这一趋势在不同性别之间、不同非农工作类型之间并无明显差异。但是，无论男性、女性，在私营活动中处于低消费（30%以下）的比重均要高出其在工资活动中的比重近10个百分点，这有可能是由于绝大部分从事私营活动的劳动力主要就业地点在本乡镇，生活成本相对较低。

　　另外，从外出劳动力把非农收入转移回农村的比重来看，近一半的外出劳动力转移收入比重在 30% 以下，转移收入比重在 30%—60% 与 60% 以上的相差无几，均占外出劳动力总数的 25% 左右。这一现象在男性与女性之间并无差异。具体而言，从工资活动来看，两性都以转移收入比重在 30% 以下为主，但转移收入比重在 60% 及以上的男性占比要明显高出女性；相反，在私营活动中，女性这一比例反而超过男性。因此，目前贫困地区农村劳动力流动具有明显的"利他性"特征，这能够在一定程度上缓解贫困地区农户的贫困状态。

表 4.5　非农劳动力的经济特征

	总体	男性	女性	工资活动			私营活动		
				总体	男性	女性	总体	男性	女性
月收入水平（%）									
1000 元以下	6.74	5.04	10.29	5.9	4.89	8.16	11.65	6.06	19.51
1000—2000 元	28.28	22.07	41.25	28.84	21.88	44.44	25.06	23.38	27.44
2000—3000 元	34.62	36.69	30.29	35.73	38.18	30.24	28.1	26.4	30.49
3000—4000 元	17.22	20.32	10.74	17.82	21.01	10.69	13.67	15.59	10.97
4000—5000 元	8.81	10.35	5.6	8.33	9.9	4.78	11.65	13.42	9.15
5000 元以上	4.33	5.53	1.83	3.38	4.14	1.69	9.87	15.15	2.44
消费比重（%）									
30% 以下	57.05	57.61	55.89	55.94	56.87	53.87	63.54	62.77	64.63
30%—60%	32.4	31.16	34.97	33.31	31.47	37.41	27.09	29	24.39
60% 以上	10.55	11.23	9.14	10.75	11.66	8.72	9.37	8.23	10.98
转移收入比重（%）									
30% 以下	47.28	45.35	51.31	47.70	45.27	53.16	44.81	45.89	43.29
30%—60%	24.92	25.24	24.23	24.55	24.76	24.06	27.09	28.57	25
60% 以上	27.8	29.41	24.46	27.75	29.97	22.78	28.1	25.54	31.71

数据来源：作者根据课题组调研数据整理计算。

（二）农户层面分析

1.贫困地区农村劳动力流动户的基本特征

贫困地区农村劳动力流动户的基本特征主要包括家庭基本情况、人力资本、物质资本以及社会资本四个方面，如表4.6所示。

首先，从家庭的基本情况来看，流动户与非流动户的区别主要体现在家庭人口规模、抚养负担及有效劳动力数量三个方面。具体而言，流动户的户均人口为4.49，而非流动户的户均人口为3.87，两者之间存在一定差异；对于抚养负担，流动户为0.315，明显低于非流动户的0.429。此外，流动户的平均有效劳动力数量也明显高于非流动户。而在家庭所处地形方面，绝大部分贫困地区农户家庭都处于山区。由此可见，流动户在家庭基本情况方面较非流动户具有明显的优势。

其次，从家庭的人力资本情况来看，流动户户主平均受教育程度处于初中水平，而非流动户户主受教育程度相对较低，主要集中在小学水平。同时，流动户的高中及以上学历的人口比重为12%，而非流动户的这一指标仅有5%，比前者低7个百分点。这些数字对比表明具有较高人力资本禀赋的家庭更倾向于流动到非农产业。

此外，从家庭的物质资本情况来看，流动户户均耕地面积为3.51亩，非流动户为4.84亩，前者比后者少了一亩多。在房屋价值方面，流动户户均价值为11.12万元，与非流动户相差不大。

最后，从家庭的社会资本情况来看，47%的流动户在县城有亲戚或朋友，这在非流动户中仅有27%，前者比后者高20个百分点；同样，20%的流动户有亲戚或朋友在政府机构就职，明显高出非流动户。由此可以看出，相对于非流动户，流动户具有更多、更强的社会资本，这在很大程度上使他们具有更多的流动机会和途径。另外，流动户中参与专业性合作组织的比例为10%，非流动户的这一比例为8%，这意味着参与专业化合作组织有可能会增加农户的非农就业机会。

表 4.6   贫困地区农村农户家庭流动户的基本特征

		总体	流动户	非流动户
基本情况				
户主性别	男	81.13	81.45	80.62
	女	18.87	18.55	19.38
户主年龄		49.13	48.95	49.43
户均人口		4.26	4.49	3.87
抚养比		0.358	0.315	0.429
有效劳动力		2.29	2.52	1.91
所在地地形				
平原		10.41	10.42	10.39
丘陵		3.87	3.73	4.10
山地		85.72	85.84	85.51
人力资本				
户主受教育程度		2.18	2.36	1.88
高中以上比例		0.09	0.12	0.05
物质资本				
耕地面积（亩）		4.01	3.51	4.84
房屋价值（万元）		10.87	11.12	10.47
社会资本				
县城亲友		0.39	0.47	0.27
政府亲友		0.18	0.20	0.15
合作社组织		0.09	0.10	0.08
观测值		2661	1660	1001

数据来源：作者根据课题组调研数据整理计算。

2. 贫困地区农村劳动力流动户的经济特征

就贫困地区农村劳动力流动户的经济特征而言，表 4.7 的数据显示，在人均年收入水平方面，有 52.55% 的非流动户分布在 3000 元以下，根据 2015 年我国年收入 2800 元的贫困标准，这就意味着在非流动户中有超过一半处于或接近贫困水平。相比而言，流动户人均年收入在 3000 元以下的比例仅有 6.45%，更多的则是处于 3000—10000 元的较高收入段，占比高达 42.53%。在更高人均年收入段，如 10000—15000 元、15000—20000 元以及 20000 元以上，流动户的比例分别为 24.88%、13.25%、12.89%，比非流动户分别高出约 18%、12%、10%。由此可以看出，有劳动力外出从事非农工作的农户其家庭的经济条件更好。

此外，在家庭福利方面，流动户也表现出明显的优势。具体而言，近 40% 的非流动户人均年消费集中在 3000 元以下的低消费水平，而流动户在这一消费水平的占比为 17.27%，更多的是集中在 3000—10000 元范围内，比例为 37.05%。同样，在 6000—10000 元、10000—15000 元以及 15000 元以上的消费阶段，流动户的占比均高于非流动户，且表现出较大的差异。显然，这意味着劳动力外出从事非农产业能有效地改善家庭的生活福利水平。

表 4.7　贫困地区农户家庭的经济特征

	总体	流动户	非流动户
人均年收入水平（%）			
3000 元以下	23.79	6.45	52.55
3000—10000 元	40.47	42.53	37.06
10000—15000 元	18	24.88	6.59
15000—20000 元	8.87	13.25	1.6
20000 元以上	8.87	12.89	2.2
人均年消费水平（%）			
3000 元以下	25.82	17.29	39.96
3000—6000 元	36.07	37.05	34.47
6000—10000 元	22.1	25.84	15.88
10000—15000 元	8.76	10.84	5.29
15000 元以上	7.25	8.98	4.4

数据来源：作者根据课题组调研数据整理计算。

三、农村贫困现状

（一）贫困地区农村发展现状

表 4.8 描述了贫困地区农村发展现状，总体而言，在基础设施方面，贫困

地区农户普遍认为所在地区的基础设施条件较为落后。其中，最为突出的是交通运输、网络通信、医疗服务以及教育设施四大领域，约达50%以上的农户认为这四方面的基础设施建设处于较差或非常差的状态，尤其是交通运输方面，高达60%的农户认为所在地区交通运输的便利程度是较为落后的。相比而言，贫困地区农业水利设施的建设较好，仅有28.18%的农户认为农业水利设施建设较差。

产业发展方面，40.59%的农户认为当地自然资源条件较差，11.05%的农户则认为非常差，两者所占比重超过一半，这意味着资源条件差所形成的资源型贫困上升到了突出位置。此外，近一半的农户对当地的农业产业的发展状况不甚满意。同样，非农产业的发展状况也不容乐观。自然条件方面，近一半的农户认为当地的自然环境与地理位置处于一般水平，约30%的农户则认为两者条件较差。

表 4.8　贫困地区农村发展现状

	非常好（%）	较好（%）	一般（%）	较差（%）	非常差（%）
基础设施					
交通	3.23	15.67	20.51	48.37	12.22
水利	3.53	30.21	28.48	26.65	2.13
通信	2.14	20.29	19.23	45.06	13.27
医疗	1.84	21.04	23.52	40.78	12.82
教育	1.77	20.87	24.76	40.10	12.59
产业发展					
自然资源	2.41	11.27	34.68	40.59	11.05
农业产业	2.37	10.73	36.82	37.69	12.37
非农产业	1.04	8.34	26.3	45.32	18.99
自然条件					
自然环境	2.97	15.60	46.30	33.78	1.35
地理位置	3.76	11.57	48.97	31.94	3.76

数据来源：作者根据课题组调研数据整理计算。

（二）贫困地区农户贫困状况

如表 4.9 所示，在居住条件维度方面，做饭燃料这一指标最为突出，贫困地区有高达 67.6% 的农户仍然使用柴火做饭；其次是家庭的卫生设施，这一指标的贫困发生率为 40.3%；相比而言，饮用水和家庭用电这两个指标的贫困发生率明显较低，这表明政府在完善水电基础设施方面有效地改善了农户的贫困状态。在健康维度方面，有近一半的农户处于贫困状态，这意味着目前贫困地区的农户因病致贫的问题是不容忽视的。在教育维度方面，针对家庭中劳动力的受教育程度，有 31.6% 的农户处于贫困状态；在子女的受教育程度中，则有 24.7% 的农户处于贫困状态。显然，这一维度不仅会影响其收入水平，同时也关系到农户自身的可持续发展能力。在社会保障维度方面，农户在养老保险、就医条件以及子女的上学条件三个方面的贫困状态相对突出，贫困发生率均接近 30%；而医疗保障这一指标的贫困发生率仅有 5.9%，相对于前三者低得多，这主要得益于近年来我国农村地区新型农村合作医疗保险的推广，使得广大农户在医疗保险方面得到了保障。最后，在收入维度，贫困发生率为 21.1%。因此，若仅从收入维度进行考察，难以全面客观地反映农户的真实贫困状态。

表 4.9　贫困地区农户贫困状态

维度	指标	贫困发生率（%）
居住条件	饮用水	12.1
	电	1.2
	做饭燃料	67.6
	卫生设施	40.3
资产	耐用品	14.2
健康	健康状况	47.4
教育	劳动力教育	31.6
	子女教育	24.7

续表

维度	指标	贫困发生率（%）
社会保障	医疗保障	5.9
	养老保障	29.5
	就医条件	28
	上学条件	31.1
收入	人均收入	21.1

数据来源：作者根据课题组调研数据整理计算。

（三）贫困户与非贫困户的经济社会特征比较

表 4.10 具体展示了贫困地区贫困户与非贫困户的经济社会特征，可以发现，在人力资本方面，非贫困户较贫困户而言具有明显的优势。其中，非贫困户的平均受教育程度为初中水平，贫困户则为小学水平；同样，家庭中受教育程度在高中及以上的比例，非贫困户也显著高于贫困户。从物质资本来看，非贫困户的耕地面积为 3.943 亩，比贫困户的 4.244 亩略低；而房屋价值方面，非贫困户则略高于贫困户。另外，在社会资本方面，非贫困户拥有更多的社会资源。具体而言，有近一半的非贫困户在县城拥有亲戚或者朋友，而贫困户的这一指标仅为 16.7%，两者之间显示出明显的差异；同样，有 21% 的非贫困户有亲戚或者朋友在政府机构就职，非贫困户则为 7.6%，前者高出后者近 14 个百分点；此外，有 10% 的非贫困户加入了专业化合作社组织，非贫困户只有 6%。以上数据对比显示，非贫困户较贫困户拥有更强的社会资源，这极有可能在促进农户家庭收入方面发挥着积极的作用。

表 4.10　贫困户与非贫困户的经济社会特征

维度	变量	非贫困户		贫困户		显著性差异检验
		观测值	均值	观测值	均值	
人力资本	教育	2097	2.307	564	1.711	0.596***
	高中及以上	2097	0.109	564	0.033	0.076***

续表

维度	变量	非贫困户		贫困户		显著性 差异检验
		观测值	均值	观测值	均值	
物质资本	耕地面积	2097	3.943	564	4.244	−0.301
	房屋价值	2097	11.070	564	10.150	0.922***
社会资本	县城亲友	2097	0.454	564	0.167	0.287***
	政府亲友	2097	0.210	564	0.076	0.134***
	合作社组织	2097	0.100	564	0.060	0.040***

数据来源：作者根据课题组调研数据整理计算。

四、农村劳动力流动与农户贫困

（一）流动户与非流动户对比

就劳动力流动户与非流动户的贫困状态而言，流动户在各维度上的表现更为乐观。具体来看，如表 4.11 所示，对于非劳动力流动户，农户单维贫困较为突出的主要是：78.0% 的农户没有清洁的做饭燃料，54.6% 的农户没有卫生设施，48.9% 的家庭劳动力未完成小学义务教育，48.6% 的农户处于非健康状态，47.5% 的农户处于收入贫困状态；对于劳动力流动户，农户单维贫困较为突出的主要是：61.3% 的农户没有清洁的做饭燃料，46.7% 的农户处于非健康状态。由此可见，做饭燃料、卫生设施、健康状态方面的贫困是现阶段贫困地区农户普遍存在的问题，而对于非劳动力流动户而言，其家庭的贫困状态更为突出、严重。同时，在对比了劳动力流动户与非劳动力流动户的差异之后可以发现，除了健康及社会保障两个维度之外，贫困地区劳动力流动户在其他维度上的贫困发生率显著低于非劳动力流动户。这可能是由于流动户中部分劳动力的外出在一定程度上导致了其在精准识别过程中难以被有效识别，相比而言，剩余的非流动户则更容易被纳入精准识别的工作当中，从而政府能够更有针对性地为他们提供社会保障方面的扶持。

表 4.11 流动户与非流动户的贫困状态对比

维度	指标	非劳动力流动户		劳动力流动户		显著性差异检验
		观测值	贫困发生率（%）	观测值	贫困发生率（%）	
居住条件	饮用水	1001	13.9	1660	11.1	0.028**
	电	1001	1.7	1660	0.9	0.008*
	做饭燃料	1001	78.0	1660	61.3	0.167***
	卫生设施	1001	54.6	1660	31.7	0.230***
资产	耐用品	1001	27.8	1660	6.1	0.216***
健康	健康状况	1001	48.6	1660	46.7	0.018
社会保障	劳动力教育	1001	48.9	1660	21.3	0.276***
	儿童教育	1001	34.6	1660	18.9	0.157***
	医疗保障	1001	6.1	1660	5.8	0.003
	养老保障	1001	22.7	1660	33.7	−0.110***
	就医条件	1001	26.4	1660	29.0	−0.027
	上学条件	1001	31.2	1660	32.8	−0.016
收入	人均收入	1001	47.5	1660	5.4	0.421***

数据来源：作者根据课题组调研数据整理计算。

（二）流动贫困户与非流动贫困户对比

如表 4.12 所示，从收入水平维度来看，尽管都处于贫困状态，但非劳动力流动户的贫困程度更深，其人均年收入水平仅有 1513.277 元，比劳动力流动户低 400 多元。在家庭特征维度，贫困户中流动户与非流动户在家庭人口规模和抚养负担两个层面表现出显著的差异。其中，流动户的平均家庭人口为 4.798，非流动户则为 4.272，前者比后者高出 0.5 左右；而在抚养负担层面，流动户的负担比重为 0.375，非流动户则为 0.476。这些数据对比显示，流动户家庭规模更大，但抚养负担反而更低，意味着贫困户中的流动户有更多的有效劳动力，因此可以选择性地配置部分劳动力从事农业生产，另一部分则进入非农领域，最终使得流动户的整体贫困状态要比非流动户缓和得多。在教育维度，贫困户中的流动户也体现出明显的优势。无论是户主受教育程度还是家庭中具有高中及以上学历的人数比重，流动户都显著高于非流动户。这可能是由于具有较强人力资本禀赋的家庭更倾向于流动到非农产业。在物质资本维度，流动户的房屋价值与非流动户相差不大，但流动户的户均耕地面积要显著低于非流动户。这有可能是由于流动户中部分劳动力外流减少了家庭中从事农业生产的劳动力，因此将部分土地流转出去了。在社会资本维度，有23.6%的流动户在县城拥有亲戚或者朋友，而非流动户只占15.4%，两者之间呈现出显著的差距；在政府亲友方面，流动户占比仍然要高于非流动户，但差距不大。另外，在参与合作社组织层面，尽管两者存在一定差异，但这一差异在统计上并不显著。

表 4.12　流动贫困户与非流动贫困户对比

维度	变量	非劳动力流动户		劳动力流动户		显著性差异
		观测值	均值	观测值	均值	
收入水平	收入	475	1513.277	89	1948.135	−434.858***
家庭特征	家庭人口	475	4.272	89	4.798	−0.526**
	户主性别	475	0.808	89	0.742	0.067
	户主年龄	475	49.204	89	47.966	1.238
	抚养负担	475	0.476	89	0.375	0.101***
教育	户主教育程度	475	1.663	89	1.966	−0.303***
	高中以上	475	0.028	89	0.061	−0.033***
物质资本	耕地面积	475	4.400	89	3.408	0.992**
	房屋价值	475	10.115	89	10.315	−0.200
社会资本	县城亲友	475	0.154	89	0.236	−0.082**
	政府亲友	475	0.072	89	0.101	−0.030
	合作社组织	475	0.067	89	0.022	0.045

数据来源：作者根据课题组调研数据整理计算。

第三节　贫困地区农村劳动力流动减贫的问题分析

贫困地区农村劳动力流动在减缓农户贫困方面可能存在一定的积极作用，但也面临着诸多因素的制约。毋庸置疑，贫困地区农村劳动力流动减贫效应取决于一定的内外部因素，因此，本节将在现状分析的基础之上，进一步厘清贫困地区农村劳动力流动减贫过程中可能存在的问题与不足。

一、外部经济产业基础落后

历经长期大规模扶贫开发之后，现阶段绝大部分贫困人口主要集中分布在我国的贫困地区，就贫困地区的区位特征而言，其根本特点在于地理位置偏远、基础设施不健全，这直接制约了贫困地区农村劳动力流动的减贫效应。首先，在上文的分析中发现，大部分贫困地区在自然资源禀赋方面具有一定的优势，然而，地理位置的偏远导致了贫困地区生产要素流动受到了明显的制约，这直接影响了贫困地区农业及非农产业的健康发展。而对于贫困地区农村劳动力而言，高达 40.91% 的农村劳动力选择了本地非农就业，尤其是在私营活动领域，这一比例高达 74.68%，这些数据都清楚地表明了贫困地区产业发展的落后必然直接影响到农村劳动力本地非农就业的收入回报，从而不利于减贫效应的发挥。约 60% 的农村劳动力所选择的是外地非农就业，而所处地理位置的偏远将无疑提高了贫困地区农村劳动力流动的成本，加之贫困地区农村基础设施建设及社会保障体系尚未健全，这对于收入水平较低的非农劳动力而言，劳动力流动所带来的转移收入更多地仅能用于满足农村家庭的基本温饱需求，在家庭成员的健康、教育等领域则"心有余而力不足"。由此可见，无论是对于本地非农就业，还是外出非农就业，贫困地区经济产业基础的落后均不利于农村劳动力流动减贫效应的发挥。

二、贫困农户发展能力有限

从贫困农户层面来看，农村劳动力流动减贫效应的发挥取决于两方面因素。其一，贫困农户的家庭劳动力是否具备流向非农产业的能力，即其是否能够在非农就业市场上获得就业岗位；其二，贫困农户的家庭劳动力在非农就业岗位上能够胜任何种类型的工作，这决定了其在非农就业市场中的收入水平，也直接影响了农户的贫困状态。然而，从现实考察的结果可以发现，现阶段随着贫困群体的不断分化，剩余贫困人口的内在发展动力明显不足。一方面，从家庭特征来看，贫困农户面临的主要问题有：家庭有效劳动力不足、抚养负担重，这直接从客观条件上制约了贫困农户家庭劳动力向非农产业转移；同时，在社会资本方面也明显地弱于非贫困农户，即贫困农户在一定程度上面临着"社会排斥"问题，既有的理论研究都表明了社会资本在农村劳动力流动中的重要作用，因此，贫困农户面临的"社会排斥"问题也不利于实现劳动力流动。在以上因素的作用下，最终导致了贫困农户的家庭劳动力难以顺利地转移到非农产业，调研数据显示，仅有15.78%的贫困农户家庭劳动力实现了非农就业，即绝大部分贫困农户家庭仅能停留于传统的小农生产。另一方面，从贫困农户的人力资本来看，无论是户主还是家庭成员的受教育程度，都明显低于非贫困户，这意味着尽管部分贫困地区农村劳动力流动到非农产业，但人力资本的不足可能使其在非农就业市场中处于弱势地位。

三、农村劳动力素质相对低下

从贫困地区农村劳动力个体来看，总体而言，其本质问题在于农村劳动力的个体劳动素质相对低下。这主要表现在两个方面：第一，贫困地区农村劳动力的基础教育水平普遍较低，绝大部分处于小学文化；第二，贫困地区农村劳动力的劳动技能十分匮乏，在整体农村劳动力当中，仅有13.7%的农村劳动力具备劳动技能。应当意识到，自经济进入"新常态"以来，随着供给侧结构性改革的不断推进，产业结构也在不断地优化、升级，劳动密集型产业逐渐向资本密集型以及技术密集型产业转变，在这一宏观背景下，非农就业市场已发生根本性的转变，知识型、技能型的劳动力资源是未来非农就业市场的主要需求导向。而与之相对的却是低文化、低技能的贫困地区农村劳动力，这将导致其只能在非农就业市场上寻求较为低端的就业岗位，同时也难以拥有相应的工资议价权。这极不利于贫困地区农户贫困的缓解，尤其是对于极端贫困户以及相对贫困户而言，贫困脆弱性是这一群体面临的主要问题，尽管非农就业可能在一定程度上缓解农户的贫困状态，但低水平的收入使得其难以抵抗突如其来的风险冲击，最终导致返贫现象的发生。

四、政府相关配套政策不足

从以上多个方面的分析可以发现，无论是外部发展条件、农户发展状况，还是农村劳动力的个人素质，所面临的问题都十分严峻，因此，目前剩余的贫困人口是脱贫攻坚的硬骨头、深水区，这就需要政府充分发挥公共服务职能，着力改善贫困地区的外部发展条件及农户的发展能力，从而提升贫困地区农村劳动力流动的减贫效应。然而，从调研结果可以发现，贫困地区的政府相关配套政策明显不足。具体而言，在农户家庭劳动力的技能培训方面，仅有13.98% 的农户对于政府所提供的技能培训较为满意，约达 50% 的农户认为政府未能有效提供其所需要的劳动技能培训。在扶贫政策的实施方面，有 408 户农户认为需要政府在非农就业方面提供政策支持与引导，然而，仅有 36 户农户享受到了政府在非农就业方面的扶贫政策支持。与此同时，上文分析发现，贫困地区的本地非农就业是农户的重要选择倾向，因此，绝大部分农户寄希望于贫困地区当地产业的发展，约达 1315 户农户希望政府能够大力发展当地产业，从而实现脱贫增收，但仅有 363 户农户认为政府有效带动了贫困地区当地的产业发展。由此可见，绝大部分贫困地区农户希望能够通过劳动力流动摆脱贫困，但目前政府相关配套政策尚未能有效满足这一需求。

通过以上四个层面的问题分析可以看出，在贫困群体分化以及新的经济形势背景下，新时期贫困地区农村劳动力流动减贫路径面临着诸多挑战，这需要政府从多个方面入手，以特惠性政策着力提升贫困地区农村劳动力的自我发展能力、改善贫困地区农村劳动力在非农就业市场的权利保障，从而保障贫困人口脱贫的可持续性。

第五章

贫困地区农村劳动力流动与
农户收入贫困的实证分析

第一节 问题的提出

纵观世界各国经济社会发展历程，农村劳动力流动是发展中国家在其发展过程中普遍经历的一种社会现象，这一现象在具有二元经济结构特征的国家中尤为明显。发轫于1978年的改革开放，农村劳动力的大规模流动对中国的社会与经济发展产生了极为广泛而复杂的影响。尤其是对于贫困人口而言，劳动力流动所带来的非农收入已成为贫困农户家庭的主要收入来源，并成了摆脱贫困的重要手段。当前，随着我国扶贫事业的推进，扶贫边际效益不断下降，扶贫政策的边际成本不断上升，而农村劳动力流动作为贫困农户自发的经济行为，应当成为贫困地区农户摆脱贫困的主要政策取向。2016年国务院印发的《"十三五"脱贫攻坚规划》中明确指出，必须建立健全贫困人口的就业制度，加快推进贫困人口的转移就业，从而带动贫困人口脱贫致富。由此可见，贫困地区农村劳动力流动这一减贫路径得到了理论界与决策层的普遍认可。

然而，自2008年爆发全球金融危机以来，我国劳动力就业市场受到了巨大的冲击，就业形势急转直下，这使得农村劳动力的非农就业机会大幅减少。在不利的非农就业环境下，贫困地区农村劳动力流动也不可避免地受到了影响，就业环境的不稳定与工资性收入的下降将可能增加贫困农户的返贫风险与脱贫难度。当前，我国经济正处在"新常态"，经济增速有所放缓，与此同时，在推动供给侧结构性改革的背景下，将不可避免地淘汰大量传统落后的产业以及过剩的产能，这无疑会引起非农就业市场的波动。《2016 年农民工监测调查报告》显示，从 2011 年到 2015 年，我国农民工总量的增速由 4.4% 逐年下降至 1.3%，尽管 2016 年的增速有所回升，但上升幅度较小（仅 0.2%），与 2015 年基本持平。可见，当前的非农就业市场依然不容乐观。另一方面，中国的扶贫事业历经了五大发展阶段，有 7 亿多贫困人口摆脱了贫困，但剩余的贫困人口发展能力匮乏，这使得其可能难以满足经济结构转型背景下的非农就业市场需求，同时，所处地理位置的偏远也加大了贫困地区农村劳动力流动的成本。可见，在新形势下，贫困地区农村劳动力流动的内外部环境已发生了深刻的变化。那么，在非农就业市场低迷与贫困农户发展能力匮乏的双重桎梏下，贫困地区农村劳动力流动能否有效减缓农户的收入贫困呢？这是当前脱贫攻坚阶段亟待证实的问题。

第二节　研究设计

一、研究假设

从理论上来看，农村劳动力流动能够在一定程度上减缓农户的收入贫困。首先，在宏观层面，农村劳动力流动能够使得劳动力资源及其相关要素在社会生产中得到有效的配置，这有利于提升社会各部门生产效率，从而有助于减缓农村贫困。具体表现为农村劳动力流动不仅有利于国民经济的增长，而且能够优化农业生产结构，提升农业的生产率，这有助于农户家庭收入水平的提升。因此，要有效解决中国农村的贫困问题，就必须以减少农村劳动力为主要战略目标。拉谢尔等（2008）的研究进一步发现了农村劳动力流动不仅能够减缓一般贫困的程度，而且有助于极端贫困的缓解[①]。在微观层面，农村劳动力流动

---

① Rachel Sabates-Wheeler, Ricardo Sabates, and Adriana Castaldo. "Tackling Poverty-migration Linkages: Evidence from Ghana and Egypt." *Social Indicators Research* 87.2（2008），p.315.

所带来的非农收入已成为中国绝大多数农户家庭收入的主要来源，尤其是对于贫困地区的贫困人口而言，农村劳动力流动已成为其摆脱贫困的重要途径。根据贝尔托利等（2014）的研究表明，家庭外出劳动者的收入转移能够使家庭的贫困程度降低 17%—20%[①]。樊士德和江克忠（2016）运用 CFPS 数据实证分析发现，农村劳动力流动不仅改善了农户的家庭收入状况，同时也降低了其贫困发生的可能性[②]。

　　然而，在现实经济生活中，农村劳动力流动减缓农户收入贫困的途径仍受到诸多方面的影响。即农村劳动力流动的减贫效应取决于流动的动机、劳动力流动的特征以及流动人口的人力资本状况等。与此同时，部分学者认为，对于贫困户而言，劳动力流动的成本及风险较大，同时也受到外出能力的制约，这降低了贫困农户劳动力流动的可能性，从而不利于贫困的减缓。杨靳（2006）的研究进一步指出，只有当劳动力流动的转移收入大于其在农村地区的边际产出时，农村劳动力流动才能够有效减缓贫困[③]。而李翠锦（2014）的研究则表明农村劳动力流动的减贫效应对于不同类型的贫困农户，其作用是存在差异的[④]。也有部分研究指出了农村劳动力流动与贫困减缓之间并非简单的线性关系。此外，从农村劳动力流动的外部性来看，农村高素质劳动力的大规模外流必然会对农村的经济和社会秩序造成破坏，最终导致农村贫困的加剧。

　　通过以上的分析可以发现，农村劳动力流动能够在一定程度上减缓农户的收入贫困，但囿于贫困地区农户自身发展能力的不足，贫困地区农村劳动力流动在减缓农户收入贫困的过程中必然会受到一定的影响。据此，本章提出以下研究假设。

　　假设 1：贫困地区农村劳动力流动能够在总体上减缓农户的收入贫困。

---

①　Bertoli, Simone, and Francesca Marchetta. "Migration, Remittances and Poverty in Ecuador." *The Journal of Development Studies* 50.8（2014），p.1080.

②　樊士德、江克忠：《中国农村家庭劳动力流动的减贫效应研究——基于 CFPS 数据的微观证据》，《中国人口科学》2016 年第 5 期，第 30 页。

③　杨靳：《人口迁移如何影响农村贫困》，《中国人口科学》2006 年第 4 期，第 67 页。

④　李翠锦：《贫困地区劳动力迁移、农户收入与贫困的缓解——基于新疆农户面板数据的实证分析》，《西北人口》2014 年第 1 期，第 36 页。

假设 2：受贫困农户外出能力的制约，贫困农户的劳动力流动强度有限，即较高的劳动力流动强度可能无法表现出显著的减贫作用。

假设 3：由于贫困地区不同类型农户之间的资源禀赋存在一定差异，因此，不同类型农户劳动力流动的减贫效应可能存在一定差异。

二、计量模型与研究方法

（一）计量模型

根据传统的劳动力流动理论，基于理性经济人的假设，只有当农户从事非农生产的预期收益大于从事农业生产的预期收益时，农户才会选择劳动力流动决策。为了便于分析劳动力流动对贫困地区农户收入贫困的影响，借鉴陈飞和翟伟娟（2015）的做法，本章将实证分析的基准模型定义为以下方程：

$$Y = \alpha + \beta M + \theta X + \gamma R + \varepsilon \tag{5.1}$$

在（5.1）式中，Y 表示贫困地区农户的收入贫困状态，M 为农户是否参与劳动力流动，通过 β 系数的显著性及方向可判定贫困地区农村劳动力流动对农户收入贫困的作用方向；X 为控制变量向量，主要涵盖了贫困地区农户的家庭特征、人力资本、社会资本、物质资本等影响因素；R 为不同贫困片区的虚拟变量，通过控制不同贫困片区的固定效应，能够消除区域层面的影响；ε 为随机误差项。

（二）研究方法

根据基准模型（5.1）式可知，若农户的劳动力流动决策是随机的，即农户被随机分配到劳动力流动组与非劳动力流动组，那么系数 β 便可准确地估计出农户劳动力流动的减贫效应。然而，在现实经济体中，农户劳动力流动的决策是自选择的，即农户自己决定是否从事非农产业，因此，农户的劳动力流动（M）会受到一些不可观测因素的影响（如农户自身的进取精神等方面因素），而这些因素往往与农户的贫困状态（Y）是相关的，这将导致（5.1）式中的 M 与 ε 相关。可见，若忽视了农户劳动力流动的"自选择"问题，直接以（5.1）式估计贫困地区劳动力流动的减贫效应，那么，所得到的 β 参数估计结果将是有偏误的，难以真实地反映出实际效应。

为了有效地解决样本"自选择"问题，罗森鲍姆和鲁宾（1983）提出了倾向得分匹配（Propensity Score Matching，PSM）[①]。由于 PSM 方法不需要提前假定函数的形式、参数的约束条件以及误差项的分布等，也不需要相关控制变量（X）外生以识别因果效应，因此，PSM 方法相比工具变量法、Heckman 两步法等更具优势。具体而言，罗森鲍姆和鲁宾（1983）通过构建反事实框架，以新的研究思路定义了实验组（劳动力流动）的平均处理效应（Average Treatment Effect of the Treated，ATT）[②]，即：

$$ATT = E(Y_1 | M=1) - E(Y_0 | M=1) \qquad (5.2)$$

其中，Y_1 表示农户参与劳动力流动时，家庭的收入贫困状态；Y_0 表示农户未参与劳动力流动时，家庭的收入贫困状态。同时，在计算平均处理效应时（ATT），为避免其余因素的干扰，将研究样本限定在劳动力流动户（$M=1$），从而比较劳动力流动的农户在流动和非流动状态下的家庭贫困状态差异。然而，在（5.2）式中，我们只可能观测到 $E(Y_1 | M=1)$ 的结果，而对于 $E(Y_0 | M=1)$，是无法观测到的，即反事实结果。因此，本章将运用倾向得分匹配法构造出 $E(Y_0 | M=1)$，从而更为精确地研究贫困地区农村劳动力流动对农户收入贫困的影响。

（三）倾向得分匹配法

根据上文的分析可以发现，由于样本决策"自选择"问题的存在，若直接使用普通最小二乘回归法（OLS），难免会产生偏误，无法准确估计决策效应，而倾向得分匹配法能够有效解决这一问题。因此，本书将以倾向得分匹配法作为主要研究方法来判断贫困地区农村劳动力流动的减贫效应。具体而言，倾向得分匹配法主要通过以下几个步骤实现。

第一步，选择合适的协变量。在选择协变量时，尽可能地将影响 M 与 Y 的一系列变量包含进来，从而保证倾向得分匹配法的可忽略性假设得到满足。

---

① Rosenbaum, Paul R., and Donald B. Rubin. "Assessing Sensitivity to An Unobserved Binary Covariate in An Observational Study with Binary Outcome." *Journal of the Royal Statistical Society*: Series B (*Methodological*) 45.2（1983），p.214.

② 同上。

第二步，估计倾向得分，在既有研究中，主要采用 Logit 模型或 Probit 模型。以二元决策变量作为被解释变量进行回归，进而以各协变量的回归系数作为权重，拟合出每个样本的倾向得分值（PS），该得分值体现了该样本参与决策的概率。以 Logit 模型为例，倾向得分值的计算方法如下：

$$PS(X_i) = pro(M = 1 | X) = \frac{\exp(\beta X_i)}{1 + \exp(\beta X_i)} \qquad (5.3)$$

第三步，进行倾向得分匹配。若第二步的倾向得分估计较为科学准确，那么协变量 x 在匹配后的控制组与处理组之间的分布将较为均匀，即处理组的协变量的均值接近于控制组，即统计学上的"数据平衡"（data balancing）。但由于协变量所涵盖的范围较广，其计量单位存在一定差异，因此，难以直接考察其均值水平是否在组间不存在显著差异，针对这一问题，可将协变量的每个分量进行标准化，即计算各分量的"标准化偏差"（standardized bias）：

$$\frac{|\overline{x}_{treat} - \overline{x}_{control}|}{\sqrt{(s_{x,treat}^2 + s_{x,control}^2)/2}} \qquad (5.4)$$

其中，$s_{x,treat}^2$ 为处理组的协变量样本方差，$s_{x,control}^2$ 为控制组的样本方差。若匹配之后，协变量在实验组与对照组之间的标准化偏差（standardized bias）大于 20%，则表明匹配失败。

在匹配样本的倾向得分时，有多种不同的匹配方法。①"k 近邻匹配"（k-nearest neighbor matching），该方法的原理是寻找倾向得分最接近的 k 个不同个体；特别地，当 k=1 时，即为"一对一匹配"，该方法的缺点在于，即使是最为接近的个体，倾向得分之间也可能相差甚远，进而缺可比性。②"半径匹配"（radius matching），在第一种方法的基础之上，"半径匹配"法将倾向得分差距的绝对值限定在一定范围内，即 $|p_i - p_j| \leq \varepsilon$，$\varepsilon$ 的取值在不同研究中有所差异，部分学者建议可设定为 $\varepsilon \leq 0.25\sigma$，其中，$\sigma$ 为倾向得分的样本标准差。③"卡尺内匹配"（nearest-neighbor matching within caliper），这一方法主要建立在"半径匹配"法的基础之上，即在给定的 ε 卡尺范围内寻找最近邻匹配，这也是目前研究中较为主流的方法。可以发现，以上三种方法的思想主要基于近邻匹配，即寻找倾向得分接近的个体，进而计算算术平均值。④"核匹

配"（kernel matching），该方法与以上三种方法的差异较大，是基于整体的思想，通过每个个体的不同距离，赋予不同的权重值，一般而言，距离越近，权重越大，当距离超过一定范围时，可将权重设置为0，因此，该方法为不同组的全部个体的加权平均。权重的表达式为：

$$w(i,j) = \frac{K[(x_j - x_i)/h]}{\sum_{k:D_k=0} K[(x_k - x_i)/h]} \quad （K \text{ 为核函数，} h \text{ 为指定带宽）} \quad （5.5）$$

第四步，根据匹配之后的样本（matched sample）来计算平均处理效应。通过以上分析，最终可得出参与决策者的平均处理效应（ATT）估计的表达式：

$$ATT = \frac{1}{N} \sum_{i:M_i=1} (y_i - \hat{y}_{0i}) \quad （5.6）$$

（四）广义倾向得分匹配法

倾向得分匹配法主要针对的是0—1类型的二值选择决策变量，能够较好地考察是否参与决策的产出变化，但该估计结果仅是参与决策的平均效应，难以考察决策强度差异对产出的动态变化影响。为此，希拉诺等（2004）提出了广义倾向得分匹配法，将其应用范围拓展到连续型的处理变量[1]。通过这一方法，不仅能够有效解决内生性问题，而且不需要对连续型处理变量进行离散化处理，从而能够更为充分地利用样本信息。

具体而言，假设连续型处理变量 G 在某个区间中取值，即 $\overline{G} = [g_0, g_1]$，结果变量为 Y。根据希拉诺等（2004）的做法，将二元决策变量的条件独立性假设拓展到连续型处理变量中，即[2]：

$$Y(g) \perp G | X \quad （5.7）$$

在（5.7）式中，$Y(g)$ 表示处理变量取值为 g 时，结果变量的取值。以上条件表明，当控制了协变量所包含的一系列影响因素之后，处理变量 G 与结果变量 Y 之间是相互独立的。进一步地，令处理变量的条件密度函数为：

---

[1] Hirano, Keisuke, and Guido W. Imbens. "The Propensity Score with Continuous Treatments." *Applied Bayesian Modeling and Causal Inference from Incomplete-data Perspectives* 226164（2004），p.80.

[2] Hirano, Keisuke, and Guido W. Imbens. "The Propensity Score with Continuous Treatments." *Applied Bayesian Modeling and Causal Inference from Incomplete-data Perspectives* 226164（2004），p.80.

$$r(g,x) = f_{G|X}(g|x) \quad (5.8)$$

那么，广义倾向得分 GPS 便可表示为 $R = r(G, X)$，表示在控制协变量之后，处理变量 G 取值 $g \in \bar{G}$ 时的概率。结合（5.7）式，可得：

$$f_G[g|r(g, X), Y(g)] = f_G[g|r(g, X)] \quad (5.9)$$

（5.9）式表明，在控制 GPS 之后，处理变量 g 的取值与其所对应的结果变量 $Y(g)$ 是相互独立的，由此可避免相关偏误。

基于以上条件，广义倾向得分匹配法的实现主要通过以下三个步骤。

第一步，在控制了协变量集 X 的影响之后，运用 ML（极大似然估计）方法得到连续型处理变量的条件分布，即：

$$E(G_i|X_i) = \alpha_0 + \alpha_1 X_i \quad (5.10)$$

通过（5.10）式的估计结果，可以得到样本的广义倾向得分 M_i。

第二步，建立结果变量与广义倾向得分以及连续型处理变量之间的函数关系式，并以 OLS 方法进行估计，可得：

$$E(Y_i|G_i, M_i) = \beta_0 + \beta_1 G_i + \beta_2 G_i^2 + \beta_3 M_i + \beta_4 M_i^2 + \beta_5 G_i M_i \quad (5.11)$$

第三步，通过上式的回归结果估计下式，便可得到连续型处理变量对结果变量的影响效应。

$$E[Y(g)] = \frac{1}{N} \sum_i \left[\hat{\beta}_0 + \hat{\beta}_1 g + \hat{\beta}_2 g^2 + \hat{\beta}_3 \hat{M}(g, X_i) + \hat{\beta}_4 \hat{M}(g, X_i)^2 + \hat{\beta}_5 \hat{M}(g, X_i) g \right] \quad (5.12)$$

其中，g 为连续型处理变量在区间范围内的取值，N 为样本数量。

三、变量定义与数据来源

（一）变量定义

1. 被解释变量：农户收入贫困。在本章的实证分析中，主要着眼于农户的收入贫困状态，即判断贫困地区农户的家庭人均纯收入水平是否高于收入贫困线。关于收入贫困线的界定，世界各国根据自身经济发展状况制定了不同的贫困标准，如越南的贫困线标准为人均年收入是否低于 480 万越盾（约折合人民币 1511 元）；巴西则采用了两种贫困线标准，其中，极端贫困线为当前最低工资标准的 1/4，而一般贫困线则为当前最低工资标准的 1/2。在目前中国收入贫困问题的主流研究中，主要采用了两种衡量方法：第一，以中国政府官方制定的国家贫困线为标准来判断农户是否处于收入贫困；第二，参照世界银行的全球贫困线标准，即每人每天 1.25 美元，这一标准在 2015 年年底上升到了 1.9 美元。在本章的实证研究中，主要以 2015 年中国政府官方制定的国家贫困线为标准，即判断农户的家庭人均纯收入是否低于 2800 元，若低于该标准，则处于收入贫困状态（赋值为 0—1 变量），变量取值为 1 表示农户处于收入贫困，取值为 0 则表示农户处于非收入贫困。

2. 核心解释变量：①农村劳动力流动。在既有的诸多研究中，更多地着眼于农村劳动力的外出行为，即农村劳动力的地域性流动，然而，正如经典的劳动力流动理论所指出，农村劳动力流动的经济福利效应主要来源于农业与非农产业的收益差距，因此，本章将农户劳动力流动定义为是否有家庭成员从事非农产业[①]。主要通过贫困地区农户入户问卷调查的形式来识别该农户是否参与农村劳动力流动，具体而言，问卷中设置"是否有家庭劳动力从事非农产业"，若是，变量取值为 1，表示农户参与劳动力流动；若否，变量取值则为 0，表示农户未参与劳动力流动。②农村劳动力流动强度。鉴于贫困地区不同农户家庭从事非农产业的家庭成员规模差异较大，为了进一步揭示这一差异对贫困地区农户收入贫困的影响，本书也涵盖了农村劳动力流动强度这一核心解释变量，即家庭中从事非农产业人员数量占总人口的比重（%）。

3. 控制变量。在相关控制变量中，本章主要选取了贫困地区农户的家庭特征、人力资本、物质资本以及社会资本四个维度。具体而言，农户的家庭特征涵盖了以下四个维度：家庭总人口（pop）；户主的性别（gender），男性赋值为 1，女性赋值为 0；户主的年龄（age）；家庭抚养负担（raise），即家庭成员中 15 岁以下儿童与 65 岁以上老人占总人口的比重（%）。农户的人力资本涵盖两个维度：户主的文化程度（edu），1＝不识字，2＝小学，3＝初中，4＝高

---

① 事实上，随着乡镇产业的不断兴起，在本地从事非农活动已成为农村劳动力的重要选择，《2016 年农民工监测报告》显示，2016 年，本地农民工的增量占全国新增农民工的 88.2%，这意味着若仅从地域性流动视角考察，将难以适应新时期农村劳动力流动的新特征。因此，本章从产业流动的视角考察，不仅包含了外出农民工，同时也涵盖了本地农民工这一重要群体。

中，5=大专及以上，家庭成员的高学历比重（*hedu*），即家庭成员中高中以上学历人口占总人口的比重（%）。农户的物质资本涵盖两个维度：土地面积（*land*），即家庭土地耕作面积（亩）；房屋价值（*house*），即家庭住房的货币价值（元）。农户的社会资本涵盖三个维度：县城亲友（*city*），是否有亲友在县城或城市生活（是=1，否=0）；官员亲友（*gov*），是否有亲友在政府部门任职（是=1，否=0）；组织参与（*org*），是否加入农业合作社（是=1，否=0）。各变量的选取及度量如表5.1所示。

表5.1　各变量的选取及度量

名称	定义	符号	变量的衡量说明及赋值
收入贫困	农户的收入贫困状况	*pov*	农户家庭人均纯收入是否小于2800元（是=1，否=0）
劳动力流动	劳动力流动状况	*M*	是否有家庭成员从事非农产业（是=1，否=0）
	劳动力流动强度	*RM*	从事非农产业人口占总人口比例（%）
家庭特征	家庭总人口	*pop*	家庭人口总数（人）
	户主性别	*gender*	户主的性别（男=1，女=0）
	户主年龄	*age*	户主年龄（岁）
	抚养负担	*raise*	15岁以下儿童及65岁以上老人占总人口比例（%）
人力资本	户主文化程度	*edu*	1=不识字；2=小学；3=初中；4=高中；5=大专及以上
	高中以上学历	*hedu*	高中以上学历人口占总人口比例（%）
物质资本	土地面积	*land*	家庭土地耕作面积（亩）
	房屋价值	*house*	家庭住房的总价值（元），以对数化处理
社会资本	县城亲友	*city*	是否有亲友在县城或城市生活（是=1，否=0）
	官员亲友	*gov*	是否有亲友在政府部门任职（是=1，否=0）
	组织参与	*org*	是否加入农业合作社（是=1，否=0）

（二）数据来源

本章所采用的数据来源于课题组于2016年进行的微观农户入户调查。调查内容主要包括了贫困地区农户家庭的基本信息（如家庭特征、人力资本、物质资本、社会资本）以及农户家庭劳动力流动状况等。同时，为了保证调查问卷的可操作性，课题组成员在武陵山片区的重庆市黔江区、贵州省黔东南苗族侗族自治州等地遴选了几个有典型代表性的贫困村进行了预调查。通过预调查过程中发现的问题，课题组对问卷进行了完善与补充。在 2016 年 7 月至 9 月期间，课题组选取了九大贫困片区中的 8 个省份 18 个贫困县 83 个贫困村的农户家庭，对 2015 年农户的家庭情况进行了一对一的问卷调查及访谈。问卷调查所采用的方法是随机抽样法，共随机抽取了 2802 个农户家庭，最终收回有效问卷 2661 份，问卷的有效率为 94.96%[①]。

第三节　描述性统计分析

一、各变量描述性统计分析

本章在对研究变量进行定义的基础上，对贫困地区农户的家庭劳动力流动状况以及各项经济社会特征进行描述性统计分析。各变量的均值、标准差、最值以及变异系数可参见表 5.2。从总体样本来看，贫困地区农户收入贫困发生率为 21.2%，略高于 2015 年《中国农村贫困监测报告》中我国 14 个连片特困地区的贫困发生率（17.1%）。在农户劳动力流动方面，有 62.4% 的贫困地区农户参与了农村劳动力流动，即从事非农活动，这表明绝大部分农户都参与了农村劳动力流动，而在参与强度上，农户的平均流动强度为 0.242，即约达 1/4 的家庭成员从事非农活动。在农户家庭特征方面，贫困地区农户家庭平均人口规模约为 4 人，81.1% 的户主为男性，且户主的平均年龄为 49.13 岁；家庭的抚养负担比重则高达 35.8%，这意味着贫困地区农户家庭面临着较大的抚养负担。在农户的人力资本方面，户主的平均受教育程度为 2.180，基本处于小学文化水平，这反映出了贫困地区农户户主受教育程度普遍偏低的现状；此外，

---

① 2015 年《中国农村贫困监测报告》的数据显示，2014 年 14 个连片特困地区的贫困发生率为 17.1%，课题组在对九大贫困片区的 2661 个农户家庭的贫困状态进行统计分析时，所得到的贫困发生率为 21.19%，虽然略高于公布的数据，但差距合理。从中也证实了课题组问卷调查的准确性。

家庭成员的人力资本状况也不容乐观，仅有9.3%的农户家庭有高中及以上学历的成员。在农户的物质资本方面，农户的户均耕地面积约为4亩，根据户均人口规模可以发现，贫困地区农户的人均耕地面积仅为1亩，低于我国的人均耕地面积1.4亩；农户的房屋平均价值约为5.257万元（即对数值为10.870）。在农户的社会资本方面，39.3%的农户有居住在县城的亲友，18.2%的农户有亲友在政府部门任职，但在合作社参与方面，仅有9.2%的农户参与了农业合作社，这意味着贫困地区农业合作社发展仍处于较低水平。此外，从各变量标准差的数值可以看出，除了户主年龄以及家庭土地耕作面积两个变量的波动性较大以外，其余变量均无明显差异。

表 5.2 各变量的描述性统计分析

维度	变量	观测值	均值	标准差	最小值	最大值	变异系数
收入贫困	*pov*	2661	0.212	0.409	0.000	1.000	1.929
劳动力流动	*M*	2661	0.624	0.485	0.000	1.000	0.777
	RM	2661	0.242	0.238	0.000	1.000	0.985
家庭特征	*pop*	2661	4.262	1.644	1.000	13.000	0.386
	gender	2661	0.811	0.391	0.000	1.000	0.482
	age	2661	49.130	13.060	16.000	93.000	0.266
	raise	2661	0.358	0.294	0.000	1.000	0.821
人力资本	*edu*	2661	2.180	0.878	1.000	5.000	0.403
	hedu	2661	0.093	0.165	0.000	1.000	1.784
物质资本	*land*	2661	4.007	5.619	0.000	240.000	1.402
	house	2661	10.870	1.151	6.908	14.290	0.106
社会资本	*city*	2661	0.393	0.488	0.000	1.000	1.244
	gov	2661	0.182	0.386	0.000	1.000	2.124
	org	2661	0.092	0.289	0.000	1.000	3.148

二、流动户与非流动户的特征比较

上文从总体上对各变量进行了简要的描述性统计分析，为探讨贫困地区农村劳动力流动决策差异对农户贫困的影响，我们进一步对比分析了贫困地区劳动力流动户与非劳动力流动户的经济社会特征比较，如表 5.3 所示。从贫困地区农户的收入贫困来看，非劳动力流动户的收入贫困发生率高达 47.5%，而劳动力流动户仅为 5.4%，两者差异高达 42.1%，且在 1% 的水平上显著，这从统计分析上初步表明贫困地区农村劳动力流动能够在一定程度上减缓贫困，但仍需进一步运用计量工具进行检验。在农户的家庭特征层面，劳动力流动户的家庭人口规模略高于非劳动力流动户，但抚养负担则低于非劳动力流动户，显然，这意味着劳动力流动户的有效劳动力要高于非劳动力流动户；而农户户主的性别及年龄这两个变量在两个样本组之间并未存在显著差异。在农户的人力资本方面，无论是农户户主的受教育程度，还是家庭成员的人力资本水平，劳动力流动户均显著高于非劳动力流动户，表明贫困地区劳动力流动户的人力资本状况要明显优于非劳动力流动户。在农户的物质资本方面，劳动力流动户的房屋价值要显著高于非劳动力流动户，但在耕地面积方面，非劳动力流动户的户均耕地面积则显著高于劳动力流动户，这可能是由于在当前农村土地流转制度改革的推动下，为劳动力流动户的土地流转提供了现实条件，能够创造一定的财产性收入，有利于拓宽农户增收渠道来源。在农户的社会资本方面，劳动力流动户在县城居住以及政府部门任职的亲友要显著高于非劳动力流动户，尤其是县城亲友这一指标，组间差异值高达 19.6%，但在农业合作社参与方面，两个样本组之间未表现出显著的差异。但正如上文所言，贫困地区农户劳动力流动是自选择行为，因此，其均值差异水平可能也受到其他因素的影响，而非劳动力流动所带来的直接影响。

表 5.3　贫困地区劳动力流动户与非劳动力流动户的经济社会特征比较

维度	变量	非劳动力流动户		劳动力流动户		显著性差异检验
		观测值	均值	观测值	均值	
收入贫困	*pov*	1001	0.475	1660	0.054	0.421***
家庭特征	*pop*	1001	3.873	1660	4.497	−0.624***
	gender	1001	0.806	1660	0.814	−0.008
	age	1001	49.426	1660	48.945	0.480
	raise	1001	0.429	1660	0.315	0.114***

维度	变量	非劳动力流动户		劳动力流动户		显著性差异检验
		观测值	均值	观测值	均值	
人力资本	*edu*	1001	1.884	1660	2.359	−0.475***
	hedu	1001	0.052	1660	0.117	−0.065***
物质资本	*land*	1001	4.838	1660	3.506	1.332***
	house	1001	10.466	1660	11.118	−0.653***
社会资本	*city*	1001	0.271	1660	0.466	−0.196***
	gov	1001	0.151	1660	0.200	−0.049***
	org	1001	0.081	1660	0.098	−0.017

注：此表由 stata14.0 软件计算得出，*、**、*** 分别表示在 10%、5%、1% 水平上显著（*t* 检验）。其中，显著性差异检验的数值为非贫困户与贫困户的均值之差。

第四节　贫困地区农村劳动力流动的减贫效应：基于收入贫困视角

一、农村劳动力流动的决策方程估计

基于倾向得分匹配法，为了实现实验组与对照组的匹配，必须先估计贫困地区农村劳动力流动的决策方程。本章主要运用 Probit 模型估计贫困地区农户劳动力流动决策，解释变量包含了四个维度：家庭特征（家庭人口、户主性别、户主年龄、抚养负担）、人力资本（户主文化程度、高中以上学历人口比重）、物质资本（土地面积、房屋价值）以及社会资本（县城亲友、官员亲友、组织参与），具体估计结果如表 5.4 所示。同时，鉴于 Probit 模型所得出的估计参数经济意义十分有限，本章进一步计算了各变量的边际效应。

从回归结果可以看出，贫困地区农户的家庭特征、人力资本、物质资本以及社会资本均对农户的劳动力流动决策具有显著的影响效应。具体而言，从家庭特征来看，家庭人口以及户主年龄对农户的劳动力流动决策具有显著的正向

影响，而户主性别及农户家庭的抚养负担则具有显著的负向影响，这可能是由于贫困地区社会保障体制尚未健全，农户的老少人口成了农户家庭发展的制约；从人力资本来看，无论是户主文化程度，还是高中以上学历人口比重均显著地促进了农户劳动力流动，这表明了人力资本的培育是实现农村劳动力流动的重要途径；从物质资本来看，房屋价值的作用显著为正，而土地面积的作用显著为负，这可能是由于当前推动农村土地流转的背景下，家庭劳动力流向非农产业的农户更倾向于土地流转；从社会资本来看，有亲友在县城或参与合作组织的农户，更有利于其家庭劳动力流向非农产业，而亲友在政府部门的农户则表现为显著的抑制作用，这可能是由于政治关联的存在，使得这部分农户能够在一定程度上俘获各类扶贫资源与政策优惠，从而导致了这一现象的发生。

表 5.4　贫困地区农村劳动力流动的决策方程估计结果

维度	变量选择	（1）	（2）
		Probit	边际效应
家庭特征	家庭总人口（pop）	0.188***	0.059***
		（0.018）	（0.005）
家庭特征	户主性别（gender）	−0.142**	−0.044**
		（0.070）	（0.022）
	户主年龄（age）	0.009***	0.003***
		（0.002）	（0.001）
	抚养负担（raise）	−0.627***	−0.196***
		（0.093）	（0.029）
人力资本	户主文化程度（edu）	0.358***	0.112***
		（0.037）	（0.011）
	高中以上学历（hedu）	0.412***	0.129***
		（0.193）	（0.060）
物质资本	土地面积（land）	−0.084***	−0.026***
		（0.009）	（0.003）
	房屋价值（house）	0.186***	0.058***
		（0.025）	（0.008）

续表

维度	变量选择	（1）	（2）
		Probit	边际效应
社会资本	县城亲友（city）	0.397***	0.124***
		（0.066）	（0.020）
	官员亲友（gov）	−0.236***	−0.076***
		（0.082）	（0.026）
	组织参与（org）	0.167***	0.052***
		（0.096）	（0.030）
相关参数	−cons	−3.228***	
		（0.310）	
	样本量	2661	
	地区固定效应	YES	YES
	pseudo R2	0.174	

注：此表由 stata14.0 软件计算得出，括号内为稳健标准误，*、**、*** 分别表示在 10%、5%、1% 水平上显著。

二、匹配效果检验

通过贫困地区农村劳动力流动决策方程的参数估计结果，可以得到农户的倾向得分。为了保证劳动力流动户样本与非劳动力流动样本的匹配质量，需要对其共同支撑域条件进行讨论。若劳动力流动户样本与非劳动力流动样本的重叠区间（倾向得分）过少，那么，处于共同支撑域之外的样本将无法找到匹配的样本，这将导致过多的样本流失。因此，本章将通过比较两组样本的倾向得分核密度图，从而检验其共同支撑域条件。从图 5.1 可以看出，在样本匹配之后，实验组与对照组之间的重叠区域明显扩大，即共同支撑域条件较好。具体而言，劳动力流动组的倾向得分区间为［0.000，0.988］，非流动组的区间为［0.000，0.970］，共同支撑域为［0.000，0.970］，在完成匹配之后，仅损失 12 个样本，因此，匹配效果较为理想。

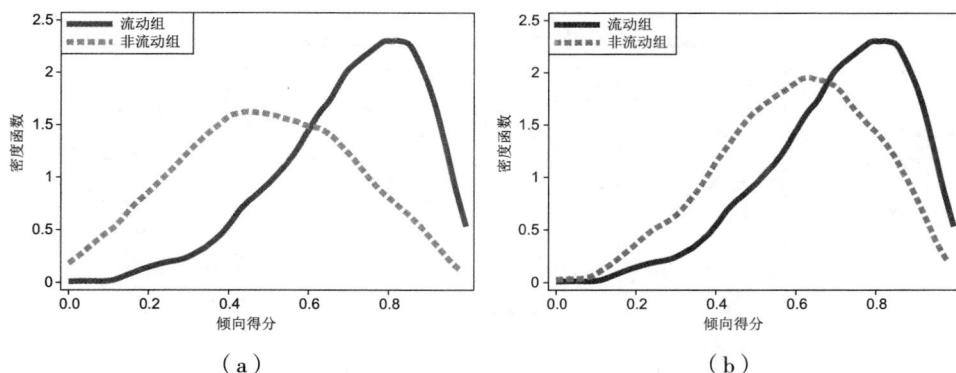

（a）　　　　　　　　　　　　　　　　（b）

注：图（a）为匹配之前，图（b）为匹配之后的核密度图

图 5.1　劳动力流动组与非流动组的倾向得分核密度图

在完成共同支撑域条件检验之后，还需对匹配后的样本进行平衡性检验，即实验组与对照组的其余各个维度的特征是否无显著性差异，只有通过了平衡性检验，才能够保证 PSM 方法所构建出的反事实是合理的。从总体上来看，在匹配之前，样本组之间的标准化偏差为 29.1%，而在匹配之后，标准化偏差下降到 6.1%。同时，从表 5.5 可以直观地看出，各个变量的标准化偏差均满足了平衡性检验。以上平衡性检验结果表明，实验组与对照组不存在显著性差异，即通过倾向得分匹配，本章构建了一个较为合理的反事实，能够有效地进行比较。

表 5.5　倾向得分匹配的平衡性检验

维度	匹配变量	标准化偏差（%）	
		匹配前	匹配后
家庭特征	家庭总人口（pop）	37.9***	7.9
		（9.64）	（2.41）
	户主性别（gender）	2.1	−1.2
		（−1.21）	（0.64）
	户主年龄（age）	−3.6***	0.1
		（−3.91）	（−1.02）
	抚养负担（raise）	−38.5***	2.4
		（−7.24）	（1.71）

续表

维度	匹配变量	标准化偏差（%）	
		匹配前	匹配后
人力资本	户主文化程度（edu）	56.5***	−11.1
		（10.85）	（0.88）
	高中以上学历（hedu）	41.5***	−12.3
		（8.38）	（−1.33）
物质资本	土地面积（land）	−21.2***	−4.0
		（−4.01）	（−0.92）
	房屋价值（house）	58.4***	3.1
		（13.06）	（−0.21）
社会资本	县城亲友（city）	41.4***	−10.3
		（8.37）	（0.46）
	官员亲友（gov）	12.9***	−9.4
		（4.69）	（−0.34）
	组织参与（org）	6.0	4.9
		（0.62）	（0.36）

注：此表由 stata14.0 软件计算得出，括号内为 t 值（处理组与控制组之间的均值差异检验），*、**、*** 分别表示在 10%、5%、1% 的水平上显著。

三、农村劳动力流动对农户收入贫困的影响

通过以上的匹配检验结果可以发现，本章所构建的倾向得分匹配模型的效果较好，因此，接下来将运用最近邻匹配、核匹配、半径匹配等多种方法测算贫困地区劳动力流动的减贫效应。从表5.6可以发现，无论采用何种匹配方法，贫困地区农村劳动力流动的减贫效应都十分显著，假设1得证。同时，在匹配之前，实验组与对照组的平均处理效应（ATT）高达 −0.421，而匹配之后，ATT 值显著下降，这也表明了通过匹配之后，有效地消除了其他因素的影响，实验组与对照组的平均处理效应差异均来源于劳动力流动。根据测算结果，贫困地区农村劳动力流动的减贫效应为 −0.312[①]，即贫困地区劳动力流动

---

① 该值为以上所列举的 5 种匹配方法所得出的 ATT 平均值。

户的贫困发生率比非劳动力流动户低 31.2%，可见，贫困地区农村劳动力流动所带来的减贫效果是十分明显的[1]。这可能是由于就当前的贫困地区发展现状而言，自然环境与经济发展基础明显较为落后，贫困农户的发展受到了严重的制约，其脱贫增收的渠道十分有限。根据课题组的调查数据显示，在 2661 份有效调查农户的样本中，有 2253 户农户认为自身所处的地理位置较为偏远，占比高达 84.67%；有 2312 户农户认为所在地区的农业产业发展较为落后，占比高达 86.88%。贫困地区农户的农业生产难以有效对接市场，仅能依存于小农式的自给自足模式。在传统落后的农业生产条件下，贫困地区农户的农业生产收入也就陷于低水平陷阱当中。由此可见，向非农产业转移自然成了贫困地区农户摆脱贫困的重要途径，尤其在当前土地流转的政策实施下，贫困地区农户在从事非农产业的同时，也能够通过土地流转获得一定的财产性收入，拓宽家庭的收入来源。

表 5.6　贫困地区农村劳动力流动的减贫效应测算结果

匹配方法	匹配状态	实验组	对照组	ATT	标准误	t 值
最近邻匹配 （1—1）	匹配前	0.053	0.474	−0.421	0.141	−29.68***
	匹配后	0.053	0.368	−0.315	0.032	−9.69***
最近邻匹配 （1—4）	匹配前	0.053	0.474	−0.421	0.141	−29.68***
	匹配后	0.053	0.364	−0.311	0.027	−11.46***
卡尺内匹配	匹配前	0.053	0.474	−0.421	0.141	−29.68***
	匹配后	0.053	0.364	−0.310	0.027	−11.46***
半径匹配	匹配前	0.053	0.474	−0.421	0.141	−29.68***
	匹配后	0.053	0.368	−0.315	0.024	−12.80***
核匹配	匹配前	0.053	0.474	−0.421	0.141	−29.68***
	匹配后	0.053	0.366	−0.312	0.024	−12.70***

注：卡尺内匹配、半径匹配以及核匹配的窗宽均为 0.05。

---

[1]　陈飞、翟伟娟（2015）在研究农地流转的减贫效应中，土地租出仅能减少 2.3% 的贫困发生率，土地租入也仅能减少 8.5% 的贫困发生率。相比而言，劳动力流动所带来的减贫效应更为显著。

四、农村劳动力流动强度对农户收入贫困的影响

从以上的实证分析结果可以发现，在新形势下，尽管非农就业环境受到了一定的冲击，但对于贫困地区而言，农村劳动力流动所发挥的减贫效应仍十分显著。然而，倾向得分匹配法所得到的估计结果仅是贫困地区农村劳动力流动决策的平均处理效应，无法反映出农户家庭劳动力流动强度差异的影响①。具体而言，倾向得分匹配法仅适用于0—1类型的处理变量，因此，广义倾向得分匹配法将其应用范围拓展到连续型的处理变量。通过这一方法，不仅能够有效解决内生性问题，而且不需要对连续型处理变量进行离散化处理，从而能够更为充分地利用样本信息。鉴于此，本章进一步运用广义倾向得分匹配法分析不同劳动力流动强度下农户贫困发生率的变化。

通过广义倾向得分匹配法，本章得出贫困地区农村劳动力流动强度与农户贫困发生率之间的"剂量冲击"函数（如图5.2所示）。从图5.2中可以看出，贫困地区农村劳动力流动强度与农户贫困发生率之间并非呈现简单的线性关系（图中上下两条线为这一函数关系的95%置信区间上下限），具体而言，当农村劳动力流动强度低于0.4时，农户的贫困发生率会随着农村劳动力流动强度的增大而逐渐地减小；然而，当农村劳动力流动强度大于0.4时，随着农村劳动力流动强度的增大，农户的贫困发生率基本趋于平稳。因此，从实证分析结果，可以初步判断，贫困地区农村劳动力流动的减贫效应仅在一定的流动强度内发挥出显著的作用，假设2得证。那么，为何较高水平的农村劳动力流动强度却无助于贫困地区农户贫困发生率的降低呢？为了揭示这一现象，本章进一步分析了贫困农户家庭劳动力流动强度的现状。根据调查数据显示，有97.70%的贫困农户家庭劳动力流动强度低于0.4，而流动强度大于0.4的贫困农户比例仅有2.3%，即流动强度大于0.4的农户基本为非贫困户，从而导致了较高水平的农村劳动力流动强度无助于农户贫困的减缓。究其根源，当前贫困地区剩余的贫困农户是脱贫攻坚的"硬骨头"，首先，在自身发展能力方面，

---

① 农户家庭劳动力流动强度为家庭从事非农业人口占家庭总人口的比重。

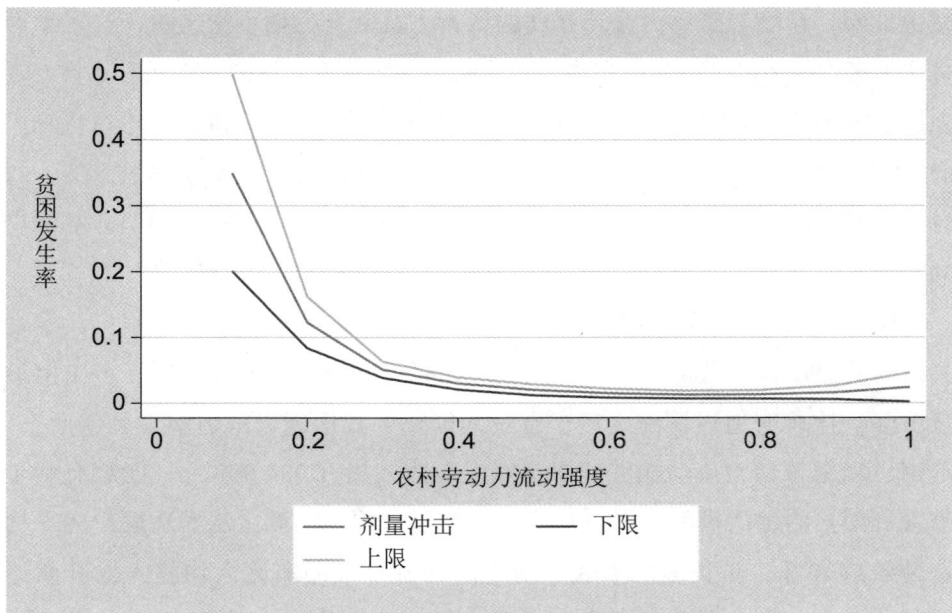

图 5.2　农村劳动力流动强度与贫困发生率变化

由于资源禀赋积累的长期不足，导致了其发展能力极度匮乏，难以满足经济结构快速转型背景下的劳动力素质要求；其次，贫困地区地理位置的偏远必然提高了农户家庭劳动力流动的成本，在非农就业市场不稳定时，其收入预期也必然受到一定的影响，最终制约了其向非农产业流动，从而出现了贫困户的劳动力流动强度较低的现象。由此可见，由于贫困地区农村劳动力流动仍是贫困农户脱贫的重要途径，故亟须加快培育贫困农户的内生发展动力，使其具备符合市场要求的劳动生产技能、产业发展能力以及市场信息处理能力，从而推动贫困地区农村劳动力有序地向非农产业转移，实现脱贫致富。另一方面，贫困地区农业过剩劳动力不断向非农产业转移，为农业的规模化、高效化发展奠定了一定的基础，尤其是对于具备特色资源禀赋的贫困地区而言，将能够促进农业生产效率的提升，进而实现贫困地区农户的脱贫增收。

五、农村劳动力流动的增收效应

通过上文的实证分析结果可以发现，贫困地区农村劳动力流动能够有效减缓贫困，且随着劳动力流动强度的增大，贫困发生率不断递减，这意味着贫困地区农村劳动力流动应当成为当前脱贫攻坚的重要举措。然而，从收入贫困的视角来看，脱贫的根本落脚点在于收入的可持续增长。为此，本章将农户的家庭人均收入作为结果变量，讨论贫困地区农村劳动力流动的增收效应，同时，为了反映出不同农户群体的异质性，本章进一步对比了贫困户与非贫困户的差异。

从表5.7的实证分析结果可以看出，无论是贫困户还是非贫困户，家庭劳动力的流动都有效促进了农户的收入增长。同时，在匹配之后，ATT值显著下降，这表明通过匹配之后，有效地消除了其他因素的影响。具体而言，贫困户家庭劳动力流动能够使得家庭人均收入提升398.008元，能够有利于改善贫困户的生活福利水平，从而逐步摆脱贫困。然而，从非贫困户的平均处理效应来看，非贫困户家庭劳动力流动所带来的家庭人均收入提升高达3389.390元，这一提升水平显著高于贫困户，两者的差值高达2991.382元，为贫困户的8.515倍，假设3得证。究其根源，笔者认为这可能是由于相比非贫困户而言，贫困农户各方面要素禀赋的积累存在着先天性的不足，长期处于低水平态势，这导致了其在非农产业的就业市场上处于劣势状态。通过对比贫困地区贫困户与非贫困户之间的经济社会特征差异，有效印证了这一猜测。从表5.8的检验结果可以看出，除了家庭土地耕作面积之外，贫困农户与非贫困农户的人力资本、物质资本、社会资本均存在显著差异，且表现为贫困农户显著落后于非贫困农户，这不仅不利于贫困农户非农就业渠道的拓展，也使得其在非农劳动力市场上缺乏工资议价能力。同时，应当指出的是，尽管当前贫困农户劳动力流动能够有效减贫，但囿于内外部因素的制约，贫困农户的增收效应十分有限（仅398元），这使得其难以抵抗外部风险的冲击，贫困脆弱性较为严重，从而加大了其返贫风险与脱贫难度。由此可见，要使贫困地区农村劳动力流动成为贫困农户减贫增收的长效机制，就必须在完善贫困农户非农就业环境的基础之上，加快夯实贫困农户的内生发展动力。

表 5.7　贫困地区农村劳动力流动的增收效应比较

样本组	匹配状态	实验组	对照组	ATT	标准误	t 值
贫困户	匹配前	1948.135	1513.277	434.858	82.473	5.27***
	匹配后	1948.135	1550.127	398.008	121.831	3.27***
非贫困户	匹配前	12643.117	7590.596	5052.521	461.374	10.95***
	匹配后	12709.969	9320.579	3389.390	820.788	4.13***

表 5.8　贫困地区贫困农户与非贫困农户的经济社会特征比较

维度	变量	非贫困户		贫困户		显著性差异检验
		观测值	均值	观测值	均值	
人力资本	edu	2097	2.307	564	1.711	0.596***
	hedu	2097	0.109	564	0.033	0.076***
物质资本	land	2097	3.943	564	4.244	−0.301
	house	2097	11.070	564	10.150	0.922***
社会资本	city	2097	0.454	564	0.167	0.287***
	gov	2097	0.210	564	0.076	0.134***
	org	2097	0.100	564	0.060	0.040***

六、稳健性检验

贫困线的确定对于贫困指数的准确性起着至关重要的作用（杨俊等，2008）。在前文的研究中，主要采用了国家公布的贫困线标准，即 2015 年的人均纯收入是否高于 2800 元。然而，按世界银行 2015 年最新发布的贫困线标准，国际贫困线由之前的人均每天 1.25 美元上调至 1.9 美元，在这一新的标准下，部分学者指出我国的贫困线标准相比国际贫困线过低，以国际贫困线作为收入贫困标准能够更为全面地反映我国的贫困状态。鉴于此，本章接下来将以 2015 年最新的国际贫困线（人均每天 1.9 美元）作为收入贫困的衡量标准，重新检验贫困地区农村劳动力流动对农户收入贫困的影响。

从表 5.9 的稳健性检验结果可以发现，当以国际贫困线为标准时，无论是处理组还是对照组，贫困发生率都有所上升，但从平均处理效应来看，无论采用何种匹配方法，贫困地区农村劳动力流动都能够有效减缓农户的收入贫困。

同时，本节也考察了贫困地区农村劳动力流动强度与农户收入贫困的稳健性检验结果（如图 5.3 所示），当农村劳动力流动强度低于 0.4 时，农户的贫困发生率会随着农村劳动力流动强度的增大而逐渐地减小；然而，当农村劳动力流动强度大于 0.4 时，随着农村劳动力流动强度的增大，农户的贫困发生率基本趋于平稳，该稳健性检验结果与前文的研究结论保持一致。

表 5.9　农村劳动力流动决策与农户收入贫困的稳健性检验

匹配方法	匹配状态	实验组	对照组	ATT	标准误
最近邻匹配	匹配前	0.129	0.675	−0.546[***]	0.015
	匹配后	0.129	0.545	−0.415[***]	0.026
卡尺内匹配	匹配前	0.129	0.675	−0.546[***]	0.015
	匹配后	0.129	0.545	−0.415[***]	0.026
半径匹配	匹配前	0.129	0.675	−0.546[***]	0.015
	匹配后	0.129	0.560	−0.430[***]	0.023
核匹配	匹配前	0.129	0.675	−0.546[***]	0.015
	匹配后	0.129	0.558	−0.429[***]	0.029

注：卡尺内匹配、半径匹配以及核匹配的窗宽均为 0.05。

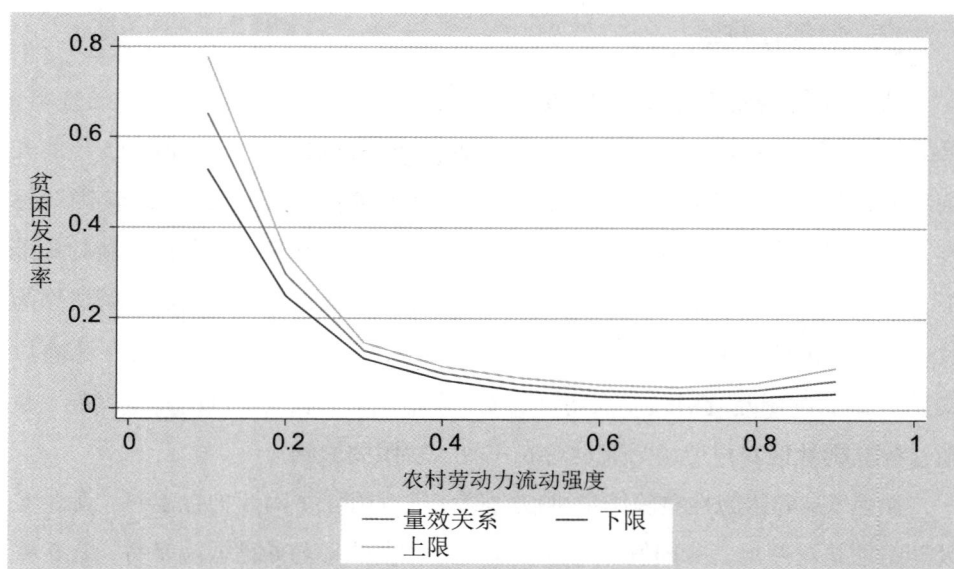

图 5.3　农村劳动力流动强度与农户收入贫困的稳健性检验

第六章

贫困地区农村劳动力流动与
农户多维贫困的实证分析

在上一章的实证分析中，从收入贫困的视角探讨了贫困地区农村劳动力流动的减贫效应，实证分析结果表明，尽管贫困地区农村劳动力流动能够在一定程度上减缓农户的收入贫困，但仍存在诸多方面的局限性。然而，正如多维贫困理论所指出的，贫困不仅仅是收入水平低下，而是人的基本可行能力的剥夺。事实上，这也是目前我国贫困地区的贫困人口长期处于贫困状态的根本原因。如何有效改善贫困地区农户的多维贫困状况，是保障贫困人口可持续性脱贫的关键所在。有鉴于此，本章将在收入贫困视角的基础之上，进一步从农户多维贫困的视角实证分析贫困地区农村劳动力流动的减贫效应，从而更为全面地揭示其减贫作用。

第一节　问题的提出

贫困是一个世界性难题，消除贫困是人类的共同使命，也是社会主义的本质要求。在"十三五"规划中，"精准扶贫、精准脱贫"成为重要的战略部署，全面脱贫目标上升为国家意志[①]，这是确保 2020 年全面建成小康社会的必

[①]　国务院 2016 年 10 月 17 日发布的《中国的减贫行动与人权进步》白皮书指出：这是第一次把脱贫攻坚作为五年规划纲要的重要内容，第一次把贫困人口脱贫作为五年规划的约束性指标，第一次由省区市党政一把手向中央签署《脱贫攻坚责任书》，并层层立下军令状。

然要求。在 2017 年的两会上，习近平总书记再次强调，要坚定不移地打赢脱贫攻坚战，建立健全稳定脱贫长效机制。尽管改革开放以来，历经五大扶贫阶段①，我国的贫困人口大幅减少，对全球贫困减缓的贡献率达到了 70%，成为首个实现联合国千年发展目标的国家，然而，随着扶贫事业的不断推进，我国的贫困呈现出了明显的多维特征，贫困问题的复杂性、多元性愈加凸显，绝对贫困问题逐渐缓解，但相对贫困问题不断加剧；医疗卫生、社会保障及教育条件等方面的差距已显著高于收入差距。因病、因残、因学、因灾等致贫因素突出，剩余贫困人口已由以往单一的收入贫困转变为经济、社会、文化等多因素贫困，这成为了实现脱贫攻坚目标的深水区、硬骨头。正如多维贫困理论所指出的，贫困并非仅仅表现为收入水平低下，而是人的基本可行能力的剥夺，即贫困人口缺乏脱贫增收的机会和能力。事实上，这一问题也开始在"精准扶贫、精准脱贫"国家战略的实践过程中得到了重视，如部分地区贫困人口的"精准识别"已由原先的"只看富不富"转变为"四看"，建档立卡户的"精准脱贫"考核标准也在以往"收入是否高于贫困线"的基础之上增加了"两不愁、三保障"②。由此可见，贫困人口的识别及退出标准已远高于既往的收入贫困标准，贫困特征从收入贫困向多维贫困转变得到了理论界与实务界的一致认可。因此，要有效解决我国的贫困问题，就必须从医疗、教育、社会保障等多维度考察贫困人口的全面发展状况，从而真正制定出符合贫困人口需求的脱贫政策，实现"精准扶贫、精准脱贫"。

中国城乡二元结构典型，根据经典的"二元结构理论"及"人口流动理论"可知，农村劳动力流动现象在二元经济结构国家尤为明显，这给我国经济社会的发展带来了极为广泛而复杂的影响。在扶贫政策的边际效益不断递减、边际成本不断上升的背景下，农村劳动力流动成为政府的主要政策倾向。

---

① 体制改革推动扶贫（1978—1985）、大规模开发式扶贫（1986—1993）、"八七扶贫攻坚计划"（1994—2000）、《中国农村扶贫开发纲要（2001—2010 年）》《中国农村扶贫开发纲要（2011—2020 年）》。

② "四看"指的是一看房、二看粮、三看劳动力强不强、四看家中有没有读书郎；"两不愁、三保障"指的是不愁吃、不愁穿、义务教育保障、基本医疗保障、住房安全保障。其中，"两不愁、三保障"标准来源于 2016 年 4 月国务院印发的《关于建立贫困退出机制的意见》。

2016 年国务院印发的《"十三五"脱贫攻坚规划》中着重强调，必须建立健全贫困人口的就业制度，加快推进贫困人口的转移就业，从而带动贫困人口脱贫致富。林毅夫（2002）也指出，要有效解决中国农村的贫困问题，就必须以减少农村劳动力为主要战略目标[①]。尤其是对于贫困地区的贫困人口而言，农村劳动力流动带来的非农收入是其家庭的主要收入来源，这成为其摆脱贫困的重要途径。总体而言，农村劳动力流动在减缓收入贫困方面所起到的积极作用得到了较为广泛的认可。但是，农村劳动力流动在减缓收入贫困的同时，也对农村的社会秩序造成了深刻的影响。随着农村青壮年劳动力的大量外流，"空心村""老人村"等现象逐渐加剧，留守老人、儿童的教育及健康等问题日益突出。因此，贫困地区农村劳动力流动对农户贫困的影响是复杂、多元的，并非仅表现为对农户收入贫困的作用。

那么，在当前我国精准脱贫攻坚的决胜阶段，贫困地区农村劳动力流动是否能有效缓解农户多维贫困？农村劳动力流动对于不同维度贫困的影响存在着什么样的差异？与此同时，随着贫困地区农村劳动力流动强度的提高，其对农户多维贫困的作用又会发生什么样的变化？通过对于上述问题的回答，能够更为全面地认识贫困地区农村劳动力流动与农户多维贫困之间的内在关系，发现存在的不足与亟须改进之处，有助于制定和完善农村劳动力流动减贫政策，从而为 2020 年全面实现脱贫目标提供现实参考与决策依据。

第二节　研究设计

一、研究假设

从经典的劳动力流动理论来看，二元经济结构理论将劳动力从传统的农业

---

① 林毅夫：《解决农村贫困问题需要有新的战略思路——评世界银行新的"惠及贫困人口的农村发展战略"》，《北京大学学报（哲学社会科学版）》2002 年第 5 期。

部门向现代非农部门的流动纳入经济研究的重要内容，该理论认为农村剩余劳动力从农业部门向非农部门流动，能够获得比从事农业生产更高的收入，而非农部门也能支付较低的劳动报酬，有利于扩大再生产，因此，农村劳动力流动是发展中国家从贫困走向富裕的唯一途径。基于这一理论，诸多学者的研究进一步表明，农村劳动力流动能够在社会生产中有效配置劳动力资源及相关生产要素，提升社会各部门的生产效率，从而有助于减缓农村贫困。具体而言，农村劳动力流动为产业结构转变提供了大量充足廉价的劳动力，这不仅有利于国民经济的增长，而且能够优化农业生产结构，提升农业的生产效率，从而提高农户家庭收入水平。因此，农村地区劳动力流动已然成为农村人口摆脱贫困、提高生活水平的重要途径。同时，农村劳动力在流动的过程中，能够通过"干中学"的积累及外部溢出效应，增加农村劳动力的人力资本积累，逐步培育脱贫增收的内生动力。然而，随着农村劳动力的大量转移，其部分负面效应开始逐渐显现。农村劳动力流动导致大量高素质劳动力的流失，相比留在家庭继续从事农业生产的劳动力，流动劳动力的受教育程度较高，接受先进知识与技术的能力更强，具有较高的人力资本禀赋，属于农村地区的"精英"。因此，大量农村精英的流失会阻碍农业生产效率的提升，进而影响农村减贫进程。农村劳动力的大量流出不但造成了严重的"空心化"及一系列负面的社会经济现象，且扩大了收入差距，这极大地削弱了其带来的收入增长效应，进而加剧了农村贫困问题，甚至阻碍农业发展。由此可见，尽管农村劳动力流动在减缓农村贫困中具有重要作用，但应引导其有序转移，避免大量农村劳动力的流失造成农村地区的衰败。

从微观层面来看，农村劳动力流动所带来的非农收入已成为中国绝大多数农户家庭收入的主要来源。都阳和朴之水（2003）从贫困地区农村劳动力流动的"利他性"假说入手，通过实证分析表明，贫困地区农村劳动力流动具有明显的"利他性"特征，能够成为缓解贫困的重要途径①。事实上，微观层面的绝大部分研究主要着眼于农户的收入贫困，所得到的结论也较为一致，即农村

---

① 　都阳、朴之水：《劳动力迁移收入转移与贫困变化》，《中国农村观察》2003 年第 5 期，第 6 页。

劳动力流动能够在不同程度上减缓农户收入贫困的发生[1]。此外，也有部分学者探讨了农村劳动力流动能够通过转移汇款改善农户非收入维度的贫困，但这更主要的是被用于购买农资以及房屋建设等物质资本的投资。尽管部分国外学者的研究表明，这种转移汇款能够增加农户在健康及医疗方面的支出，但就我国现实情况而言，农村劳动力流动仅能在一定程度上改善留守老人的物质生活，在医疗、健康及生活照料方面则存在着严重的问题。

通过以上的理论分析可以发现，农村劳动力流动对于改善农户的多维贫困状态具有一定的积极作用，但这更多地表现在物质层面，而在非物质层面，作用可能十分有限。与此同时，大量农村劳动力的外流所造成的负外部性已得到了理论与实践的印证，这极有可能不利于农户多维贫困的改善。据此，本章提出以下研究假设。

假设 1：贫困地区农村劳动力流动能够在总体上减缓农户的多维贫困。

假设 2：贫困地区农村劳动力流动对农户多维贫困状态的改善主要体现在物质层面，在非物质层面，作用可能十分有限。

假设 3：贫困地区过高的农村劳动力流动强度可能不利于农户多维贫困状态的改善。

二、计量模型与变量定义

（一）计量模型

根据本章的研究目的，为了便于分析劳动力流动对贫困地区农户多维贫困的影响，借鉴陈飞和翟伟娟（2015）的做法，本章将实证分析的基准模型定义为以下方程[2]：

$$Y = \alpha + \beta M + \theta X + \gamma R + \varepsilon \tag{6.1}$$

在（6.1）式中，Y 表示贫困地区农户的多维贫困状态，M 为农户是否参

① Adjognon, Guigonan Serge, et al. *Rural Non-farm Employment and Household Welfare*: *Evidence from Malawi*. The World Bank, 2017, p.16.

② 陈飞、翟伟娟：《农户行为视角下农地流转诱因及其福利效应研究》，《经济研究》2015 年第 10 期，第 170 页。

与劳动力流动，通过 β 系数的显著性及方向可判定贫困地区农村劳动力流动对农户多维贫困的作用方向；X 为控制变量向量，主要涵盖了贫困地区农户的家庭特征、人力资本、社会资本、物质资本等影响因素；R 为不同贫困片区的虚拟变量，通过控制不同贫困片区的固定效应，能够消除区域层面的影响；ε 为随机误差项。正如上一章节所言，农户劳动力流动决策的"自选择"问题将导致 β 参数估计结果的偏误，难以真实地反映出实际效应。因此，延续上一章节的实证分析思路，本章将运用倾向得分匹配法（PSM）以及广义倾向得分匹配法（GPS）分析贫困地区农村劳动力流动对农户多维贫困的影响。

（二）变量定义

1. 被解释变量：农户多维贫困。在本章的实证分析中，主要着眼于农户的多维贫困状态，多维贫困理论指出贫困不仅仅是收入水平低下，而是人的基本可行能力的剥夺。关于多维贫困的界定，目前国内外主流的研究主要基于阿尔基尔等（2011）所提出的"双界限"法[①]，在此基础上，参照联合国的做法[②]，以 $k=1/3$ 作为临界值来判断农户是否处于多维贫困状态。在本章的研究中，采用了这一主流研究方法来界定贫困地区农户的多维贫困状态，即判断农户的剥夺得分是否高于 1/3，若高于该标准，则处于多维贫困状态（赋值为 0—1 变量），变量取值为 1 表示农户处于多维贫困，取值为 0 则表示农户处于非多维贫困。

2. 核心解释变量：①农村劳动力流动。在既有的诸多研究中，更多地着眼于农村劳动力的外出行为，即农村劳动力的地域性流动，然而，正如经典的劳动力流动理论所指出，农村劳动力流动的经济福利效应主要来源于农业与非农产业的收益差距，因此，本章将农户劳动力流动定义为是否有家庭成员从事非

---

① Alkire, Sabina, and James Foster. "Counting and Multidimensional Poverty Measurement." *Journal of Public Economics* 95.7–8（2011），p.480.

② 联合国在测度多维贫困时指出，应以 k 是否大于 1/3 来定义多维贫困，详情可参见 http://hdr.undp.org/。

农产业 ①。主要通过贫困地区农户入户问卷调查的形式来识别该农户是否参与农村劳动力流动，具体而言，问卷中设置"是否有家庭劳动力从事非农产业"，若是，变量取值为 1，表示农户参与劳动力流动；若否，变量取值则为 0，表示农户未参与劳动力流动。②农村劳动力流动强度。鉴于贫困地区不同农户家庭从事非农产业的家庭成员规模差异较大，为了进一步揭示这一差异对贫困地区农户收入贫困的影响，本书也涵盖了农村劳动力流动强度这一核心解释变量，即家庭中从事非农产业人员数量占总人口的比重（%）。

3. 控制变量。在相关控制变量中，本章主要选取了贫困地区农户的家庭特征、人力资本、物质资本以及社会资本四个维度。具体而言，农户的家庭特征涵盖了以下四个维度：家庭总人口（*pop*）；户主的性别（*gender*），男性赋值为 1，女性赋值为 0；户主的年龄（*age*）；家庭抚养负担（*raise*），即家庭成员中 15 岁以下儿童与 65 岁以上老人占总人口的比重（%）。农户的人力资本涵盖两个维度：户主的文化程度（*edu*），1＝不识字；2＝小学；3＝初中；4＝高中；5＝大专及以上；家庭成员的高学历比重（*hedu*），即家庭成员中高中以上学历人口占总人口的比重（%）。农户的物质资本涵盖两个维度：土地面积（*land*），即家庭土地耕作面积（亩）；房屋价值（*house*），即家庭住房的货币价值（元）。农户的社会资本涵盖三个维度：县城亲友（*city*），是否有亲友在县城或城市生活（是＝1，否＝0）；官员亲友（*gov*），是否有亲友在政府部门任职（是＝1，否＝0）；组织参与（*org*），是否加入农业合作社（是＝1，否＝0）。各变量的选取及度量如表 6.1 所示。

表 6.1 各变量的选取及度量

名称	定义	符号	变量的衡量说明及赋值
多维贫困	农户的多维贫困状况	*mpv*	农户在所有维度的总剥夺得分是否大于1/3（是＝1，否＝0）

---

① 事实上，随着乡镇产业的不断兴起，在本地从事非农活动已成为农村劳动力的重要选择，《2016 年农民工监测报告》显示，2016 年，本地农民工的增量占全国新增农民工的 88.2%，这意味着若仅从地域性流动视角考察，难以适应新时期农村劳动力流动的新特征。因此，本章从产业流动的视角考察，不仅包含了外出农民工，同时也涵盖了本地农民工这一重要群体。

续表

名称	定义	符号	变量的衡量说明及赋值
劳动力流动	劳动力流动状况	*M*	是否有家庭成员从事非农产业（是 =1，否 =0）
	劳动力流动强度	*RM*	从事非农产业人口占总人口比例（%）
家庭特征	家庭总人口	*pop*	家庭人口总数（人）
	户主性别	*gender*	户主的性别（男 =1，女 =0）
	户主年龄	*age*	户主年龄（岁）
	抚养负担	*raise*	15 岁以下儿童及 65 岁以上老人占总人口比例（%）
人力资本	户主文化程度	*edu*	1= 不识字；2= 小学；3= 初中；4= 高中；5= 大专及以上
	高中以上学历	*hedu*	高中以上学历人口占总人口比例（%）
物质资本	土地面积	*land*	家庭土地耕作面积（亩）
	房屋价值	*house*	家庭住房的总价值（元），以对数化处理
社会资本	县城亲友	*city*	是否有亲友在县城或城市生活（是 =1，否 =0）
	官员亲友	*gov*	是否有亲友在政府部门任职（是 =1，否 =0）
	组织参与	*org*	是否加入农业合作社（是 =1，否 =0）

三、多维贫困指数的衡量及指标选取

继多维贫困理论提出之后，学术界对贫困的认识有了新的突破，但如何科学衡量多维贫困也成了一大难题。具有突破性的研究是"双界限法"，它实现了多维贫困的识别、加总及分解方法。随后，这一方法得到了国内外学者的广泛运用。

（一）A-F 指数法

本章采用 A-F 方法，利用"双界限法"来识别农户多维贫困，即通过两个临界值来判断。首先，将样本的每个贫困维度与所对应的剥夺（deprivation）临界值相对比，从而判断该样本在每个维度上的贫困状态。其次，通过计算每个样本在所有维度上的剥夺总得分，并与所设定的多维贫困临界值相对比，从而判断该样本是否处于多维贫困状态。具体方法如下。

第一步，各维度的取值。假设有 n 个样本，每个样本的多维贫困由 d 个指标来评价，y_{ij} 表示样本 i 在维度 j 的取值（$i=1, 2, \cdots, n$；$j=1, 2, \cdots, d$），因

此，n 个样本在 d 个维度上的贫困状况可以用矩阵 $M^{n,d}$ 来表示，$y \in M^{n,d}$。

第二步，贫困的识别。令 z_j 代表第 j 个贫困维度被剥脱的临界值（$z_j > 0$），当 $y_{ij} < z_j$ 时，则样本 i 在 j 维度处于贫困状态。为了便于表达，本章定义 g_{ij} 为每个样本在每个维度上的剥夺得分，若 $y_{ij} < z_j$，则 g_{ij} 取值为 1，否则为 0。对每个贫困维度分别赋予权重 w_j，则样本 i 在 d 个贫困维度的剥夺总得分为：

$$c_i = \sum_{j=1}^{d} w_j g_{ij} \tag{6.2}$$

当样本的剥夺总得分大于临界值 k 时，即 $c_i > k$，则该样本被界定为多维贫困。通过以上两步，可以得到样本的多维贫困指数 MPI 及贫困人口的平均剥夺程度 A：

$$MPI = \frac{1}{n} \sum_{i=1}^{q} c_i(k) \tag{6.3}$$

$$A = \frac{1}{q} \sum_{i=1}^{q} c_i(k) \tag{6.4}$$

其中，q 代表处于多维贫困状态样本的数量，则多维贫困发生率 H 可表示为：

$$H = \frac{q}{n} \tag{6.5}$$

根据（6.3）（6.4）（6.5）式可知，多维贫困指数 MPI 也可表示为：

$$MPI = H \times A \tag{6.6}$$

第三步，多维贫困指数的分解。为了对比贫困地区农村劳动力流动户与非流动户的多维贫困差异，本章进一步对多维贫困指数进行分解。假设样本有 m 个子群，n^l 代表子群 l 的样本数量，$MPI(p^l)$ 代表子群 l 的多维贫困指数，那么，多维贫困指数 MPI 可表示为：

$$MPI = \sum_{l=1}^{n} \frac{n^l}{n} MPI(P^l) \tag{6.7}$$

因此，这一性质也被称为多维贫困指数的子群可分解性，可用于分析样本中不同子群对总体多维贫困状况的贡献及差异。关于多维贫困指标体系的选择，本章在借鉴牛津大学 OPHI 所开发的 MPI 指数以及联合国千年发展目标

（MDG）的基础上，结合现阶段我国贫困地区的现实情况，最终选择了 5 个维度 12 个指标，如表 6.2 所示。

（二）多维贫困指标权重的衡量方法

根据（6.3）式可知，MPI 值不仅取决于给定的临界值 k 下的多维贫困发生率及平均剥夺程度，同时也取决于不同贫困维度的权重 w_j。关于我国多维贫困测度的研究，通常采用教育、健康以及生活水平等维度，以等权重的方法进行测算。而这一测算方法，最大的争议就在于等权重法过于主观、随意，无法反映出各个指标对多维贫困的影响程度。基于这一缺陷，张全红和周强（2014）运用了主成分分析法（PCA）来确定各指标的权重[①]，但正如欧洲委员会联合研究中心（2008）所指出，人类福利指标是难以通过线性组合的方式来体现的，即不同指标之间的关系往往为复杂的非线性关系[②]。因此，主成分分析法（PCA）在多维贫困指标的测度中也存在一定的不足。如何合理地确定指标权重是科学衡量多维贫困的关键问题。BP（Back Propagation）神经网络法能够利用计算机模仿人工智能来处理复杂的非线性问题，具有很强的自学习性、高度非线性等优势，在处理非线性问题方面，其性能优于传统的统计方法，这对于科学确定各指标的贡献权重十分有益，被广泛地运用于经济社会研究领域。因此，基于以往研究的不足，本章最终选取 BP 神经网络法来确定多维贫困指标的权重[③]，这能够在一定程度上优化既有的评价方法，从而更为科学地测度贫困地区农户多维贫困现状。

---

① 张全红、周强：《中国多维贫困的测度及分解：1989—2009 年》，《数量经济技术经济研究》2014 年第 6 期，第 93 页。

② Joint Research Centre–European Commission. *Handbook on Constructing Composite Indicators*: *Methodology and User Guide*. OECD Publishing, 2008, p.34.

③ BP 神经网络的具体参数设置如下：隐含层的传递函数为 logsig，输出层的传递函数为 purelin，训练函数为 trainlm，最大迭代次数为 5000 次，期望误差为 10^{-4}。具体而言，①隐含层的传递函数 logsig 为 BP 神经网络的 S 型传输函数［BP 神经网络中常采用的激活函数，函数表达式为 $f(x)=1/(1+e^x)$］，具备处理非线性问题的功能，其作用主要用于神经元由输入向量计算隐含层的输出；②输出层的传递函数 purelin 为 BP 神经网络的线性传输函数（函数表达式为 $y=x$），其作用主要用于根据隐含层输出来计算 BP 神经网络的预测输出；③trainlm 为 BP 神经网络的训练函数（默认的训练函数），是中等规模的前馈网络的最快速算法，其功能主要是基于设定误差来调整权值及偏置值，在完成一次训练之后继续迭代，直到满足误差精度要求。

　　具体而言，BP 神经网络是一种将误差反向传播训练的多层前馈网络，在正向传播时，输入信号通过隐含层作用于输出节点，经过非线性转换后，产生输出信号；当输出层不能获得期望的输出时，则通过原先路径反向传播，通过调整各神经元的权值，使得误差信号达到最小。BP 神经网络法的权重计算公式如下：

$$F(x_i) = \sum_{j=1}^{L} \beta_j \varphi(\alpha_j x_i + a_j) \tag{6.8}$$

$$z_{ip} = \sum_{j=1}^{L} \alpha_{ij}(1 - e^{-t})/(1 + e^{-t}), t = \beta_{jp} \tag{6.9}$$

$$Z_{ip} = \left| (1 - e^{-c})/(1 + e^{-c}) \right|, c = z_{ip} \tag{6.10}$$

$$W_i = Z_{ip} / \sum_{i=1}^{n} Z_{ip} \tag{6.11}$$

　　其中，φ 为激活函数，α_j 为输入权，β_j 为输出权，α_j 为偏置值，x_i 为输入数据，i 为输入层节点数，j 为隐含层节点数，p 为输出层节点数，a_{ij} 为输入层 i 与隐含层 j 之间的权系数，β_{jp} 为隐含层 j 与输出层 p 之间的权系数。就本章而言，首先将 12 个多维贫困指标作为输入向量 X 导入到 BP 神经网络中，通过隐含层的 logsig 传递函数计算得到隐含层的输出；其次，以输出层的 purelin 函数计算得到 BP 神经网络的预测输出。根据设定的期望误差，判断预测输出值是否满足要求，若不满足要求，则通过 trainlm 训练函数调整相关系数设置，继续迭代，直到满足要求。最终所得到 W_i 的值即为各个多维贫困指标的权重，如表 6.2 所示。

表 6.2　多维贫困指标体系

维度	指标	剥夺临界值	权重
生活水平	饮用水	家中没有清洁的饮用水，赋值为 1	0.1176
	电	家中不通电，赋值为 1	0.0735
	做饭燃料	用木炭、动物粪便、木头作为做饭燃料，赋值为 1	0.0861
	卫生设施	不能使用室内、室外冲水厕所和干式卫生厕所，赋值为 1	0.0912

续表

维度	指标	剥夺临界值	权重
资产	耐用品	家中没有彩电、洗衣机、冰箱、电脑、电话、手机、VCD 或者卫星天线中的任何一种资产，赋值为 1	0.0795
健康	健康状况	家庭成员患有大病、长期慢性病或体弱，赋值为 1	0.0769
教育	劳动力教育	家庭劳动力没有完成小学义务教育，赋值为 1	0.0736
	儿童教育	家庭中有 6—11 岁的学龄儿童失学，赋值为 1	0.0743
社会保障	医疗保障	任一家庭成员没有任何医疗保险，赋值为 1	0.0742
	养老保障	任一家庭劳动力没有养老保险，赋值为 1	0.1193
	就医条件	生病就医时不方便，赋值为 1	0.0792
	上学条件	子女上学不方便，赋值为 1	0.0546

第三节　贫困地区农户多维贫困现状测度

一、农户各维度贫困现状分析

表 6.3 是本章所选取的 5 个维度 12 个指标的单维贫困发生率。关于贫困地区农户各维度的贫困发生状况已在第四章的现状分析中做了相关探讨，因此，本章着重分析贫困地区劳动力流动户与非劳动力流动户在各个维度的贫困差异。

总体而言，贫困地区农户单维贫困较为突出的主要是：67.6% 的农户没有清洁的做饭燃料，47.4% 的农户处于非健康状态，40.3% 的农户没有卫生设施。对于非劳动力流动户，农户单维贫困较为突出的主要是：78.0% 的农户没有清洁的做饭燃料，54.6% 的农户没有卫生设施，48.9% 的家庭劳动力未完成小学义务教育，48.6% 的农户处于非健康状态；对于劳动力流动户，农户单维贫困较为突出的主要是：61.3% 的农户没有清洁的做饭燃料，46.7% 的农户处于非健康状态。由此可见，做饭燃料、卫生设施、健康状态方面的贫困是现阶段贫困地区农户普遍存在的问题，而对于非劳动力流动户而言，其家庭的贫困状态更为突出、严重。

同时，在对比了劳动力流动户与非劳动力流动户的差异之后可以发现，除了健康及社会保障两个维度之外，贫困地区劳动力流动户在其他维度上的贫困发生率显著低于非劳动力流动户。具体而言，在生活条件方面，贫困地区非劳动力流动户的贫困发生率均显著高于劳动力流动户，尤其是在做饭燃料以及卫生设施方面，其贫困发生率分别高出16.7%与23.0%；在资产方面，贫困地区非劳动力流动户的贫困发生率高达27.8%，而劳动力流动户仅为6.1%，两者的差异高达21.7%，且在1%的水平上显著，由此可见，贫困地区劳动力流动户在物质层面的生活状况明显优于非劳动力流动户；在教育方面，贫困地区劳动力流动户在劳动力教育以及儿童教育方面的贫困发生率分别为21.3%与18.9%，而非劳动力流动户则分别高达48.9%与34.6%，样本组之间的差异高达27.6%与15.7%，这表明非劳动力流动户面临着更加严重的教育贫困状况。此外，在健康及社会保障维度，两个样本组之间并未表现出显著差异，从中不难发现，除了医疗保障的贫困发生率较低之外，其余指标的贫困发生率基本都高达30%以上，尤其是在健康方面，其贫困状况不容乐观，这表明，尽管近年来，随着我国新型农村合作医疗保险的全面推进，贫困地区农户在医疗保障方面享受到了一定的政策福利，但在遭受大病时，新型农村合作医疗保险所能给予的补贴相对有限，这使得患有大病的农户难以享受到较好的医疗条件，因此，在当前贫困地区医疗保险不断完善的阶段，应更加突出在大病保险方面的投入，从而真正提升贫困地区农户的健康状况。

表6.3　贫困地区农户的单维贫困特征

维度	指标	贫困发生率	非劳动力流动户		劳动力流动户		显著性差异检验
			观测值	发生率	观测值	发生率	
生活水平	饮用水	0.121	1001	0.139	1660	0.111	0.028[**]
	电	0.012	1001	0.017	1660	0.009	0.008[*]
	做饭燃料	0.676	1001	0.780	1660	0.613	0.167[***]
	卫生设施	0.403	1001	0.546	1660	0.317	0.230[***]

续表

维度	指标	贫困发生率	非劳动力流动户		劳动力流动户		显著性差异检验
			观测值	发生率	观测值	发生率	
资产	耐用品	0.142	1001	0.278	1660	0.061	0.217***
健康	健康状况	0.474	1001	0.486	1660	0.467	0.018
教育	劳动力教育	0.316	1001	0.489	1660	0.213	0.276***
	儿童教育	0.247	1001	0.346	1660	0.189	0.157***
社会保障	医疗保障	0.059	1001	0.061	1660	0.058	0.003
	养老保障	0.295	1001	0.227	1660	0.337	−0.110***
	就医条件	0.280	1001	0.264	1660	0.290	−0.027
	上学条件①	0.321	1001	0.312	1660	0.328	−0.016

二、农户多维贫困现状分析

利用贫困地区微观农户调查数据，按照前述多维贫困的测量方法，本章估算出了现阶段贫困地区农户的多维贫困现状（如表 6.4 所示）。表 6.4 显示了 k 在 0.1—0.6 之间的不同取值时，贫困地区农户多维贫困指数的测算结果，显然，当 k 取值越大时，MPI 与 H 的值越小，但 A 的值越大。当临界值 k 取值为 0.1 时，贫困发生率（H）为 86.2%，贫困剥夺份额（A）为 0.315，多维贫困指数（MPI）为 0.272；当临界值 k 取值为 0.3 时，贫困发生率（H）为 41.4%，贫困剥夺份额（A）为 0.428，多维贫困指数（MPI）为 0.177。相比之下，根据课题组的调研数据显示，收入维度的贫困发生率仅为 21.1%，可见，若仅以收入贫困来衡量贫困地区农户的贫困状态，会在一定程度上低估贫困地区农户的贫困发生率，难以真正实现"精准扶贫"的目标。

---

① 由于上学条件与儿童教育指标之间的相关性可能较大，故本章运用斯皮尔曼方法检验了两者之间的相关性，根据检验结果显示，p 值为 0.6999，即接受原假设，上学条件与儿童教育指标之间是相互独立的。

表 6.4　贫困地区农户的多维贫困估计结果

临界值	多维贫困指数（MPI）	贫困发生率（H）	贫困剥夺份额（A）
k=0.1	0.272	0.862	0.315
k=0.2	0.241	0.667	0.361
k=0.3	0.177	0.414	0.428
k=0.4	0.113	0.228	0.495
k=0.5	0.050	0.086	0.586
k=0.6	0.020	0.029	0.675

三、农户多维贫困指数分解

通过对多维贫困指数（MPI）进行非劳动力流动户和劳动力流动户的分解，得到了不同临界值下非劳动力流动户和劳动力流动户的多维贫困指数及其贡献率（如表 6.5 所示）。从表 6.5 可以直观地看出，无论临界值 k 在任何取值范围，贫困地区非劳动力流动户的多维贫困指数都明显高于劳动力流动户。同时，在对比两者的贡献率之后可以发现，随着临界值的不断上升，非劳动力流动户的贡献率不断增大，以 k=0.6 为例，贫困地区非劳动力流动户对多维贫困指数的贡献率为 58.0%，而劳动力流动户的贡献率仅为 42.0%，该结果表明，当多维贫困的临界值越高时，贫困地区非劳动力流动户的贫困状态就越严重，即贫困地区的极端多维贫困户主要分布在非劳动力流动户当中。

表 6.5　不同 k 值下多维贫困指数的分解结果

临界值	多维贫困指数（MPI）			贡献率（%）	
	全体农户	非劳动力流动户	劳动力流动户	非劳动力流动户	劳动力流动户
k=0.1	0.272	0.320	0.242	44.4	55.6
k=0.2	0.241	0.301	0.204	47.1	52.9
k=0.3	0.177	0.237	0.142	50.2	49.8
k=0.4	0.113	0.167	0.080	55.8	44.2
k=0.5	0.050	0.071	0.038	53.1	46.9
k=0.6	0.020	0.030	0.013	58.0	42.0

第四节　贫困地区农村劳动力流动的减贫
效应：基于多维贫困视角

一、农村劳动力流动对农户多维贫困的影响

本章采用了最近邻匹配、卡尺内匹配、半径匹配及核匹配四种方法估计了贫困地区农村劳动力流动的平均处理效应（ATT），表 6.6 汇报了贫困地区农村劳动力流动对农户多维贫困的影响结果。从表 6.6 的实证结果可以看出，虽然各种匹配方法所得到的平均处理效应在量上有略微差异，但从定性的角度来看，各种匹配方法所得到的研究结论是一致的，这也表明了 ATT 估计结果的稳健性。为了便于分析，本章计算出了四种匹配方法测算结果的平均值。研究结果发现，贫困地区农村劳动力流动能够有效减缓农户的多维贫困，即农村劳动力流动能够使农户的多维贫困降低 6.2%，且在 5% 的统计水平上显著。这可能是由于历经大规模的开发式扶贫之后，目前剩余的贫困人口主要分布在地理位置偏远、经济发展落后的贫困地区，这些地区长期处于贫困恶性循环当中，生产要素积累严重不足，贫困农户的发展条件十分有限。同时，绝大部分贫困地区主要分布在中西部地区，农业生产条件落后，小农式的生产仅能实现自给自足，无法得到长足发展。课题组的调查数据显示，在 2661 份有效调查农户的样本中，有 2253 户农户认为自身所处的地理位置较为偏远，占比高达 84.67%；有 2312 户农户认为所在地区的农业产业发展较为落后，占比高达 86.88%。在这一现实背景下，贫困地区农村劳动力向非农产业转移自然成了其摆脱贫困、改善家庭福利的重要渠道。

上述分析表明贫困地区农村劳动力流动能够显著降低农户多维贫困，但这是否就意味着农村劳动力流动能够有效改善不同维度的贫困？其对不同维度贫困的影响是否存在显著差异？对这一问题的回答，能够更为深入地揭示贫困地区农村劳动力流动对农户多维贫困影响的内在作用机制。因此，本章对比分析

了五个贫困维度的作用差异。从实证结果可以看出，在农户的生活水平、资产及教育这三个维度，贫困地区农村劳动力流动能够起到显著的减贫作用，而在农户的健康及社会保障维度，尚未表现出显著的作用。从中可以发现，除了教育维度之外，其余维度主要集中在物质经济方面，即现阶段贫困地区农村劳动力流动对农户多维贫困的改善，更多的只是局限于家庭经济层面的贫困状态。但在农户的健康及社会保障等非物质层面，贫困地区农村劳动力流动的作用则十分有限。卢海阳和钱文荣（2014）的研究也表明了农户的非农就业尽管提高了留守老人的物质生活，但在医疗健康及生活照料等非物质层面存在着严重的问题。而非物质层面贫困的改善对于降低农户的贫困脆弱性，提升农户的可持续发展能力具有极为重要的作用。这一研究结论的政策含义是十分明显的，即政府制定农村劳动力流动减贫政策时，不应仅着眼于改善农户经济层面上的贫困，更要重视如何有效改善农户非物质层面的贫困。需要指出的是，在非物质层面，贫困地区农村劳动力流动能够改善教育维度贫困的主要原因是，贫困地区农村劳动力在向非农产业流动的过程中，会逐步认识到人力资本的培育在获取更高劳动报酬中的重要性，这无疑会促使其形成教育脱贫的观念，从而加大对子女教育的投资。

表 6.6　贫困地区农村劳动力流动的多维减贫效应测算结果

匹配方法	多维贫困	生活水平	资产	健康	教育	社会保障
最近邻匹配	-0.060^{**}	-0.042^{***}	-0.078^{***}	0.026	-0.060^{***}	0.009
	（−2.12）	（−3.38）	（−3.37）	（0.90）	（−2.65）	（0.68）
卡尺内匹配	-0.060^{**}	-0.042^{***}	-0.078^{***}	0.026	-0.060^{***}	0.009
	（−2.12）	（−3.38）	（−3.37）	（0.90）	（−2.65）	（0.68）
半径匹配	-0.064^{**}	-0.044^{***}	-0.079^{***}	0.022	-0.064^{***}	0.005
	（−2.46）	（−3.90）	（−3.57）	（0.84）	（−3.05）	（0.38）
核匹配	-0.064^{**}	-0.044^{***}	-0.078^{***}	0.023	-0.064^{***}	0.004
	（−2.43）	（−3.86）	（−3.53）	（0.87）	（−3.03）	（0.38）
平均值	-0.062^{**}	-0.041^{***}	-0.079^{***}	0.022	-0.062^{***}	0.006

注：此表由 stata14.0 软件计算得出，*、**、*** 分别表示在10%、5%、1%水平上显著（t 检验）。括号内为 t 值。卡尺内匹配、半径匹配以及核匹配的窗宽均为0.05。

二、农村劳动力流动强度对农户多维贫困的影响

从以上的实证分析结果可以发现，现阶段贫困地区农村劳动力流动能够有效减缓农户多维贫困，但主要局限于物质层面。然而，由于倾向得分匹配法所得到的估计结果仅是贫困地区农村劳动力流动决策的平均处理效应，即倾向得分匹配法仅适用于0—1类型的处理变量，无法反映出农户家庭劳动力流动强度差异的影响。因此，广义倾向得分匹配法将其应用范围拓展到连续型的处理变量。通过这一方法，不仅能够有效解决内生性问题，而且不需要对连续型处理变量进行离散化处理，从而能够更为充分地利用样本信息。鉴于此，本章进一步运用广义倾向得分匹配法分析不同劳动力流动强度下，农户多维贫困的变化。

通过广义倾向得分匹配法，本章得出贫困地区农村劳动力流动强度与农户多维贫困之间的"剂量冲击"函数（如图6.1所示）。从图6.1中可以看出，贫困地区农村劳动力流动强度与农户多维贫困之间并非呈现简单的线性关系（图中上下两条线为这一函数关系的95%置信区间上下限）。具体而言，贫困地区农村劳动力流动与农户多维贫困之间所呈现的是"U形"关系，即当贫困地区农村劳动力流动强度低于拐点值（0.7）时，随着流动强度的提高，农户多维贫困不断下降；然而，当贫困地区农村劳动力流动高于拐点值时，农户多维贫困会随着流动强度的提高而发生恶化。这说明贫困地区农村劳动力流动强度能够在一定程度上改善农户的多维贫困状态，但存在"最优劳动力流动强度"，即并非农村劳动力流动强度越高，就越有益于农户的多维贫困。究其根源，笔者认为这主要是由于两方面原因所致。首先，过高的农村劳动力流动强度意味着农村地区有效劳动力的大量流失，而这种流失对于贫困地区农村的影响则取决于劳动力流动的两种不同逻辑：一是赚取收入，从而提高农村家庭的体面生活水平，由此促进农村的繁荣；二是为了获得逃离农村的资本，由此导致农村的衰落。课题组实地调研发现，囿于贫困地区发展的劣势及闭塞，农村劳动力流动更多地倾向于第二种逻辑，将不可避免地导致贫困地区农村、农业的衰败，这显然不利于改善农户多维贫困。其次，大量劳动力的外出必然形成大量

"空心村""空巢家庭"或"隔代家庭"，使得原有的村落秩序面临崩解的风险，尤其是随着老龄化的不断加剧，部分地区甚至出现了"老人村"，而目前贫困地区的社会保障较为落后，这就导致了留守老人及儿童的生活福利面临着严峻的挑战。

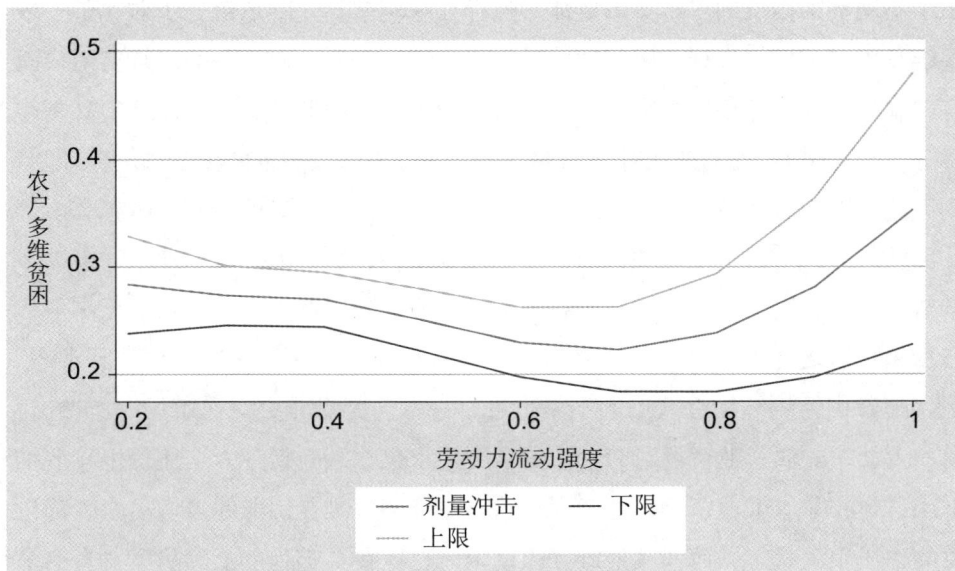

图 6.1　贫困地区劳动力流动强度与农户多维贫困

三、农村劳动力流动对农户剥夺得分的影响

从上文的研究结果可以发现，贫困地区农村劳动力流动不仅对缓解农户多维贫困具有十分重要的作用，而且对完成精准脱贫攻坚目标意义重大。而有效缓解农户多维贫困的根本落脚点在于如何降低农户的剥夺得分，因此，本章将农户的剥夺得分作为结果变量，讨论贫困地区农村劳动力流动对农户剥夺得分的影响。同时，为了反映多维贫困群体的异质性，本章进一步将多维贫困户划分为一般多维贫困户和极端多维贫困户①。

———————

①　为了便于分析，本章将剥夺总得分大于 1/3 且小于 1/2 的农户定义为一般多维贫困户；将剥夺总得分大于 1/2 的农户定义为极端多维贫困户。

从表 6.7 的实证分析结果可以看出，无论是多维贫困户还是非多维贫困户，家庭劳动力的流动都能够有效降低农户的剥夺得分。具体而言，多维贫困户家庭劳动力流动能够使得农户剥夺得分下降 0.020，有利于改善多维贫困户的福利状态，这表明劳动力流动对于多维贫困户具有积极的现实意义。同时，由于不同贫困程度的多维贫困群体必然存在一定差异，本章进一步对比了一般多维贫困户和极端多维贫困户的差异。研究结果表明，对于一般多维贫困户而言，农村劳动力流动所带来的多维减贫效应显著，即劳动力流动能够使其剥夺得分下降 0.014；而对于极端多维贫困户而言，平均处理效应却不显著，即劳动力流动无法有效减缓极端多维贫困户的剥夺得分，这显然不利于改善其多维贫困状态。产生这一现象的原因是深刻而复杂的，这是因为贫困地区的极端多维贫困群体长期陷于贫困状态，各方面生产要素积累严重不足，处于低水平状态均衡，缺乏非农就业市场所必需的基本素质要求，尤其是在经济"新常态"下，随着供给侧结构性改革的不断推进，一方面，对非农就业市场有所冲击，另一方面，非农就业市场对劳动力的素质要求也在不断提升，这使得极端多维贫困群体在非农就业市场上处于劣势状态。极端多维贫困群体迫切需求改善自身的物质生活状态，而非其他维度的贫困，这也在一定程度上影响了自身的多维贫困状态。因此，在内外部因素的交织下，最终导致了极端多维贫困户难以通过劳动力流动来改善自身的多维贫困状态。事实上，随着精准脱贫攻坚战役的不断推进，未来剩余的贫困人口将主要集中在极端多维贫困群体中，如何精准地帮扶这部分贫困人口，是实现全面脱贫目标的关键所在。

表 6.7　贫困地区农村劳动力流动与农户剥夺得分

样本组	实验组	对照组	ATT	标准误	t 值
非多维贫困户	0.179	0.215	−0.035	0.005	−7.65[***]
多维贫困户	0.443	0.463	−0.020	0.006	−3.10[***]
一般多维贫困户	0.401	0.415	−0.014	0.006	−4.06[***]
极端多维贫困户	0.577	0.594	−0.017	0.010	−1.65

四、稳健性检验

本章的研究重点在于讨论贫困地区农村劳动力流动对农户多维贫困的影响，因此，多维贫困指标的衡量直接关系到本章研究结论的科学性与可靠性。在既有的研究中，有学者指出货币性指标对个体福利的重要性，因而，部分研究将收入维度纳入到多维贫困指标体系当中。有鉴于此，为了进一步检验本章实证分析结论的稳健性，我们将包含收入维度的多维贫困指标作为替代指标，重新检验贫困地区农村劳动力流动对农户多维贫困的影响。基于 BP 神经网络法，本节重新测算了新的多维贫困指数中各指标的权重（如表 6.8 所示）。

表 6.8　多维贫困指标权重

维度	指标	剥夺临界值	权重
生活水平	饮用水	家中没有清洁的饮用水，赋值为 1	0.1013
	电	家中不通电，赋值为 1	0.0633
	做饭燃料	用木炭、动物粪便、木头作为做饭燃料，赋值为 1	0.0741
	卫生设施	不能使用室内、室外冲水厕所和干式卫生厕所，赋值为 1	0.0785
资产	耐用品	家中没有彩电、洗衣机、冰箱、电脑、电话、手机、VCD 或者卫星天线中的任何一种资产，赋值为 1	0.0685
健康	健康状况	家庭成员患有大病、长期慢性病或体弱，赋值为 1	0.0662
教育	劳动力教育	家庭劳动力没有完成小学义务教育，赋值为 1	0.0634
	儿童教育	家庭中有 6—11 岁的学龄儿童失学，赋值为 1	0.0640
社会保障	医疗保障	任一家庭成员没有任何医疗保险，赋值为 1	0.0639
	养老保障	任一家庭劳动力没有养老保险，赋值为 1	0.1027
	就医条件	生病就医时不方便，赋值为 1	0.0682
	上学条件	子女上学不方便，赋值为 1	0.0470
收入	人均收入 ①	家庭人均纯收入低于 2800 元，赋值为 1	0.1389

---

① 以 2015 年的国家贫困线为标准，即农户家庭人均纯收入是否达到 2800 元；国家贫困线标准来源于《中国农村贫困监测报告》。

　　基于这一新的权重结果，本节分别检验了贫困地区农村劳动力流动决策对农户多维贫困的影响，以及贫困地区农村劳动力流动强度对农户多维贫困的影响。稳健性检验结果如表 6.9 所示。

表 6.9　贫困地区农村劳动力流动的多维减贫效应的稳健性检验

匹配方法	多维贫困	生活水平	资产	健康	教育	社会保障	收入
最近邻匹配	-0.176^{***}	-0.036^{***}	-0.082^{***}	0.018	-0.061^{**}	0.006	-0.314^{***}
	（-5.25）	（-2.48）	（-3.10）	（0.54）	（-2.35）	（0.41）	（-9.69）
卡尺内匹配	-0.175^{***}	-0.042^{***}	-0.078^{***}	0.026	-0.060^{***}	0.009	-0.310^{***}
	（-6.20）	（-3.38）	（-3.37）	（0.90）	（-2.65）	（0.68）	（-11.46）
半径匹配	-0.185^{***}	-0.044^{***}	-0.079^{***}	0.022	-0.064^{***}	0.005	-0.314^{***}
	（-7.19）	（-3.90）	（-3.57）	（0.84）	（-3.05）	（0.38）	（-12.80）
核匹配	-0.184^{***}	-0.044^{***}	-0.078^{***}	0.023	-0.064^{***}	0.004	-0.312^{***}
	（-7.13）	（-3.86）	（-3.53）	（0.87）	（-3.03）	（0.38）	（-12.70）
平均值	-0.180^{***}	-0.041^{***}	-0.079^{***}	0.022	-0.062^{***}	0.006	-0.312^{***}

　　注：此表由 stata14.0 软件计算得出，*、**、*** 分别表示在 10%、5%、1% 水平上显著（t 检验）。括号内为 t 值。卡尺内匹配、半径匹配以及核匹配的窗宽均为 0.05。

　　从表 6.9 的稳健性检验结果可以看出，在使用包含收入维度的多维贫困指标之后，实证分析结果依然保持稳健，即贫困地区农村劳动力流动能够有效减缓农户的多维贫困状态。同时，从图 6.2 的稳健性检验结果可以看出，无论使用何种多维贫困指标，贫困地区农村劳动力流动强度与农户多维贫困之间呈现的依然为"U 形"关系。综上，本章的实证分析结论较为稳健，能够科学地揭示贫困地区农村劳动力流动对农户多维贫困的影响。此外，本节也进一步检验了贫困地区农村劳动力流动对农户剥夺得分影响的稳健性（如表 6.10 所示），可以发现，该研究结论依然保持稳健。

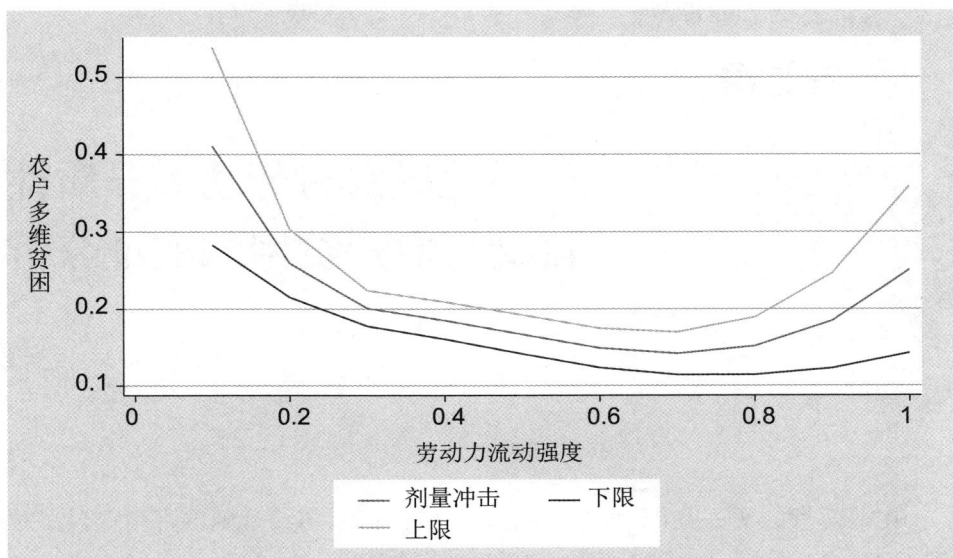

图 6.2　农村劳动力流动强度与农户多维贫困的稳健性检验

表 6.10　贫困地区农村劳动力流动与农户剥夺得分

样本组	实验组	对照组	ATT	标准误	t 值
非多维贫困户	0.172	0.195	−0.022	0.007	−3.12***
多维贫困户	0.425	0.456	−0.031	0.011	−2.78***
一般多维贫困户	0.394	0.409	−0.015	0.007	−2.13**
极端多维贫困户	0.566	0.601	−0.034	0.020	−1.69

第七章

贫困地区农村劳动力异质性流动与农户贫困的实证分析

在前两章的实证分析中，分别从收入贫困以及多维贫困的视角探讨了贫困地区农村劳动力流动的减贫效应，结论表明贫困地区农村劳动力流动总体上能够减缓农户的收入贫困以及多维贫困，但两者的具体表现存在一定差异。正如前文所介绍，在新时期现实经济背景下，我国农村劳动力的流动呈现出了新的特征，这主要集中体现在两大趋势：返乡与创业。这一新特征对于我国贫困地区农村劳动力流动的减贫效应会产生什么样的影响？何种流动方式更有利于提升贫困地区农户的家庭福利状况？这一问题的回答对于贫困地区农村劳动力流动减贫政策的制定具有极为重要的现实意义，能够为政策制定的细化以及针对性的安排提供决策参考。鉴于此，本章将进一步从农村劳动力异质性流动的视角，深入剖析贫困地区农村劳动力异质性流动对农户贫困的影响差异。

第一节　问题的提出

改革开放以来，我国的扶贫事业取得了世界瞩目的成就，这充分体现出了社会主义制度的优越性与公平性。然而，经济发展不充分不平衡的痼疾尚未破题，尤其是对于剩余贫困人口而言，脱贫攻坚任务依然十分艰巨，这直接关系到全面建成小康社会的顺利实现。因此，习近平总书记在十九大报告中明确指出：必须深入开展脱贫攻坚，保证全体人民在共建共享发展中有更多获得感，不断促进人的全面发展、全体人民共同富裕。那么，如何有效带动剩余贫困人口摆脱贫困？既有的理论研究与实践经验都表明了，农村劳动力流动是贫困人口脱贫增收的有效途径[①]。具体而言，贫困地区农村剩余劳动力的出路主要有两大类："离土"（职业流动，即本地非农就业）和"离乡"（地域流动，即外出务工）[②]，这两类流动并存是中国经济社会生活中的特有现象。长期以来，大规模农村地区剩余劳动力的"非农化"流动，有效推动了农村贫困的逐步缓解。

在已有研究中，众多学者主要从"离乡"的视角集中探讨了农村劳动力流动决策的影响因素、农村劳动力流动与农村贫困之间的作用关系以及农村劳动力流动对农村社会秩序的影响，但鲜有研究关注到"离土"与"离乡"这两种农村劳动力流动方式对农村贫困影响的差异。《2016 年农民工监测报告》的统计数据显示，2016 年本地农民工的增速达 3.4%，而外出农民工的增速仅为 0.3%，其中，本地农民工的增量占新增农民工的 88.2%，可见，本地非农就业成为我国新时期农村剩余劳动力流动的首要选择，即"离土不离乡"。实际上，自 2008 年国际金融危机以来，外地农民工已出现了大范围的返乡现象，尤其是我国经济进入"新常态"以来，随着供给侧结构性改革的不断推进，农村劳动力的非农就业素质要求不断提升，传统的非农就业市场受到了严重的冲击，本地农民工重返主流。相比之下，本地非农就业的劳动力素质要求较低，不仅能更容易地参与到非农活动中，而且能够兼顾农村家庭生活。对于贫困地区的农村剩余劳动力而言，自我发展能力不足是其面临的主要约束，本地非农就业显然是一种更为可行的流动策略，更有利于规避不确定性风险。同时，应当深刻意识到，乡村振兴是新时期中国特色社会主义经济健康稳定发展的基石，这

---

① 蔡昉：《中国经济改革效应分析——劳动力重新配置的视角》，《经济研究》2017 年第 7 期，第 12 页。

② 在本章的界定中，参照朱农（2004）的做法，"离土"与"离土不离乡"所指代的对象是一致的，即本地非农就业活动。

离不开有效的劳动力资源供给，正如魏后凯（2017）所指出，社会主义新农村建设离不开强大的农村产业的支撑，农村剩余劳动力的过度外流将可能导致农村产业的衰败[①]。因此，在新的经济形势下，贫困地区农村劳动力的本地非农就业对于决胜全面建成小康社会以及乡村振兴战略的实现具有十分重要的现实意义，但这一现象尚未得到充分重视。在本章的研究中，我们将重新审视不同农村劳动力流动路径对贫困地区贫困减缓的作用：贫困地区农村劳动力应选择"离土"还是"离乡"？这两种不同的方式对于贫困地区农户的收入贫困影响如何？是否有利于改善农户的多维贫困状况？"离土"与"离乡"的减贫效应存在何种差异？特别地，在"乡村振兴"及"万众创业、大众创新"的新思潮下，自我雇佣已成为贫困地区农村劳动力的重要出路。自我雇佣不仅能够实现贫困地区农村劳动力的自我收益，而且能够实现就业岗位创造的正外部性。本章进一步探讨的焦点在于，对于贫困地区农村劳动力而言，"离土"与"离乡"的雇佣方式差异在减缓农户贫困的过程中发挥着何种作用？

第二节　研究设计

一、理论基础与研究思路

农村劳动力流动是二元经济结构国家的典型特征，尽管在二元经济发展阶段上，农村剩余劳动力的无限供给抑制了工资水平的上涨，但由此创造了大量的非农就业岗位，非农产业的参与程度快速提升，农村居民收入逐渐上涨，这使许多发展中国家实现了从贫困走向富裕。因此，长期以来，农村劳动力流动与农村贫困减缓之间的关系受到了国内外学者的充分重视，并形成了丰硕的研究成果。

---

① 魏后凯：《中国农业发展的结构性矛盾及其政策转型》，《中国农村经济》2017 年第 5 期，第 13 页。

在计划经济下，户籍制度、票证制度以及人民公社制度这"三驾马车"严格限制了农村剩余劳动力的流动，随着体制性障碍的不断破除，农村剩余劳动力的流动经历了由"离土不离乡"到进入小城镇直至大中城市的非农产业。因此，在"离乡"逐渐成为农村剩余劳动力流动的主流选择时，大量研究主要从地域流动的视角探讨了农村劳动力流动对农村贫困的影响。主流的研究结论表明农村劳动力流动能够在一定程度上减缓贫困。在宏观层面上，农村劳动力流动能够在社会生产中有效配置劳动力资源及相关生产要素，提升社会各部门的生产效率，从而有助于减缓农村贫困；在微观层面上，农村劳动力流动所带来的非农收入已成为中国绝大多数农户家庭收入的主要来源，即农村劳动力流动能够在不同程度上减缓农户收入贫困的发生。这些研究结论主要是基于地域性流动视角的考察，而新时期农村劳动力的本地非农就业已重返主流，但其对农村贫困的影响尚未得到充分重视。仅有少数文献从收入的视角研究了"离土"与"离乡"的收入差异，赵耀辉（1999）的研究指出外出务工对家庭收入的边际作用要远高于本地非农活动[①]。但朱农（2004）则认为若考虑农村劳动力流动的成本，则外地务工的净收益不一定大于本地非农就业，首先，本地非农就业不需要考虑交通费、安家费等货币成本；其次，本地非农活动的就业信息更加完备，这能够提升非农职业的获取概率；最后，本地非农就业不仅能够降低家庭分离、就业歧视等心理成本，也能更好地照顾农村留守家庭[②]。因此，在新形势下，随着供给侧结构性改革的不断推进，城市非农就业市场的劳动力需求结构也在逐渐升级，这使得农村剩余劳动力面临着更大的风险与不确定性，本地非农就业开始重新返回主流阶段。此外，近年来，国内学者开始逐渐关注农民工的自我雇佣行为。相比受雇佣行为而言，自我雇佣具有就业创造、振兴农村经济、兼顾留守家庭等方面的优势，这对我国的经济转型具有重要现实意义。因而部分学者集中探讨了自我雇佣行为的影响因素以及收入差异等问题，

---

① Zhao，Yaohui. "Leaving the Countryside：Rural-to-urban Migration Decisions in China." *American Economic Review* 89.2（1999），p.282.

② 朱农：《离土还是离乡？——中国农村劳动力地域流动和职业流动的关系分析》，《世界经济文汇》2004 年第 1 期，第 8 页。

但在影响农村贫困方面的研究则较为少见。

总体而言，既有的研究为本章提供了扎实的理论基础与逻辑起点，但仍缺乏以下几方面考虑：①"离土不离乡"作为新时期贫困地区农村剩余劳动力的重要出路，其对农户贫困的影响尚未得到充分揭示；②习近平总书记指出，必须在幼有所育、学有所教、劳有所得、病有所医、老有所养、住有所居、弱有所扶上不断取得新进展，但在绝大部分农村劳动力流动减贫效应的研究中，仅考虑了收入贫困这一维度，缺乏对农户多维贫困的考察，难以反映新时期贫困人口的获得感；③自我雇佣对于缓解经济结构转型过程中的就业压力而言具有重要意义，但与受雇佣活动相比，是否更有利于贫困地区农户贫困状态的改善？

基于以上研究不足，本章的研究思路将从以下几方面展开：首先，对比分析贫困地区农村劳动力流动路径（"离土"与"离乡"）对农户贫困状态的影响，其中，农户的贫困状态涵盖了收入贫困及多维贫困两个维度，这不仅更加符合新时期我国经济社会的新特征，也拓宽了既有的研究视角；其次，在探讨"离土"与"离乡"选择差异的基础上，进一步细分了贫困地区农村劳动力的雇佣方式，即自我雇佣与受雇佣活动的贫困差异，这有利于贫困地区农村劳动力流动减贫政策制定的细化。

二、计量模型与变量定义

（一）计量模型

根据本章的研究目的，为了便于分析农村劳动力异质性流动对贫困地区农户贫困状态的影响，本章将实证分析的基准模型定义为以下方程：

$$Y = \alpha + \beta M + \theta X + \gamma R + \varepsilon \qquad (7.1)$$

在（7.1）式中，Y 表示贫困地区农户的贫困状态，M 为农户劳动力流动的异质性决策，通过 β 系数的显著性及方向可判定贫困地区农村劳动力异质性流动对农户贫困状态的作用方向；X 为控制变量向量，主要涵盖了贫困地区农户的家庭特征、人力资本、社会资本、物质资本等影响因素；R 为不同贫困片区的虚拟变量，通过控制不同贫困片区的固定效应，能够消除区域层面的影响；ε 为随机误差项。正如上一章节所言，农户劳动力异质性流动决策的"自选择"问题将导致 β 参数估计结果的偏误，难以真实地反映出实际效应。因此，延续上一章节的实证分析思路，本章将运用倾向得分匹配法（PSM）分析贫困地区农村劳动力异质性流动对农户贫困状态的影响。

（二）变量定义

1. 被解释变量：农户贫困。在本章的实证分析中，为了全面地揭示贫困地区农村劳动力流动异质性的减贫效应，研究探讨了收入贫困以及多维贫困这两个维度。延续前文的衡量方法，收入贫困以 2015 年中国政府官方制定的国家贫困线为标准，即判断农户的家庭人均纯收入是否低于 2800 元，若低于该标准，则处于收入贫困状态（赋值为 0—1 变量）；多维贫困则以"双界限"法，并参照联合国的做法[①]，以 k=1/3 作为临界值来判断农户是否处于多维贫困状态（赋值为 0—1 变量）[②]。

2. 核心解释变量：农村劳动力异质性流动，包含农村劳动力流动路径差异以及雇佣方式差异两个维度。①农村劳动力流动路径差异。目前，我国农村剩余劳动力的出路主要有两大类："离土"（职业流动，即本地非农就业）和"离乡"（地域流动，即外出务工）[③]，这两类流动并存是中国经济社会生活中的特有现象（朱农，2004）。因此，本书将贫困地区农村劳动力流动路径划分为"离土"与"离乡"两大类，即判断贫困地区农村劳动力"离土"决策与"离乡"决策对于农户贫困状态的影响。将贫困地区农户家庭分为三大类[④]：专门从事农业生产、仅在本乡镇从事非农产业（"离土"）以及仅在本乡镇以外从事非农产业（"离乡"），具体而言，家庭中无任何成员从事非农活动的，属于第一

---

① 联合国在测度多维贫困时指出，应以 k 是否大于 1/3 来定义多维贫困，详情可参见 http://hdr.undp.org/。

② 关于多维贫困的具体衡量方法，已在第六章做了详细介绍，本章不再重复阐述。

③ 在本章的界定中，参照朱农（2004）的做法，"离土"与"离土不离乡"所指代的对象是一致的，即本地非农就业活动。

④ 为了更为直观地比较"离乡"与"离土"对贫困地区农户贫困的影响，本书的研究样本不包含"混合型"家庭，即从事非农活动的家庭成员中，既有本地非农就业，又有外出务工的农户。同样地，在雇佣方式差异的研究中，也不包含"混合型"家庭。

类家庭；从事非农活动的家庭成员仅留在本乡镇的，属于第二类家庭；从事非农活动的家庭成员仅在本乡镇以外，则属于第三类家庭。②农村劳动力雇佣方式差异。根据经济合作与发展组织（OECD, Organization for Economic Co-operation and Development）的定义，劳动人口可分为两大类：自我雇佣（Self-employment）者和受雇佣者（Wage-employment），这两大类雇佣活动是我国农村劳动力从事非农活动的主要形式。因此，将贫困地区农村劳动力雇佣方式差异划分为"自我雇佣"与"受雇佣"两大类，即判断贫困地区农村劳动力"自我雇佣"决策与"受雇佣"决策对农户贫困状态的影响。具体而言，将"自我雇佣"型农户定义为从事非农产业的家庭成员仅限于私营活动，而"受雇佣"型农户则定义为从事非农产业的家庭成员仅限于工资活动。综上所述，本章的核心解释变量主要有两个维度四个指标，"离乡"决策、"离土"决策、"自我雇佣"决策以及"受雇佣"决策，以上几个变量均以0—1变量形式赋值。

　　3. 控制变量。在相关控制变量中，本章主要选取了贫困地区农户的家庭特征、人力资本、物质资本以及社会资本四个维度。具体而言，农户的家庭特征涵盖了以下四个维度：家庭总人口（pop）；户主的性别（gender），男性赋值为1，女性赋值为0；户主的年龄（age）；家庭抚养负担（raise），即家庭成员中15岁以下儿童与65岁以上老人占总人口的比重（%）。农户的人力资本涵盖两个维度：户主的文化程度（edu），1=不识字，2=小学，3=初中，4=高中，5=大专及以上；家庭成员的高学历比重（hedu），即家庭成员中高中以上学历人口占总人口的比重（%）。农户的物质资本涵盖两个维度：土地面积（land），即家庭土地耕作面积（亩）；房屋价值（house），即家庭住房的货币价值（元）。农户的社会资本涵盖三个维度：县城亲友（city），是否有亲友在县城或城市生活（是=1，否=0）；官员亲友（gov），是否有亲友在政府部门任职（是=1，否=0）；组织参与（org），是否加入农业合作社（是=1，否=0）。各变量的选取及度量如表7.1所示。

表 7.1　各变量的选取及度量

名称	定义	变量的衡量说明及赋值
贫困状态	农户的收入贫困	农户的家庭人均纯收入是否低于 2800 元（是 =1，否 =0）
	农户的多维贫困	农户在所有维度的总剥夺得分是否大于 1/3（是 =1，否 =0）
农村劳动力流动	离土	从事非农产业的家庭成员是否仅留在本乡镇（是 =1，否 =0）
	离乡	从事非农产业的家庭成员是否仅在本乡镇以外（是 =1，否 =0）
雇佣方式	自我雇佣	从事非农产业的家庭成员是否仅限于私营活动（是 =1，否 =0）
	受雇佣	从事非农产业的家庭成员是否仅限于工资活动（是 =1，否 =0）
家庭特征	家庭总人口	家庭人口总数（人）
	户主性别	户主的性别（男 =1，女 =0）
	户主年龄	户主年龄（岁）
	抚养负担	15 岁以下儿童及 65 岁以上老人占总人口比重（%）
人力资本	户主文化程度	1= 不识字，2= 小学，3= 初中，4= 高中，5= 大专及以上
	高中以上学历	高中以上学历人口占总人口比例（%）
物质资本	土地面积	家庭土地耕作面积（亩）
	房屋价值	家庭住房的总价值（元），以对数化处理
社会资本	县城亲友	是否有亲友在县城或城市生活（是 =1，否 =0）
	官员亲友	是否有亲友在政府部门任职（是 =1，否 =0）
	组织参与	是否加入农业合作社（是 =1，否 =0）

第三节　描述性统计分析

一、"离土"与"离乡"的差异比较分析

表 7.2 是基于"离土"与"离乡"差异比较的变量描述性统计分析结果。关于贫困地区总体样本的描述性统计分析已在第五章做了详细解释，因此，在本章的分析中，着重分析贫困地区农村劳动力"离土"与"离乡"的特征差异。

表 7.2 "离土"与"离乡"的差异比较分析

维度	变量	全部样本		离土		离乡		仅从事农业	
		观测值	均值	观测值	均值	观测值	均值	观测值	均值
收入贫困	*pov*	2661	0.211	604	0.052	855	0.046	1001	0.474
多维贫困	*mpov*	2661	0.335	604	0.173	855	0.209	1001	0.443
家庭特征	*pop*	2661	4.262	604	4.385	855	4.498	1001	3.873
	gender	2661	0.811	604	0.779	855	0.829	1001	0.806
	age	2661	49.130	604	46.761	855	49.860	1001	49.426
	raise	2661	0.358	604	0.321	855	0.326	1001	0.429
人力资本	*edu*	2661	2.180	604	2.354	855	2.321	1001	1.884
	hedu	2661	0.093	604	0.115	855	0.106	1001	0.052
物质资本	*land*	2661	4.007	604	3.409	855	3.587	1001	4.838
	house	2661	10.870	604	11.227	855	10.966	1001	10.466
社会资本	*city*	2661	0.393	604	0.465	855	0.440	1001	0.271
	gov	2661	0.182	604	0.238	855	0.161	1001	0.151
	org	2661	0.092	604	0.087	855	0.119	1001	0.081

首先，从贫困地区农户的贫困状态来看，仅从事农业的农户家庭收入贫困发生率高达 47.4%，"离土"与"离乡"的收入贫困发生率则均处于 5% 左右，其中，"离土"的收入贫困发生率略微高于"离乡"；在农户的多维贫困方面，仅从事农业的农户家庭多维贫困发生率高达 44.3%，"离土"农户的多维贫困发生率为 17.3%，"离乡"农户的多维贫困则高于"离土"农户，达 20.9%。从简单的描述性统计分析结果可以初步发现，贫困地区农村劳动力无论是"离土"还是"离乡"，农户的收入贫困与多维贫困状态都明显低于仅从事农业活动的农户，但相比而言，在收入贫困状态方面的改善要明显地优于多维贫困。

在家庭特征方面，"离土"与"离乡"农户在家庭总人口、户主性别以及抚养负担方面较为相似，未存在较大差异，但在户主年龄方面，"离土"农户的年龄则相对年轻；而与仅从事农业活动的农户相对比，"离土"与"离乡"农户的共同特征在于家庭总人口较多、抚养负担较低，即家庭的有效劳动力数量较多。在人力资本方面，"离土"农户的人力资本状况要略高于"离乡"农户，但两者都远高于仅从事农业的农户。在物质资本方面，"离土"农户的土地耕作面积低于"离乡"农户，但房屋价值则相对较高，而仅从事农业活动的农户在土地耕作面积上明显高于其余两类农户。在社会资本方面，除了合作社参与之外，"离土"农户的社会资本状况要明显优于"离乡"农户，尤其是在官员亲友指标上，有23.8%的"离土"农户有亲友在政府部门任职，比"离乡"农户高出7.7%，而仅从事农业活动的农户的社会资本状况则明显较差。通过以上各方面的对比可以发现，"离土"与"离乡"的农户在各方面经济社会特征上有所差异，"离土"的农户在人力资本以及社会资本方面表现出了一定的优势。然而，对于仅从事农业活动的农户而言，除了拥有相对较大的耕作面积之外，在家庭有效劳动力、人力资本、物质资本、社会资本方面都处于劣势状态，从而也导致了其更多地处于收入贫困以及多维贫困状态之下。

二、"自我雇佣"与"受雇佣"的差异比较分析

表7.3是基于"自我雇佣"与"受雇佣"差异比较的变量描述性统计分析结果。

表7.3　"自我雇佣"与"受雇佣"的差异比较分析

维度	变量	全部样本		自我雇佣		受雇佣		仅从事农业	
		观测值	均值	观测值	均值	观测值	均值	观测值	均值
收入贫困	*pov*	2661	0.211	190	0.052	1370	0.048	1001	0.474
多维贫困	*mpov*	2661	0.335	190	0.100	1370	0.212	1001	0.443
家庭特征	*pop*	2661	4.262	190	4.178	1370	4.535	1001	3.873
	gender	2661	0.811	190	0.789	1370	0.819	1001	0.806
	age	2661	49.130	190	43.931	1370	49.554	1001	49.426
	raise	2661	0.358	190	0.337	1370	0.317	1001	0.429
人力资本	*edu*	2661	2.180	190	2.710	1370	2.297	1001	1.884
	hedu	2661	0.093	190	0.151	1370	0.106	1001	0.052

维度	变量	全部样本		自我雇佣		受雇佣		仅从事农业	
		观测值	均值	观测值	均值	观测值	均值	观测值	均值
物质资本	*land*	2661	4.007	190	3.130	1370	3.585	1001	4.838
	house	2661	10.870	190	11.137	1370	11.096	1001	10.466
社会资本	*city*	2661	0.393	190	0.557	1370	0.443	1001	0.271
	gov	2661	0.182	190	0.284	1370	0.186	1001	0.151
	org	2661	0.092	190	0.142	1370	0.096	1001	0.081

首先，从贫困地区农户的贫困状态来看，仅从事农业的农户家庭收入贫困发生率高达 47.4%，"自我雇佣"与"受雇佣"的收入贫困发生率则均处于 5% 左右，其中，"自我雇佣"的收入贫困发生率略微高于"受雇佣"；在农户的多维贫困方面，仅从事农业的农户家庭多维贫困发生率高达 44.3%，"自我雇佣"农户的多维贫困发生率为 10.0%，"受雇佣"农户的多维贫困则高于"自我雇佣"农户，达 21.2%，这可能是由于相比"受雇佣"农户而言，"自我雇佣"活动的形式与时间都更加灵活，能够兼顾留守家庭的照料，从而有利于改善农户的多维贫困状态。从简单的描述性统计分析结果可以初步发现，贫困地区农村劳动力无论是"自我雇佣"还是"受雇佣"，农户的收入贫困与多维贫困状态都明显低于仅从事农业活动的农户，但相比而言，在收入贫困状态方面的改善要明显优于多维贫困。

在家庭特征方面，"自我雇佣"与"受雇佣"农户存在一定的异质性，"自我雇佣"农户的家庭总人口较少，但却有着更高的抚养负担，这意味着相比"受雇佣"农户，"自我雇佣"农户的有效劳动力数量较低，但与仅从事农业的农户相比，"自我雇佣"与"受雇佣"农户都拥有更多的有效劳动力数量；在年龄上，"自我雇佣"农户户主年龄要明显低于"受雇佣"农户。在人力资本方面，无论是户主的受教育程度还是家庭成员的人力资本状况，"自我雇佣"与"受雇佣"农户的人力资本状况都明显优于仅从事农业的农户，其中，"自我雇佣"农户比"受雇佣"农户拥有更好的人力资本禀赋。在物质资本方面，

"自我雇佣"与"受雇佣"农户的土地耕作面积明显低于仅从事农业的农户，而房屋价值则较高；"自我雇佣"与"受雇佣"农户相比而言，物质资本并未存在明显差异。在社会资本方面，"自我雇佣"农户比"受雇佣"农户的社会网络资源明显优于仅从事农业的农户，尤其是对于"自我雇佣"农户，其社会资本表现出了较大的优势。

总体而言，"自我雇佣"与"受雇佣"农户在贫困状态、家庭特征、人力资本、物质资本以及社会资本方面都优于仅从事农业的农户。同时，相比"受雇佣"农户，尽管"自我雇佣"农户的家庭有效劳动力相对较低，但却拥有更高的人力资本、更广泛的社会资本。

第四节　贫困地区农村劳动力流动的减贫效应：基于流动路径差异

一、农村劳动力流动路径差异的决策方程估计

根据前文所述，为了便于考察贫困地区农村劳动力流动路径差异的决策效果，应分别为"离土"决策以及"离乡"决策的农户匹配倾向得分相近的样本，因此，本章运用Probit模型估计贫困地区农村劳动力流动路径差异的决策方程，同时，鉴于Probit模型的估计参数无法反映变量的作用强度，我们进一步估计了边际效应，从而便于比较变量之间的作用差异，具体估计结果如表7.4所示。

通过实证分析结果可以发现，贫困地区农村劳动力"离土"决策与"离乡"决策的影响因素既存在一定的共性，也表现出各自的差异。从共性方面来看，贫困地区农户家庭总人口、户主文化程度、房屋价值、县城亲友这四个变量都显著地促进了农户的"离土"决策与"离乡"决策，而农户的家庭抚养负担与土地面积则表现为显著的抑制作用。即贫困地区农村劳动力流动，无论是"离土"还是"离乡"，均在很大程度上取决于农户的人力资本、物质资本、社

会资本以及家庭有效劳动力，而家庭抚养负担与土地面积则表现出显著的抑制作用。"离乡"决策受家庭总人口、农户人力资本以及社会资本的影响系数明显大于"离土"决策，这表明，新时期我国外出务工有着更高的人力资本要求，同时，受制于贫困地区信息的闭塞，社会资本是实现其外出务工岗位信息获取的重要途径。显然，对于贫困地区要素禀赋积累水平较低的农户来说，"离乡"所面临的风险及不确定性较高，因此"离土不离乡"自然成为其脱贫增收的重要途径。

表 7.4　贫困地区农村劳动力流动路径差异的决策方程估计结果

维度	变量选择	"离土"决策		"离乡"决策	
		Probit	边际效应	Probit	边际效应
家庭特征	家庭总人口（pop）	0.184***	0.056***	0.242***	0.073***
		（0.025）	（0.007）	（0.022）	（0.006）
	户主性别（gender）	−0.945	−0.029	−0.235***	−0.070***
		（0.093）	（0.028）	（0.008）	（0.026）
	户主年龄（age）	0.000	0.000	0.008***	0.003***
		（0.003）	（0.001）	（0.002）	（0.001）
	抚养负担（raise）	−0.703***	−0.212***	−0.715***	−0.214***
		（0.145）	（0.043）	（0.110）	（0.033）
人力资本	户主文化程度（edu）	0.296***	0.090***	0.315***	0.094***
		（0.050）	（0.015）	（0.047）	（0.014）
	高中以上学历（hedu）	0.097	0.030	0.437*	0.130**
		（0.261）	（0.079）	（0.238）	（0.071）
物质资本	土地面积（land）	−0.103***	−0.031***	−0.081***	−0.024***
		（0.014）	（0.004）	（0.012）	（0.004）
	房屋价值（house）	0.188***	0.057***	0.113***	0.034***
		（0.039）	（0.012）	（0.012）	（0.010）

续表

维度	变量选择	"离土"决策		"离乡"决策	
		Probit	边际效应	Probit	边际效应
社会资本	县城亲友（*city*）	0.295***	0.089***	0.437***	0.131***
		（0.090）	（0.027）	（0.085）	（0.025）
	官员亲友（*gov*）	−0.177	−0.053	−0.091	−0.027
		（0.110）	（0.033）	（0.108）	（0.032）
	组织参与（*org*）	−0.189	−0.057	0.006	−0.002
		（0.138）	（0.042）	（0.129）	（0.039）
相关参数	−*cons*	−2.634***		−1.175**	
		（0.556）		（0.443）	
	pseudo R^2	0.197		0.245	
	地区固定效应	YES	YES	YES	YES

注：此表由 stata14.0 软件计算得出，括号内为稳健标准误，*、**、*** 分别表示在 10%、5%、1% 水平上显著。

二、匹配效果检验

匹配之后，若协变量在实验组与对照组之间的标准化偏差（standardized bias）大于 20%，则表明匹配失败。因此，本节检验了"离土"与"离乡"决策倾向得分匹配的平衡性，检验结果如表 7.5 所示。从平衡性检验结果来看，无论是"离土"决策还是"离乡"决策，在匹配之前，各协变量的标准化偏差基本高于 20%，而匹配之后，各协变量的标准化偏差均低于 20%，即满足了倾向得分匹配法的平衡性要求。同时，组间均值差异的显著性的结果表明，匹配之后的处理组与控制组之间绝大部分协变量已不存在显著差异。此外，从模型整体的匹配效果来看，"离土"决策倾向得分匹配模型的标准化偏差由 32.2% 下降到 4.0%，"离乡"决策倾向得分匹配模型的标准化偏差由 26.6% 下降到 8.2%。由此可见，本节所构建的两个倾向得分匹配模型的匹配效果较为理想，能够有效估计贫困地区农村劳动力"离土"与"离乡"决策对农户贫困状态的影响。

表 7.5　倾向得分匹配的平衡性检验

维度	匹配变量	"离土"		"离乡"	
		标准化偏差（%）		标准化偏差（%）	
		匹配前	匹配后	匹配前	匹配后
家庭特征	家庭总人口（pop）	32.0***	0.9	38.3***	1.4
		（6.09）	（0.16）	（8.18）	（0.29）
	户主性别（gender）	−6.2	3.8	6.3	5.5
		（−1.21）	（0.64）	（1.34）	（1.12）
	户主年龄（age）	−20.6***	−5.6	2.5	0.3
		（−3.91）	（−1.02）	（0.54）	（0.07）
	抚养负担（raise）	−38.6***	8.5*	−33.9***	−1.2
		（−7.24）	（1.71）	（−7.25）	（−0.27）
人力资本	户主文化程度（edu）	54.8***	5.4	55.2***	−16.3**
		（10.85）	（0.88）	（11.86）	（−1.93）
	高中以上学历（hedu）	41.8***	−9.4	36.3***	−17.1**
		（8.38）	（−1.33）	（7.87）	（−1.87）
物质资本	土地面积（land）	−22.7***	−2.1	−20.0**	−5.0
		（−4.01）	（−0.92）	（−4.15）	（−1.48）
	房屋价值（house）	67.7***	−1.1	45.4***	−5.9
		（13.06）	（−0.21）	（9.71）	（−1.28）
社会资本	县城亲友（city）	42.5***	2.8	37.4***	−14.8*
		（8.37）	（0.46）	（8.07）	（−1.74）
	官员亲友（gov）	23.6***	−2.1	4.3	−8.3
		（4.69）	（−0.34）	（0.92）	（−1.58）
	组织参与（org）	3.2	2.1	13.5***	4.1
		（0.62）	（0.36）	（2.92）	（0.81）

注：此表由 stata14.0 软件计算得出，括号内为 t 值（处理组与控制组之间的均值差异检验），*、**、*** 分别表示在 10%、5%、1% 的水平上显著。

三、农村劳动力流动路径差异对农户收入贫困影响的比较分析

从表 7.6 的实证分析结果可以发现，尽管不同的匹配方法所得到的结果在"量"的方面存在略微差异，但从定性的角度来看，所得到的实证分析结果是一致的，这表明了实证分析结果的稳健性。总体而言，贫困地区农村劳动力流动，无论是"离乡"还是"离土"，都能够显著地改善农户的收入贫困状态，且处理效应均高达 30% 以上，即贫困地区农村劳动力的"非农化"能够使农户的贫困发生率下降 30% 以上，由此可见，贫困地区农村劳动力流动减贫的效果十分显著。受制于地理条件、产业基础等原因，绝大部分贫困地区农村劳动力的农业生产依然以传统的小农生产模式为主，这严重制约了其脱贫增收。根据课题组的调查数据显示，在 2661 份有效调查农户的样本中，有 2253 户农户认为自身所处的地理位置较为偏远，占比高达 84.67%；有 2312 户农户认为所在地区的农业产业发展较为落后，占比高达 86.88%。在当前土地流转以及就业扶贫政策的推动下，向非农产业转移自然成为了贫困地区农村劳动力摆脱贫困的重要选择。

表 7.6　贫困地区农村劳动力流动路径与农户收入贫困

匹配方法	流动路径	实验组	对照组	ATT	标准误	t 值
最近邻匹配	离土	0.053	0.373	−0.320	0.030	−10.44***
	离乡	0.047	0.391	−0.344	0.027	−12.60***
卡尺内匹配	离土	0.053	0.374	−0.321	0.030	−10.53***
	离乡	0.047	0.391	−0.344	0.027	−12.60***
半径匹配	离土	0.053	0.374	−0.321	0.026	−12.20***
	离乡	0.047	0.402	−0.355	0.024	−14.59***
核匹配	离土	0.053	0.376	−0.323	0.026	−12.25***
	离乡	0.047	0.402	−0.355	0.024	−14.55***

注：卡尺内匹配、半径匹配以及核匹配的窗宽均为 0.05。

从"离土"与"离乡"的差异来看，无论采用何种匹配方法，研究结论都一致表明，相比"离土"而言，"离乡"这一农村劳动力流动路径更有利于贫困地区农户收入贫困的减缓。这可能是由于两方面原因：首先，"离乡"的农村劳动力独自在外，家庭成员主要留守在农村地区，这使得其减少了对农村家庭生活及成员的照料，能够将更多的时间精力投入到非农工作当中；其次，对于"离乡"的贫困地区农村劳动力而言，其所选择的地区往往是东部经济较为发达的沿海城市，这些地区一般都具有较高的非农就业工资水平以及较多的非农就业岗位，这对于贫困地区农户非农收入增长具有十分重要的影响。因此，在这两方面因素的综合作用下，贫困地区"离乡"农村劳动力的增收能力自然也随之提升，从而更有利于贫困地区农户收入贫困的减缓。

四、农村劳动力流动路径差异对农户多维贫困影响的比较分析

通过上文的实证分析结果发现，相比"离土"而言，"离乡"能够更有利于贫困地区农户收入贫困的减缓，然而，正如多维贫困理论所指出，贫困不仅仅是收入水平低下，而是人的基本可行能力的剥夺。即相对于收入贫困而言，多维贫困更多地着眼于"困"，这是贫困人口长期陷于低收入水平的重要因素[①]。那么，"离土"与"离乡"这两种劳动力流动方式对贫困地区农户多维贫困的影响存在什么样的差异？这是本章接下来所要回答的问题。

从表 7.7 的实证分析结果可以看出，无论采用何种匹配方法，贫困地区农村劳动力"离土"决策的处理效应均显著为负，而"离乡"决策的处理效应则不显著。这表明，本地非农就业能够显著改善贫困地区农户的多维贫困状态，而外出务工则无法显著减缓农户多维贫困。究其根源，正如诸多学者所指出，农村劳动力的大量"离乡"不但造成了严重的"空心化"及一系列负面的社会经济现象，使得原有的村落秩序面临崩解的风险，且扩大了收入差距，这极大地削弱了其带来的收入增长效应，尤其是对于留守的老人儿童而言，在医疗、健康及生活照料方面存在着严重的问题，这显然不利于贫困地区农户多维贫困

---

① Wang, Xiaolin, et al. "On the Relationship Between Income Poverty and Multidimensional Poverty in China." *OPHI Working Papers* 101（2016），p.13.

的改善。相比较而言，贫困地区"离土不离乡"的农村劳动力，不仅能够通过本乡镇地区的非农就业提升农户的家庭收入水平，而且能够兼顾家庭留守老人儿童的生活及教育问题，从而逐步改善贫困农户的"能力贫困"问题，实现脱贫增收的可持续性。此外，从我国的现实经济社会背景来看，非农就业市场的劳动技能及受教育程度要求直接限制了人力资本水平较低的贫困农户在城市中寻找就业机会的可能性，这使得大量贫困农户被排斥在高增长、高收入的非农活动市场之外。由此可见，对于我国剩余贫困人口而言，其人力资本、物质资本等方面的要素禀赋都处于极端匮乏状态，在城市非农就业市场上面临着较大的风险，而"离土不离乡"的本地非农就业形式能够为其自身人力资本培育以及家庭贫困状态的改善提供更有利的条件。与此同时，在新时期中国特色社会主义经济建设离不开乡村振兴战略的有效实施，本地非农就业能够为乡村振兴提供有效的劳动力资源供给，进而为贫困地区的乡村产业振兴创造良好的基础。

表 7.7　贫困地区农村劳动力流动路径与农户多维贫困

匹配方法	流动路径	实验组	对照组	ATT	标准误	t 值
最近邻匹配	离土	0.250	0.336	−0.086	0.033	−2.55**
	离乡	0.280	0.329	−0.049	0.030	−1.61
卡尺内匹配	离土	0.250	0.337	−0.087	0.033	−2.58***
	离乡	0.280	0.329	−0.049	0.030	−1.61
半径匹配	离土	0.250	0.349	−0.099	0.030	−3.26***
	离乡	0.280	0.342	−0.062	0.027	−1.21
核匹配	离土	0.250	0.349	−0.099	0.030	−3.26***
	离乡	0.280	0.343	−0.063	0.027	−1.24

注：卡尺内匹配、半径匹配以及核匹配的窗宽均为 0.05。

五、稳健性检验

遵循前文的稳健性检验思路，本节分别采用国际贫困线以及包含收入维度的多维贫困指数作为替代指标，重新检验贫困地区农村劳动力流动路径差异的减贫效应的稳健性。表 7.8 的稳健性检验结果表明，无论是"离土"还是"离乡"，都能够有效减缓农户的收入贫困，且"离乡"的作用大于"离土"；表 7.9 的稳健性检验结果则表明，"离土"能够有效减缓农户的多维贫困，但"离乡"的作用并不显著。由此可见，稳健性检验的结果依然支持前文实证分析的结论。

表 7.8　劳动力流动路径差异与农户收入贫困的稳健性检验

匹配方法	流动路径	实验组	对照组	ATT	标准误
最近邻匹配	离土	0.164	0.533	−0.369***	0.031
	离乡	0.107	0.579	−0.472***	0.027
卡尺内匹配	离土	0.164	0.534	−0.370***	0.031
	离乡	0.107	0.579	−0.472***	0.027
半径匹配	离土	0.164	0.551	−0.387***	0.027
	离乡	0.107	0.591	−0.484***	0.024
核匹配	离土	0.164	0.552	−0.388***	0.027
	离乡	0.107	0.590	−0.483***	0.024

注：卡尺内匹配、半径匹配以及核匹配的窗宽均为 0.05。

表 7.9　劳动力流动路径差异与农户多维贫困的稳健性检验

匹配方法	流动路径	实验组	对照组	ATT	标准误
最近邻匹配	离土	0.174	0.393	−0.219***	0.033
	离乡	0.210	0.409	−0.199	0.029
卡尺内匹配	离土	0.174	0.393	−0.219***	0.033
	离乡	0.210	0.409	−0.199	0.029
半径匹配	离土	0.174	0.396	−0.222***	0.029
	离乡	0.210	0.408	−0.198	0.027
核匹配	离土	0.174	0.396	−0.222***	0.029
	离乡	0.210	0.408	−0.198	0.027

注：卡尺内匹配、半径匹配以及核匹配的窗宽均为 0.05。

第五节　贫困地区农村劳动力流动的减贫效应：基于雇佣方式差异

一、农村劳动力雇佣方式差异的决策方程估计

遵循上文的研究思路，本节估计了贫困地区农村劳动力雇佣方式差异的决策方程，并细分为"离土"与"离乡"两大类。表 7.10 的估计系数为基于 Probit 模型的边际效应，估计结果如下。

首先，从贫困地区农村劳动力"受雇佣"决策方程的估计结果来看，无论是"离土"还是"离乡"，"受雇佣"决策主要受农户家庭总人口、家庭抚养负担、户主文化程度、土地面积、房屋价值以及县城亲友这几个变量的影响。其中，家庭总人口的系数显著为正、家庭抚养负担的系数显著为负，这表明家庭有效劳动力数量是影响"受雇佣"决策的重要因素；户主文化程度、房屋价值以及县城亲友的系数显著为正，反映了贫困地区农户人力资本、物质资本与社会资本的培育对于"受雇佣"行为的积极作用；土地面积的负向抑制作用在前文已做了相关探讨，此处不再赘述。

其次，从贫困地区农村劳动力"自我雇佣"决策方程的估计结果来看，无论是"离土"还是"离乡"，"自我雇佣"决策主要受农户的户主文化程度、土地面积以及县城亲友的影响，其中，户主文化程度与县城亲友这两个变量显著为正，表明当户主的文化程度越高、有亲友在县城生活时，贫困地区农户越倾向于从事"自我雇佣"活动；土地面积的作用则依然显著为负。值得注意的是，贫困地区农户家庭的抚养负担并未显著抑制农户的"自我雇佣"决策，这可能是由于与"受雇佣"决策相比而言，"自我雇佣"活动的时间与形式都更加灵活，既能从事回报率相对较高的非农活动，也能在一定程度上照料留守家庭的成员。

表 7.10　贫困地区农村劳动力雇佣方式差异的决策方程估计结果

维度	变量选择	"受雇佣"决策		"自我雇佣"决策	
		"离土"	"离乡"	"离土"	"离乡"
家庭特征	家庭总人口（pop）	0.049***	0.073***	0.027***	0.011
		（0.007）	（0.006）	（0.007）	（0.007）
	户主性别（gender）	−0.019	−0.064**	−0.019	−0.006
		（0.029）	（0.026）	（0.022）	（0.024）
	户主年龄（age）	0.001	0.003***	−0.001	0.000
		（0.001）	（0.001）	（0.001）	（0.001）
	抚养负担（raise）	−0.201***	−0.210***	−0.051	−0.055
		（0.044）	（0.032）	（0.039）	（0.043）
人力资本	户主文化程度（edu）	0.070***	0.080***	0.064***	0.062***
		（0.015）	（0.014）	（0.012）	（0.012）
	高中以上学历（hedu）	0.018	0.104	0.001	0.038
		（0.082）	（0.072）	（0.061）	（0.057）
物质资本	土地面积（land）	−0.029***	−0.024***	−0.017***	−0.008*
		（0.004）	（0.004）	（0.004）	（0.005）
	房屋价值（house）	0.063***	0.039***	0.014	−0.014
		（0.012）	（0.010）	（0.010）	（0.010）
社会资本	县城亲友（city）	0.064**	0.127***	0.074***	0.068***
		（0.029）	（0.025）	（0.021）	（0.023）
	官员亲友（gov）	−0.060*	−0.022	−0.015	−0.001
		（0.035）	（0.032）	（0.024）	（0.027）
	组织参与（org）	−0.081*	0.003	0.021	−0.010
		（0.044）	（0.039）	（0.029）	（0.037）
相关参数	pseudo R^2	0.176	0.255	0.253	0.292
	地区固定效应	YES	YES	YES	YES

　　注：此表由 stata14.0 软件计算得出，括号内为稳健标准误，*、**、*** 分别表示在 10%、5%、1% 水平上显著。

二、匹配效果检验

在贫困地区农村劳动力雇佣方式差异决策方程估计的基础上，本节检验了"受雇佣"与"自我雇佣"决策的倾向得分匹配平衡性，检验结果如表 7.11 及表 7.12 所示。

从表 7.11 "受雇佣"决策以及表 7.12 "自我雇佣"决策的倾向得分匹配平衡性检验结果可以发现，无论是"离土"还是"离乡"，在倾向得分匹配之前，大部分变量的标准化偏差基本高于 20%，而在匹配之后，标准化偏差均明显低于 20%，这使得大部分变量在匹配之后消除了处理组与控制组之间的显著性差异。此外，从倾向得分匹配模型整体的标准化偏差来看，"离土"型受雇佣活动的标准化偏差由 30.5% 下降到 3.0%；"离乡"型受雇佣活动的标准化偏差由 26.4% 下降到 7.0%；"离土"型自我雇佣活动的标准化偏差由 42.6% 下降到 4.8%；"离乡"型自我雇佣活动的标准化偏差由 29.8% 下降到 6.4%。由此可见，贫困地区农村劳动力雇佣决策差异的倾向得分匹配平衡性较为理想，能够有效实现样本的匹配，从而更为准确地估算雇佣决策差异的效应。

表 7.11　"受雇佣"决策的倾向得分匹配平衡性检验

维度	匹配变量	"离土"		"离乡"	
		标准化偏差（%）		标准化偏差（%）	
		匹配前	匹配后	匹配前	匹配后
家庭特征	家庭总人口（pop）	30.5***	4.9	39.9***	4.0
		（5.24）	（0.76）	（8.33）	（0.80）
	户主性别（gender）	−6.9	3.5	7.1	4.9
		（−1.21）	（0.50）	（1.48）	（0.95）
	户主年龄（age）	−12.0**	−1.9	5.6	1.1
		（−2.03）	（−0.29）	（1.17）	（0.22）
	抚养负担（raise）	−38.3***	3.0	−32.8***	−5.3
		（−9.41）	（0.50）	（−6.87）	（−1.10）

续表

维度	匹配变量	"离土"		"离乡"	
		标准化偏差（%）		标准化偏差（%）	
		匹配前	匹配后	匹配前	匹配后
人力资本	户主文化程度（edu）	43.1***	0.0	50.8***	−16.3**
		（7.83）	（0.00）	（10.68）	（−2.80）
	高中以上学历（hedu）	36.2***	−7.1	32.8***	−16.4***
		（6.62）	（−0.88）	（6.98）	（−3.04）
物质资本	土地面积（land）	−22.2***	−3.0	−18.8***	−6.2
		（−3.40）	（−1.12）	（−3.77）	（−0.90）
	房屋价值（house）	65.2***	−1.2	47.0***	−2.7
		（11.25）	（−0.20）	（9.83）	（−0.54）
社会资本	县城亲友（city）	33.3***	−4.5	36.7***	−9.2
		（5.96）	（−0.63）	（7.78）	（−1.39）
	官员亲友（gov）	18.9***	−2.9	3.9	−6.3
		（3.42）	（−0.39）	（0.83）	（−1.15）
	组织参与（org）	−3.0	−1.8	14.8***	−1.8
		（−0.51）	（−0.27）	（3.15）	（−0.33）

注：此表由 stata14.0 软件计算得出，括号内为 t 值（处理组与控制组之间的均值差异检验），*、**、*** 分别表示在 10%、5%、1% 的水平上显著。

表 7.12 "自我雇佣"决策的倾向得分匹配平衡性检验

维度	匹配变量	"离土"		"离乡"	
		标准化偏差（%）		标准化偏差（%）	
		匹配前	匹配后	匹配前	匹配后
家庭特征	家庭总人口（pop）	26.7**	−2.4	29.8*	−1.9
		（2.54）	（−0.20）	（1.85）	（−0.09）
	户主性别（gender）	−4.9	−1.9	12.7	0.1
		（−0.54）	（−0.15）	（0.60）	（0.00）
	户主年龄（age）	−44.3***	−9.8	−54.5***	−3.4
		（−4.39）	（−0.82）	（−3.57）	（0.16）
	抚养负担（raise）	−30.5***	9.9	−29.8*	15.5
		（−2.91）	（0.93）	（−1.75）	（0.92）

续表

维度	匹配变量	"离土"		"离乡"	
		标准化偏差（%）		标准化偏差（%）	
		匹配前	匹配后	匹配前	匹配后
人力资本	户主文化程度（edu）	89.3***	1.9	96.6***	6.1
		（9.84）	（0.14）	（7.73）	（0.26）
	高中以上学历（hedu）	53.0***	−15.0	59.8***	−4.8
		（6.55）	（−0.96）	（4.90）	（−0.20）
物质资本	土地面积（land）	−23.8**	0.8	−28.9	0.5
		（−2.04）	（0.16）	（−1.49）	（0.11）
	房屋价值（house）	66.7***	6.8	−18.7	6.0
		（7.34）	（0.58）	（−0.96）	（0.42）
社会资本	县城亲友（city）	65.0***	1.6	31.0**	−13.3
		（7.43）	（0.12）	（2.21）	（−1.13）
	官员亲友（gov）	36.7***	0.9	4.2	−6.4
		（4.46）	（0.07）	（0.29）	（−0.29）
	组织参与（org）	27.9***	−1.8	−13.2	12.3
		（3.50）	（−0.14）	（−0.85）	（0.72）

注：此表由 stata14.0 软件计算得出，括号内为 t 值（处理组与控制组之间的均值差异检验），*、**、*** 分别表示在 10%、5%、1% 的水平上显著。

三、农村劳动力雇佣方式差异对农户收入贫困影响的比较分析

在对贫困地区农村劳动力流动路径对农户贫困影响作用考察的基础之上，本章将进一步分析贫困地区农村劳动力雇佣方式的异质性。具体分组方式为，依据雇佣方式的差异将贫困地区受雇佣（工资活动）与自我雇佣（私营活动）的农村劳动力群体划分为"离土"与"离乡"组，从而有利于理解不同雇佣方式在贫困地区农户减贫过程中的作用差异。

从表 7.13 的实证分析结果可以发现，无论是何种雇佣方式，其处理效应均显著为负，即贫困地区农村劳动力无论是"离土"还是"离乡"，受雇佣与自我雇佣两类非农就业活动都能够有效减缓农户的收入贫困。通过进一步对

比，我们发现受雇佣活动的减贫效应高于自我雇佣，但这并不意味着自我雇佣活动在贫困地区农户收入贫困减缓中的作用不足。事实上，一般而言，自我雇佣所获得的经营性收入要高于受雇佣的工资性收入。但与受雇佣者相比，自我雇佣属于创业经营型，这需要不断地将资金投入到再生产当中，故可能在一定程度上影响农户收入贫困的减缓，导致自我雇佣活动的处理效应略低于受雇佣活动。应当进一步指出的是，自我雇佣活动具有明显的正外部性作用，能够有利于市场结构的分散化、就业岗位的创造、知识的溢出，进而推动区域经济增长以及贫困的减缓。

表 7.13   贫困地区农村劳动力雇佣方式与农户收入贫困

匹配方法	受雇佣		自我雇佣	
	离土	离乡	离土	离乡
最近邻匹配	-0.335^{***} （0.028）	-0.346^{***} （0.026）	-0.329^{***} （0.043）	-0.302^{***} （0.066）
卡尺内匹配	-0.336^{***} （0.028）	-0.346^{***} （0.026）	-0.333^{***} （0.043）	-0.341^{***} （0.066）
半径匹配	-0.327^{***} （0.025）	-0.357^{***} （0.024）	-0.317^{***} （0.037）	-0.320^{***} （0.059）
核匹配	-0.329^{***} （0.026）	-0.356^{***} （0.024）	-0.319^{***} （0.038）	-0.323^{***} （0.060）

注：卡尺内匹配、半径匹配以及核匹配的窗宽均为 0.05。

四、农村劳动力雇佣方式差异对农户多维贫困影响的比较分析

延续上文的实证分析思路，接下来从多维贫困的视角进一步探讨贫困地区农村劳动力雇佣方式对农户贫困的影响。

从表 7.14 的实证分析结果可以发现，四种匹配方法所得到的研究结论一致，其中，在自我雇佣的样本组中，"离土"与"离乡"的处理效应均显著为负，而在"受雇佣"的样本组中，仅有"离土"的处理效应显著为负，"离乡"则不显著。即在贫困地区各类非农活动中，"离乡"的受雇佣活动无法有效减缓农户的多维贫困，这可能是由于在城市从事工资活动的贫困地区农村劳动力

常年居住在外、工作的灵活性较低，使得其难以兼顾农村家庭成员的日常生活状况，更多地以转移汇款的方式满足农村留守家庭的基本物质需求。相反地，"离乡"的自我雇佣活动能够显著降低农户的多维贫困发生率，且在"离土"的样本组中，自我雇佣活动的处理效应也明显高于受雇佣活动。这意味着无论是"离土"还是"离乡"，自我雇佣活动都能够在缓解农户的多维贫困中发挥更加积极的作用。那么，为何会产生这一现象？究其根源，笔者认为主要有两方面原因。首先，相比受雇佣活动而言，自我雇佣活动的工作时间更加灵活，能够有计划地安排或在必要的时候给予留守家庭更加充足的照料，这能够在一定程度上改善留守家庭的福利状况，亨德利（2000）的研究也指出，自我雇佣活动能够更加自由地根据市场收入回报和家庭照料需求的变化来调整工作的努力程度，尤其是对于农村妇女而言，为了拥有灵活的时间来照顾家庭，更倾向于选择自我雇佣[①]。其次，自我雇佣者的人力资本条件以及物质资本积累一般要优于普通的受雇者，这为其向上流动提供了可行路径，能够强化自身的社会参与，在这一过程中不仅能够提升自我意识，加强教育、健康等方面的人力资本培育，也拓宽了自身的社会网络，有利于改善自身及家庭成员在社会公共服务方面的享有权。

表 7.14　贫困地区农村劳动力雇佣方式与农户多维贫困

匹配方法	受雇佣		自我雇佣	
	离土	离乡	离土	离乡
最近邻匹配	-0.076^{***} （0.033）	-0.052 （0.030）	-0.192^{***} （0.047）	-0.197^{***} （0.071）
卡尺内匹配	-0.075^{**} （0.033）	-0.052 （0.030）	-0.191^{***} （0.048）	-0.270^{***} （0.070）
半径匹配	-0.064^{**} （0.031）	-0.052 （0.028）	-0.203^{***} （0.044）	-0.253^{***} （0.064）
核匹配	-0.066^{**} （0.031）	-0.051 （0.028）	-0.209^{***} （0.044）	-0.251^{***} （0.064）

注：卡尺内匹配、半径匹配以及核匹配的窗宽均为 0.05。

[①]　Hundley, Greg. "Male/female Earnings Differences in Self-employment: The Effects of Marriage, Children, and the Household Division of Labor." *ILR Review* 54.1（2000），p.103.

五、稳健性检验

遵循前文的稳健性检验思路，本节分别采用国际贫困线以及包含收入维度的多维贫困指数作为替代指标，重新检验贫困地区农村劳动力雇佣方式差异的减贫效应的稳健性。表 7.15 的稳健性检验结果表明，无论是"受雇佣"还是"自我雇佣"，都能够有效减缓农户的多维贫困，且"受雇佣"的作用大于"自我雇佣"；表 7.16 的稳健性检验结果则表明，"自我雇佣"活动对农户多维贫困的减缓作用明显大于"受雇佣"活动。由此可见，稳健性检验的结果依然支持前文实证分析的结论。

表 7.15　雇佣方式差异与农户收入贫困的稳健性检验

匹配方法	受雇佣		自我雇佣	
	离土	离乡	离土	离乡
最近邻匹配	−0.462*** （0.046）	−0.480*** （0.074）	−0.377*** （0.031）	−0.471*** （0.026）
卡尺内匹配	−0.464*** （0.047）	−0.545*** （0.070）	−0.378*** （0.031）	−0.471*** （0.026）
半径匹配	−0.452*** （0.040）	−0.472*** （0.066）	−0.377*** （0.028）	−0.485*** （0.024）
核匹配	−0.454*** （0.041）	−0.476*** （0.066）	−0.377*** （0.028）	−0.484*** （0.024）

注：卡尺内匹配、半径匹配以及核匹配的窗宽均为 0.05。

表 7.16　雇佣方式差异与农户多维贫困的稳健性检验

匹配方法	受雇佣		自我雇佣	
	离土	离乡	离土	离乡
最近邻匹配	−0.216*** （0.032）	−0.187 （0.029）	−0.275*** （0.047）	−0.274*** （0.065）
卡尺内匹配	−0.216** （0.032）	−0.187 （0.029）	−0.274*** （0.047）	−0.352*** （0.062）

续表

匹配方法	受雇佣		自我雇佣	
	离土	离乡	离土	离乡
半径匹配	−0.207** (0.030)	−0.189 (0.027)	−0.285*** (0.042)	−0.362*** (0.056)
核匹配	−0.208** (0.030)	−0.189 (0.027)	−0.290*** (0.043)	−0.359*** (0.057)

注：卡尺内匹配、半径匹配以及核匹配的窗宽均为 0.05。

第八章

研究结论与政策建议

改革开放以来，我国的扶贫事业取得了举世瞩目的成就。在当前扶贫边际效益不断下降，扶贫政策的边际成本不断上升的背景下，农村劳动力流动作为贫困农户自发的经济行为，成为贫困地区农户摆脱贫困、实现脱贫目标的重要途径。因此，2016年国务院印发的《"十三五"脱贫攻坚规划》中明确指出，必须建立健全贫困人口的就业制度，加快推进贫困人口的转移就业，从而带动贫困人口脱贫致富。基于这一现实背景，本书以劳动力流动理论以及贫困的相关理论为逻辑起点，构建贫困地区农村劳动力流动影响农户贫困状态的理论分析框架，综合运用倾向得分匹配法（PSM）、广义倾向得分匹配法（GPS）、A–F多维贫困指数以及BP神经网络法（BP Neural Network）等分析工具，实证考察了贫困地区农村劳动力流动对农户收入贫困与多维贫困的影响，并进一步分析了贫困地区农村劳动力流动的异质性对减缓农户贫困的作用差异，深入剖析了贫困地区农村劳动力流动对农户贫困影响的内在作用机理，进而为本书的政策研究奠定扎实的理论基础与现实依据。

第一节 研究结论

一、农村劳动力流动对农户贫困状态的影响是复杂、多路径的，要有效实现贫困地区农村劳动力流动的减贫效应，必须在着力优化提升农户家庭可支配收入、人力资本培育及社会参与等传导路径的基础上，充分发挥政府的引导作用，夯实贫困地区农村劳动力流动减贫的基础性条件。

通过研究农村劳动力流动对农户贫困影响的作用机理，研究发现农村劳动力流动减缓农户贫困状态（收入贫困与多维贫困）的传导路径主要有三个方面：第一，农村劳动力流动通过影响农户的非农收入、农业收入以及财产性收入的途径，有利于提升农户家庭的可支配收入，改善农户的收入以及物质层面的贫困状态；第二，农村劳动力流动通过影响农户的家庭劳动力的劳动技能、子女的受教育程度以及农户家庭成员健康状况的途径，有利于提升农户家庭的人力资本状况，改善农户的能力贫困状态；第三，农村劳动力流动通过影响劳动力流动者社会参与的途径，有利于增强社会互动、扩大自身的社会关系网络，改善其自身及留守家庭的"权利贫困"状态。然而，贫困地区要有效实现农村劳动力流动减贫是需要一定的基础性条件的。就目前我国贫困地区剩余贫困人口的客观现实来看，其面临着劳动力"外流"能力有限、农村劳动力要素配置失衡以及地区产业发展基础薄弱等制约因素。因此，政府必须在着力优化贫困地区农村劳动力流动减贫的传导机制的基础上，充分发挥其引导作用，从而有助于形成贫困地区农村劳动力流动减贫的基础性条件。

二、从宏观政策演进来看，农村劳动力流动政策经历了由限制到鼓励的过程，农村劳动力向非农市场转移的规模不断扩大；在此期间，我国农村贫困人口的数量也大幅度下降；从微观现实考察来看，现阶段我国贫困地区劳动力流动农户的家庭福利状态及生产要素禀赋均明显优于非劳动力流动户，因此，农村劳动力流动与农村贫困减缓之间存在较强的相关性，是改善农户贫困状态的重要途径。

具体而言，在宏观层面，我国农村劳动力经历了 1978 年以前的严格限制流动阶段、2000 年以来的大规模流动阶段、到 2012 年以后"新常态"下的规范流动阶段，流动规模由改革开放之初的不超过 200 万人上升到 2016 年的2.82 亿人。在这一过程中，我国的扶贫政策也经历了改革开放之初的"体制扶贫阶段""大规模扶贫开发阶段""扶贫攻坚阶段""新时期扶贫阶段"以及"精准扶贫阶段"五个阶段，这些阶段通过农业产业改革、农村劳动力的非农就业等专门的优惠政策，尤其是 2000 年以后的新时期扶贫阶段明确把劳动力流动作为反贫困的重要路径之一，使得我国贫困人口规模从 1978 年的 9.75 亿元大幅度减少到 2016 年的 4000 多万元（2010 年贫困标准）。在微观层面，从贫困地区农村劳动力流动与农户贫困两者的关联度来看，2015 年贫困地区的微观调研数据显示，一方面，农村劳动力流动户在各个贫困维度中的表现均比非流动户更为乐观，如非流动户在做饭燃料、卫生设施及劳动力教育维度的贫困发生率分别高达 78%、54.6%、48.9%，而流动户的这一比例分别为 61.3%、31.7%、21.3%，显著低于非流动户。另一方面，贫困户中有劳动力流动的农户与没有劳动力流动的农户的贫困状态差异较大，尽管都处于贫困水平，但非劳动力流动户的贫困程度更深，其人均年收入水平仅有 1513.27 元，比劳动力流动户低了 400 多元，且在教育、物质资本以及社会资本层面均体现出明显的劣势。这些现象初步表明农村劳动力流动与农户贫困减缓的关联度较高，是缓解农户贫困的重要途径之一。

三、贫困地区农村劳动力流动对缓解农户收入贫困有显著的积极影响，但这一正向作用存在明显的阶段效应，且在贫困户与非贫困户之间表现出明显的差异。

本书利用倾向得分匹配法和广义倾向得分匹配法实证考察了 2016 年我国贫困地区农村劳动力流动对农户收入贫困状态的影响，结果显示在我国经济进入"新常态"以来，尤其是随着供给侧改革的推进，尽管非农市场受到一定程度的冲击，但贫困地区农村劳动力流动仍然显著地降低了农户的收入贫困发生率。具体表现为贫困地区劳动力流动户的收入贫困发生率比非劳动力流动户低 31.2%，这表明在传统落后的农业生产条件下，贫困地区农户的农业生产长期陷于低水平陷阱当中，向非农产业转移是贫困地区农户摆脱贫困的重要途径。同时，从劳动力流动强度来看，这一减贫作用存在明显的阶段效应，即当农村劳动力流动强度低于 0.4 时，农户的收入贫困发生率会随着农村劳动力流动强度的增大而逐渐地减小；然而，当农村劳动力流动强度大于 0.4 时，随着农村劳动力流动强度的增大，农户的收入贫困发生率基本趋于平稳，这主要是由于贫困农户的家庭劳动力流动强度较低，即其"外流"的能力有限。同时，进一步研究发现，尽管贫困地区农村劳动力流动有效提升了贫困农户的家庭收入水平，但与非贫困户相比，仍存在着巨大的差距，即贫困农户的增收能力不足，这使得其难以抵抗外部风险的冲击，贫困脆弱性较为严重，从而加大了返贫风险与脱贫难度。

四、尽管贫困地区农村劳动力流动能够有效缓解农户的多维贫困状态，但具有一定的局限性，即更多地仅体现在物质层面，且对于极端多维贫困户的减贫作用并不显著；另一方面，贫困地区农村劳动力流动强度与农户多维贫困之间并非简单的线性关系，而是呈现"U"形关系。

具体而言，本书综合运用 A–F 多维贫困指数以及 BP 神经网络法测度了贫困地区农户的多维贫困状况，同时利用倾向得分匹配法和广义倾向得分匹配法实证考察了贫困地区农村劳动力流动对农户多维贫困的影响。结果显示，贫困地区农村劳动力流动总体上能够有效缓解农户多维贫困，但主要局限于物质层面的贫困维度，尚未能有效缓解非物质层面的贫困，而非物质层面贫困的改善对于降低农户的贫困脆弱性，提升农户的可持续发展能力具有极为重要的作用。从劳动力流动强度看，贫困地区农村劳动力流动强度与农户多维贫困之间并不是简单的线性关系，而是呈现出"U"形关系，即当农村劳动力流动强度低于拐点值（0.7）时，随着流动强度的提高，农户多维贫困会不断下降；然而，当贫困地区农村劳动力流动高于拐点值时，农户多维贫困会随着流动强度的提高而发生恶化。此外，贫困地区农村劳动力流动对于多维贫困户剥夺得分的影响存在异质性差异，即农村劳动力流动能够有效缓解一般多维贫困户的贫困状态，但对于极端多维贫困户的作用并不显著。

五、贫困地区农村劳动力的异质性流动（流动模式与非农工作类型差异）在缓解农户的贫困状态（收入贫困与多维贫困）过程中表现出明显的差异。

具体而言，在新时期现实经济背景下，我国农村劳动力的流动呈现出了新的特征，这主要集中体现在两大趋势：返乡与创业。因此，本书实证考察了新时期农村劳动力流动特征在减缓农户贫困中的作用。首先，从农村劳动力的流动模式来看，"离土"（即本地非农就业）与"离乡"（即外地非农就业）均能有效缓解贫困地区农户的收入贫困，但相比而言，前者的减贫效应要略低于后者；在多维减贫效应层面，"离土"流动模式则发挥着积极影响，能够有效缓解农户的多维贫困程度，而"离乡"的这一作用尚不显著。其次，从流动者的非农工作类型来看，自我雇佣活动对农户收入贫困的改善作用略低于受雇佣活动，然而在农户多维贫困层面，两种工作类型的作用恰好相反，即自我雇佣活动发挥了更加积极的多维减贫作用。由此可见，在脱贫攻坚阶段中，贫困地区农村劳动力的本地非农就业以及自我雇佣活动已成为农户摆脱贫困的重要途径，这不仅对于全面脱贫目标的实现具有重要的现实意义，也能够为我国乡村振兴战略的有效实施创造良好的基础。

第二节　政策建议

贫困地区农村劳动力流动是缓解农户贫困的重要途径，而贫困地区农村劳动力流动减贫效应的发挥必然取决于农村劳动力的人力资本禀赋、本地非农产业基础、外出农民工社会保障制度、政府的精准帮扶政策等内外部综合因素。有鉴于此，笔者将新时代中国特色社会主义的发展精神贯彻落实到贫困地区农村劳动力流动减贫的研究当中，力求实现贫困地区农村劳动力流动减贫与乡村振兴战略、精准扶贫战略、新型城镇化战略的有机结合，从如何有效培育贫困地区农村劳动力的人力资本、发展本地非农产业、健全农民工社会保障体系、精准扶贫等方面提出政策建议，以期改善并消除贫困地区农村劳动力的流动障碍，为贫困地区农村劳动力流动创造有利条件，促进其减贫效应的有效发挥，最终从多主体、多层面、多功能的立体视角实现政策体系创新。

一、加快培育贫困地区人力资本，提升劳动力的流动能力

贫困地区农村劳动力的流动面临着诸多障碍，但总体而言，最为关键的制约因素在于自身人力资本积累不足。贫困地区农村劳动力普遍存在受教育水平低下、缺乏劳动技能以及管理能力等问题，致使其难以自由流动到非农产业。因此，为提高贫困地区农村劳动力的非农就业能力，必须加快培育贫困地区的

人力资本。

首先，欲扶贫、先扶志。扶贫工作中"输血"固不可缺，但增强贫困人群的自我"造血"能力更为重要。习近平总书记强调，"弱鸟可望先飞，至贫可能先富，但能否实现'先飞''先富'，首先要看我们头脑里有无这种意识，贫困地区完全可能依靠自身努力、政策、长处、优势在特定领域'先飞'，以弥补贫困带来的劣势。如果扶贫不扶志，扶贫的目的就难以达到，即使一度脱贫，也可能会再度返贫。"因此，各级政府应加强贫困农户的思想教育，消除长期以来所形成的等、靠、要思想，激发贫困农户自我发展的意识与内生动力。具体而言，一是加强精神文明建设，以村级组织为基层单位，通过多样化的生动形式和鲜活的典型案例定期开展思想道德教育，引导广大人民群众扬正气、治邪气，打破安于现状、小富即安、多子多福以及"等靠要"的落后观念，扶起贫困群众精气神，树立起脱贫光荣的社会新风尚。二是牢牢以习近平总书记提出的"要把扶贫开发同基层组织建设有机结合起来""真正把基层党组织建设成带领群众脱贫致富的坚强战斗堡垒"为根本遵循，切实加强基层党组织建设，发挥农村广大党员的带头作用，着力建设一支政治品格好、群众威望高、带动能力强的能人治贫队伍。三是树立自强自立的典范，宣扬本地勤劳致富的成功案例，激发广大人民群众的脱贫斗志，并以自愿为前提，以致富能手为骨干，打造一批脱贫致富的"领头羊"，实施好"传帮带"，使贫困人口能够尽快摆脱贫困，过上体面有尊严的幸福生活。

其次，扶贫必扶智。摆脱贫困需要智慧，而智慧的根本在于教育，教育是消除贫困、斩断贫困代际传递的有效途径。一是大力发展农村基础教育事业，加强对农村地区的教育资源的倾斜力度。一方面，中央财政在安排财政转移支付时，不仅需要考虑义务教育这一重要因素，还需加大对贫困学生的补助，防止贫困地区的学生因贫失学。另一方面，严格执行《中共中央、国务院关于全面深化新时代教师队伍建设改革的意见》（2018 年 1 月 20 日），加快推进农村教师队伍的建设，改善农村教师队伍结构失衡、素质不高、年龄老化以及流失严重等现象，出台优惠政策吸引新毕业的大学生到边远地区支教，促进贫困地区教育事业的发展。同时，出台相应的政策坚决执行适龄儿童接受并完成九年义务教育，逐步普及高中教育，扫除新一代文盲，提高农村新生代劳动力的人力资本水平，阻隔"代际贫困"。二是加强农村劳动力的职业技术教育。在新的形势下，非农就业市场已发生根本性变化，所要求的劳动力素质与技能在不断提升，这就需要政府加强对贫困农户的技能培训、就业指导，从而提升贫困农户的内生发展动力，符合非农就业市场的素质要求。一方面，根据非农市场的需求，优化培训形式和内容，有目标、有步骤地提供"订单式"的技能培训，使每个接受培训的人学有所用、学有所能，增强自我造血功能；另一方面，积极探索"培训+就业"的组合模式，与本地非农企业以及城市一些非农部门进行合作，把培训后合格的农村劳动力定向输送到合作单位，引导其非农就业。

再者，健康状况也是人力资本的核心组成要素。贫困地区贫困人口与非贫困人口的最大差异除了教育水平外还包括健康状况，健康状况的提升不仅有利于其流动到非农产业，还可以有效降低因病致贫的概率。在健康扶贫中，一是发挥卫生健康部门的统领作用，切实做好贫困地区卫生基础设施建设工作，建设好县级医院重症医学科、新生儿重症监护室等重点专科，配备好医护人员，抽调当地县城以及乡镇的部分医师组成特定帮扶小组，对已经建档立卡的有重大疾病的贫困户进行一对一帮扶。二是建立和完善与大病保险、医疗救助、商业健康保险等制度的衔接机制，协同互补，形成保障合力，定期进行大病筛查，加强贫困人口重大疾病的预防性工作。县级以上各级财政应列出专款，由县、乡镇卫生院定期为贫困户、社区敬老院等提供免费体检、免费义诊活动，早发现早治疗，减少因突发重大疾病而陷入贫困的情况。三是在实施乡村振兴战略中，要严格按照中央部署，彻底整治好贫困地区的农村环境，通过村图书室、夜校、活动广场、院坝会、编印小册子以及新媒体等广泛普及健康卫生知识，全方位提升广大农民的自我保健意识，建立起"因病致贫"的防火墙。

二、加快发展贫困地区特色产业，服务劳动力的本地非农就业

习近平总书记曾多次指出，"发展产业是实现脱贫的根本之策，要因地制宜，把培育产业作为推动脱贫攻坚的根本出路"。在新形势下，本地非农就业

已逐渐成为农村劳动力的首选，且能够有效地减缓贫困地区的农村贫困状态，因此，必须注重贫困地区的产业发展。尤其是在当前乡村振兴战略的实施下，贫困地区各级党委和政府应顺势而为，在国家扶贫政策的驱动下，充分利用贫困地区的特色资源禀赋，分析当地的产业现状、市场需求以及环境容量，因地制宜发展贫困地区特色产业。

一方面，要加强培育地理标识品牌，形成"一村一品"的特色产业格局，延伸产业链。一是要按照乡村"生态文明＋地貌特色"原则，积极推进农业农村生产方式、生活方式和消费方式绿色生态化，结合各贫困地区的特点，大力发展"特色产业"、培育"特色经济"、打造"特色品牌"，形成"产地生态、产业融合、产出高效"的现代农业农村发展新格局。二是打造区域合作以及产业承接平台，通过外部市场的对接，吸引发达地区劳动密集型产业向贫困地区转移，促进产业向高端化、精品化发展，进而加快推动当地传统产业的转型升级，最终提高产业附加值。三是发挥新型农业经营主体的带动作用，培植有带动力和辐射力的龙头企业、种养大户、农村合作社等新型农业经营主体，建立新型农业经营主体与贫困户的利益联结机制，引导贫困人口积极参与到组织生产中，逐步培育贫困人口自我发展生产的内生动力，进而实现贫困人口脱贫增收与新型农业经营主体培育的协同发展。

另一方面，一是各贫困地区党委和政府要以市场需求为导向，以新型城镇化建设为依托，集约生产要素，建成一批个性突出、特色鲜明、农业与第二、第三产业交叉融合的小城镇，发挥综合效益。政府各职能部门要联手出台相应配套政策，盘活农房、农地等闲置资源，优先策划包装建设具有本土乡村地貌特色的田园综合体、"共享农庄"，培育与打造风貌特色突出的小城镇与美丽村庄、美丽田园、美丽家园，繁荣乡村集体经济，走乡村都市化、农业工业化之路，为更多的贫困人口提供包容性的就业机会，从而实现贫困地区农村劳动力流动减贫与乡村振兴战略的协同发展。二是贫困地区各级地方政府应注重主导型产业链培育，延伸辐射上下游产业，实现三产深度融合发展，扩大贫困人口的受益面；同时，要优化生产、加工以及市场贸易等环节，打破各自为战的局面，实现贸工农一体化的完整产业链条。三是充分依托当地的旅游资源优势、区位优势以及产业基础，以特色农业为主导，根据"农旅一体化"的战略布局，大力发展休闲农业、乡村旅游，诸如把传统农业中的农、林、牧、副、渔五大产业与休闲旅游进行深度结合，形成乡村田园休闲、森林旅游、草原休闲、渔猎及渔家休闲模式，并借助地标品牌营销以及乡村生态旅游的发展机遇，赋予传统特色农业新功能，实现传统农业与旅游业的融合发展。四是推进电商平台的发展，借助"互联网+"、物流网、大数据、"云计算"等现代信息科技成果，搭建网络销售平台以及物流系统，发挥互联网的宣传与销售优势，解决市场信息不对称、交易成本高、滞销等问题，从而形成线上销售的农业产业新业态。

三、加快完善农民工非农就业体系，保障外出劳动力的基本权益

贫困地区外出劳动力面临诸多方面的排斥，这直接影响了其减贫效应。目前，我国正处于城镇化快速发展阶段，"以人为本"是新型城镇化发展的科学内涵，因此，必须抓住这一重要机遇，加快完善贫困地区农村劳动力的非农就业体系。

第一，进一步深化贫困地区户籍制度改革。在遵循贫困农户自我意愿的基础上，鼓励具备自我发展能力的贫困农户通过易地扶贫搬迁、非农劳务输出、外出创业等形式在城镇地区落户，尤其是对于自然环境恶劣、缺乏发展条件的极端贫困地区，从而真正改善贫困农户长期面临的居住环境与发展条件制约。在此基础上，有序引导贫困农户实现非农就业。贫困地区各级政府应根据贫困农户特征，制定特惠性非农就业制度，降低其非农就业的成本及风险，同时，必须加强对贫困农户的职业技能培训及就业指导，提升贫困农户在非农就业市场上的适应性，从而实现脱贫增收的可持续性。

第二，应加快健全农业转移人口的社会保障体系。长期以来，贫困地区外出务工的农村劳动力并没有享受到和城镇居民相同的子女教育、公共医疗、住房、社会保障等其他基本公共服务，这直接制约了贫困人口脱贫增收的进程。因此，政府应加快社会保障体系的建设、健全农村劳动力就业的制度体系，突出贫困农户的特惠性，使流动到城镇非农产业的贫困地区农村劳动力能够享受

到均等的社会服务。同时，成本分摊机制的构建是确保农业转移人口社会保障体系健全的关键所在，这就需要科学合理地构建一个由农民工个人、企业和政府三位一体的成本分摊机制。对于政府而言，应该承担主要支出，同时协调好中央与地方、农业转移人口流出地与流入地以及各级政府部门之间负担成本支出的比例，做好资金保障工作；对企业而言，主要是解决社保部分，需按期足额缴纳雇佣农业转移人口社会保险配套资金上企业承担的部分；对于贫困地区农村劳动力而言，其自身应当承担一定比例的市民化公共服务成本，以降低企业、政府承担市民化公共服务成本的压力。

四、加快推进精准扶贫政策体系，强化贫困人口的增收能力

尽管贫困地区农村劳动力流动能够有效减缓贫困，但对于贫困人口而言，减贫作用十分有限，这主要是受制于贫困人口缺乏足够的自我发展能力，难以形成较高的劳动力要素的市场价格。因此，在当前"精准扶贫、精准脱贫"战略的实施下，必须注重贫困人口的自我造血功能，逐步强化贫困人口的增收能力。

一是科学应对贫困群体分化问题，有的放矢实施精准扶贫政策。随着"精准扶贫、精准脱贫"战略的不断推进，绝大部分具备发展能力的贫困农户已逐步摆脱贫困，剩余的多为极端贫困群体，对他们而言，一方面，政府应整合扶贫资金，选准项目，大力兴办村集体企业，成立专业合作社，在精准扶贫期内赋予贫困人口一定的股份（50%—70%），并在优先安排就业的情况下，使他们能够从所占股份中获得更多收入，直至精准脱贫；脱贫后预留1—2年让他们继续享有在企业中所占股份，以保证脱贫后的可持续生计，严防返贫滋生新的贫困问题；要通过优惠性的政策措施引导贫困地区新型农业经营主体，定向帮扶企业带动其就业，逐步培育其自我"造血"功能；另一方面，必须高度重视极端贫困群体的子女教育问题，加大国家教育经费继续向贫困地区倾斜力度，办好职业教育、技能教育，将贫困地区子女教育与就业、创业紧密结合，确保贫困家庭的毕业生能够定向就业，使他们逐步形成教育脱贫观念，强固知识可以改变命运的人生观、价值观，从而斩断贫困的代际传递。

二是制定精准化的贫困地区农村劳动力流动减贫政策。贫困劳动力状况千差万别,实践证明,只有针对每个贫困家庭量身定做不同的就业方式,才能够真正实现脱贫。在当前贫困群体分化的现实背景下,应"分而治之",从而使贫困地区农村劳动力能够依据自身状态选择理想的非农就业途径。具体而言,对于文化素质较高、发展能力较好的贫困农户,各级政府应依据贫困劳动力的实际情况,结合城市非农部门用工需求,分类别、分批次组织该部分劳动力参加诸如护工、销售、木工等免费技能培训,使其掌握进入城市非农产业的基本技能;同时,积极开展劳务输出试点,把培训合格的劳动力定向推荐到城市地区收益回报较高的非农产业,保障其稳定就业。而对于发展能力较为欠缺的贫困农户、有劳动能力的残疾人、妇女等,则以精准帮扶的形式逐步培育其在本乡镇地区从事非农产业的能力,增强其在非农就业市场的竞争力,同时加强政策扶持力度,给予接收农村剩余劳动力的本乡镇企业政策优惠,诸如减免一定年限的税收、购买服务等,鼓励非农用工单位积极吸纳本地农村剩余劳动力。通过本地非农就业积累经验与提升技能,逐步由本地非农产业过渡到工资率更高的城市非农产业就业,最终通过本地非农就业与外出务工这两大渠道实现贫困农户的脱贫增收。此外,各级地方政府应着手建立贫困户就业转移档案,实时跟踪评估他们的非农就业状态,便于发现问题、及时帮扶,并定期为他们提供就业信息,拓宽劳务协作渠道,帮助其实现稳定就业,最终达到可持续脱贫目标。

三是加快完善贫困地区农村社会保障制度与精准扶贫的对接。贫困地区农村社会保障体系的健全是降低贫困人口脆弱性的重要途径,目前贫困地区贫困农户自我发展能力十分有限,寄希望于贫困农户通过劳动力流动全面改善自身的贫困状态是不现实的,因此,政府应加大在教育、医疗、养老等公共服务方面对农村贫困户的扶持力度,努力改善他们在非物质层面的贫困现状。一方面,改革新型农村医疗保障制度,消除城乡居民医保分设、管理分割、资源分散等障碍,提高保障标准与覆盖范围,加大对大病、特病的保障待遇。另一方面,各级政府需加大农村社会保障支出占财政支出的比例,加快推进新型农村社会养老保险制度改革,整合现行的新型农村社会养老保险和城镇居民社会养老保险，废除"双轨制"，统一为城乡居民基本养老保险制度，从而实现农村居民与城镇居民公平享有公共资源。

五、加快释放贫困地区创业空间，鼓励劳动力的自我雇佣活动

农民工返乡创业是新时期我国农村劳动力流动的主要特征之一，这一流动路径有利于减缓贫困地区农村贫困。因此，在"万众创新、大众创业"的大背景下，各级政府应通过特惠性的政策体系，加快释放贫困地区创业空间，鼓励农村劳动力的自我雇佣活动，从而助推脱贫攻坚目标的顺利实现。

一是完善自我雇佣政策环境。在经济转型过程中，自我雇佣已成为贫困地区农村剩余劳动力就业选择的重要形态，这对于贫困人口实现向上流动、提升社会参与具有重要意义。因此，政府应着力完善农民工自我雇佣的政策环境。首先，各级政府应加大对自我雇佣劳动者的金融支持力度，给予建档立卡的贫困人口创业担保贷款支持，拓宽担保贷款的覆盖面，缓解贫困人口因资金不足对创业造成的阻碍。其次，提供免费创业指导服务，打造农民工自我雇佣创业服务平台，开展一系列创业培训讲座，为农村劳动力提供创业新思路。同时，通过法律援助部门为农民工提供免费的法律咨询服务。再者，针对贫困人口的自我雇佣收入实施特惠的收税减免政策，在纳税服务方面简化其办税流程，推出绿色通道、上门服务、延时服务等多种服务形式，从而激励贫困地区农村劳动力开展自我雇佣活动。此外，应建立更为广泛的社会保障体系，将自我雇佣群体纳入到社会保障体系当中，提升社会保障权利，降低从业风险，营造出"万众创新、大众创业"的新局面，为新时期中国特色社会主义经济建设提供不竭的源泉。

二是优化返乡创业政策。近年来，在国家实施乡村振兴战略和"城归"浪潮的推动下，一大批农民工从城市回到家乡进行创业，催生了数量众多的新生市场力量，成为稳定和扩大农村剩余劳动力非农就业的重要支撑，有利于农村贫困人口的就近脱贫、就近致富。因此，各级政府应理顺县乡基层的复杂关系，优化创业环境，完善创业服务体系，落实农民工返乡创业相关政策，大力支持农民工返乡发展家庭农场、农民合作社、农业企业等新型农业经营主体。

具体而言，其一，当地政府需要降低返乡创业的门槛，简化返乡创业的审批事项和申请流程，支持农民工、中高等院校毕业生、退伍士兵等返乡开展创业活动。其二，加大财税支持力度，一方面，加大返乡创业的财政投入，采取财政贴息、政府资金风险托底、创业补贴等一系列措施；另一方面，灵活执行国家关于小微企业和支持重点群体创业就业的各种税收优惠政策。其三，加强金融支持力度，引导金融机构对符合创业条件的返乡人员提供优惠的创业贷款，扩大创业担保贷款的覆盖面，同时，深化农村信用社改革，成立专业农业小额贷款公司，从而拓宽返乡创业者的融资渠道。其四，落实用地、用电支持政策，在符合相关规定的前提下，支持返乡创业人员依法以租赁、入股等形式使用农村集体土地发展农业企业，同时鼓励返乡创业人员充分利用荒地、废弃地以及村庄闲置地开展创业活动；给予返乡创业人员在发展农业生产、农业排灌以及农业服务业中农产品初加工用电方面优惠。其五，制定相关创业激励政策，对在贫困地区贫困村中实行自主创业或是组织带动贫困劳动者创业的给予一定的创业补贴，对吸纳本地贫困劳动力的企业按吸纳规模给予一次性创业就业吸纳奖励。

主要参考文献

[1] Abdul–Hakim, Rosian, and Sitti Che–Mat. "Non–farm Activities and Time to Exit Poverty: A Case Study in Kedah, Malaysia." *World Review of Business Research* 1.2 (2011): 113–124.

[2] Ackah, Charles. "Nonfarm Employment and Incomes in Rural Ghana." *Journal of International Development* 25.3 (2013): 325–339.

[3] Adams Jr, Richard H. "International Remittances and The Household: Analysis and Review of Global Evidence." *Journal of African Economies* 15.suppl_2 (2006): 396–425.

[4] Adams Jr, Richard H. "Non–farm Income and Inequality in Rural Pakistan: A Decomposition Analysis." *The Journal of Development Studies* 31.1 (1994): 110–133.

[5] Adams, Richard H. Jr. *Nonfarm Income, Inequality, and Poverty in Rural Egypt and Jordan*. The World Bank, 2001.

[6] Adams Jr, Richard H. "Remittances, Investment, and Rural Asset Accumulation in Pakistan." *Economic Development and Cultural Change* 47.1 (1998): 155–173.

[7] Adams Jr, Richard H. "Worker Remittances and Inequality in Rural Egypt." *Economic Development and Cultural Change* 38.1 (1989): 45–71.

[8] Adams, Richard H., and John Page. "Do International Migration and Remittances Reduce Poverty in Developing Countries？" *World development* 33.10 (2005): 1645–1669.

[9] Adger, W. Neil, et al. "Migration, Remittances, Livelihood Trajectories, and Social Resilience." *AMBIO: A Journal of the Human Environment* 31.4 (2002): 358–366.

[10] Adjognon, Guigonan Serge, et al. *Rural Non–farm Employment and Household Welfare: Evidence from Malawi*. The World Bank, 2017.

［11］Alcock, Pete. *The Politics of Poverty. Understanding Poverty*. Macmillan Education UK, 1997.

［12］Alkire, Sabina, and James Foster. "Counting and Multidimensional Poverty Measurement." *Journal of Public Economics* 95.7–8（2011）: 476–487.

［13］Arif, G. M., et al. "Rural Non–agriculture Employment and Poverty in Pakistan［with Comments］." *The Pakistan Development Review*（2000）: 1089–1110.

［14］Arrow, Kenneth J. "The Economic Implications of Learning by Doing." *The Review of Economic Studies* 29.3（1962）: 155–173.

［15］Autor, David H., Frank Levy, and Richard J. Murnane. "The Skill Content of Recent Technological Change: An Empirical Exploration." *The Quarterly Journal of Economics* 118.4（2003）: 1279–1333.

［16］Axelsson, Roger, and Olle Westerlund. "A Panel Study of Migration, Self–selection and Household Real Income." *Journal of Population Economics* 11.1（1998）: 113–126.

［17］Bacha, Edmar L. "Industrialization and Agricultural Development." *Policiesfor Industrial Progress in Developing Countries*（1980）: 259.

［18］Banerjee, Biswajit, and S. M. Kanbur. "On the Specification and Estimation of Macro Rural–urban Migration Functions: with an Application to Indian Data." *Oxford Bulletin of Economics and Statistics* 43.1（1981）: 7–29.

［19］Barham, Bradford, and Stephen Boucher. "Migration, Remittances, and Inequality: Estimating the Net Effects of Migration on Income Distribution." *Journal of Development Economics* 55.2（1998）: 307–331.

［20］Barrett, Christopher B., Thomas Reardon, and Patrick Webb. "Nonfarm Income Diversification and Household Livelihood Strategies in Rural Africa: Concepts, Dynamics, and Policy Implications." *Food Policy* 26.4（2001）: 315–331.

［21］Bencivenga, Valerie R., and Bruce D. Smith. "Unemployment, Migration, and Growth." *Journal of Political Economy* 105.3（1997）: 582–608.

［22］Bertoli, Simone, and Francesca Marchetta. "Migration, Remittances and Poverty in Ecuador." *The Journal of Development Studies* 50.8（2014）: 1067–1089.

［23］Bhagwati, Jagdish N., T. N. Srinivasan, and V. R. Panchamuki. "Static Allocational and Efficiency Impact on Growth." *Foreign Trade Regimes and Economic Development*: *India. NBER*, 1975. 177–196.

［24］Brueckner, Jan K., Jacques–François Thisse, and Yves Zenou. "Why is Central Paris Rich and Downtown Detroit Poor ? An Amenity–based Theory." *European Economic Review* 43.1 (1999): 91–107.

［25］Caminada, Koen, and Kees Goudswaard. "Social Expenditure and Poverty Reduction in the EU15 and other OECD Countries." *Department of Economics Research Memorandum* (2009).

［26］Cannan, Edwin. "The Land Report: Urban." *The Economic Journal* 24.96 (1914): 551–556.

［27］Chami, Ralph, Connel Fullenkamp, and Samir Jahjah. "Are Immigrant Remittance Flows a Source of Capital for Development ? ." *IMF Staff Papers* 52.1 (2005): 55–81.

［28］Chang, Hongqin, Xiao–yuan Dong, and Fiona MacPhail. "Labor Migration and Time Use Patterns of the Left–behind Children and Elderly in Rural China." *World Development* 39.12 (2011): 2199–2210.

［29］Cheng, Fang, Xiaobo Zhang, and Fan Shenggen. "Emergence of Urban Poverty and Inequality in China: Evidence from Household Survey." *China Economic Review* 13.4 (2002): 430–443.

［30］Chinn, Dennis L. "Rural Poverty and the Structure of Farm Household Income in Developing Countries: Evidence from Taiwan." *Economic Development and Cultural Change* 27.2 (1979): 283–301.

［31］De Haan, Arjan, and Ben Rogaly. "Introduction: Migrant Workers and Their Role in Rural Change." *Journal of Development Studies* 38.5 (2002): 1–14.

［32］De Haan, Arjan. "Livelihoods and Poverty: The Role of Migration–a Critical Review of the Migration Literature." *The Journal of Development Studies* 36.2 (1999): 1–47.

［33］De Janvry, Alain, Elisabeth Sadoulet, and Nong Zhu. "The Role of Non–farm Incomes in Reducing Rural Poverty and Inequality in China." *Department of Agricultural & Resource*

Economics, *UCB*（2005）.

［34］Deshingkar, Priya. "Internal Migration, Poverty and Development in Asia: Including the Excluded." *IDS Bulletin* 37.3（2006）: 88–100.

［35］Du, Yang, Albert Park, and Sangui Wang. "Migration and Rural Poverty in China." *Journal of Comparative Economics* 33.4（2005）: 688–709.

［36］Edwards, Alejandra Cox, and Manuelita Ureta. "International Migration, Remittances, and Schooling: Evidence from El Salvador." *Journal of Development Economics* 72.2（2003）: 429–461.

［37］Elbers, Chris, and Peter Lanjouw. "Intersectoral Transfer, Growth, and Inequality in Rural Ecuador." *World Development* 29.3（2001）: 481–496.

［38］Fan, C. Cindy. "The Elite, the Natives, and the Outsiders: Migration and Labor Market Segmentation in Urban China." *Annals of the Association of American Geographers* 92.1（2002）: 103–124.

［39］Fan, Shenggen, et al. "National and International Agricultural Research and Rural Poverty: the Case of Rice Research in India and China." *Agricultural Economics* 33.s3（2005）: 369–379.

［40］Fields, Gary S. "Place-to-place Migration: Some New Evidence." *The Review of Economics and Statistics*（1979）: 21–32.

［41］Fogel, Robert W. "Second Thoughts on the European Escape from Hunger: Famines, Chronic Malnutrition, and Mortality Rates." *Nutrition and Poverty*（1999）: 96–104.

［42］Gagné, Claire. "Poverty Reduction and Economic Management Sector Unit." *Journal of Applied Polymer Science* 80.1（2000）: 71–80.

［43］Gupta, Sanjeev, Catherine A. Pattillo, and Smita Wagh. "Effect of Remittances on Poverty and Financial Development in Sub-Saharan Africa." *World Development* 37.1（2009）: 104–115.

［44］Guriev, Sergei, and Elena Vakulenko. "Breaking out of Poverty Traps: Internal Migration and Interregional Convergence in Russia." *Journal of Comparative Economics* 43.3（2015）: 633–649.

［45］Haggblade, Steven, Peter Hazell, and Thomas Reardon. "The Rural Non-farm Economy: Prospects for Growth and Poverty Reduction." *World Development* 38.10（2010）: 1429–1441.

［46］Harris, John R., and Michael P. Todaro. "Migration, Unemployment and Development: a Two-sector Analysis." *The American Economic Review*（1970）: 126–142.

［47］Hatton, Timothy J., and Jeffrey G. Williamson. *The Age of Mass Migration: Causes and Economic Impact*. Oxford University Press on Demand, 1998.

［48］Hazell, Peter, and Steven Haggblade. "Farm-nonfarm Growth Linkages and the Welfare of the Poor." *Including the Poor*（1993）: 190–204.

［49］Hemmi, Noriyoshi, Ken Tabata, and Koichi Futagami. "The Long-term Care Problem, Precautionary Saving, and Economic Growth." Journal of Macroeconomics 29.1（2007）: 60–74.

［50］Hirano, Keisuke, and Guido W. Imbens. "The Propensity Score with Continuous Treatments." *Applied Bayesian Modeling and Causal Inference from Incomplete-data Perspectives* 226164（2004）: 73–84.

［51］Huffman, Wallace E. "Farm and Off-farm Work Decisions: The Role of Human Capital." *The Review of Economics and Statistics*（1980）: 14–23.

［52］Hundley, Greg. "Male/female Earnings Differences in Self-employment: The Effects of Marriage, Children, and the Household Division of Labor." *ILR Review* 54.1（2000）: 95–114.

［53］Imai, Katsushi S., et al. "Microfinance and Poverty—a Macro Perspective." *World Development* 40.8（2012）: 1675–1689.

［54］Jacoby, Hanan G. "Shadow Wages and Peasant Family Labour Supply: an Econometric Application to the Peruvian Sierra." *The Review of Economic Studies* 60.4（1993）: 903–921.

［55］Jalilian, Hossein, and Colin Kirkpatrick. "Financial Development and Poverty Reduction in Developing Countries." *International Journal of Finance & Economics* 7.2（2002）: 97–108.

［56］Kaneda, T. "Chinas Concern over Population Aging and Health." *Washington D*（2006）.

［57］Keely, Charles B., and Bao Nga Tran. "Remittances from Labor Migration: Evaluations, Performance and Implications." *International Migration Review* (1989): 500–525.

［58］Khan, Azizur Rahman, and Carl Riskin. "China's Household Income and Its Distribution, 1995 and 2002." *The China Quarterly* 182 (2005): 356–384.

［59］Knight, J., & Song, L. (2003). *Chinese Peasant Choices: Migration, Rural Industry or Farming.* Oxford Development Studies, 31 (2), 123–148.

［60］Lains, Pedro. "Catching up to the European Core: Portuguese Economic Growth, 1910–1990." *Explorations in Economic History* 40.4 (2003): 369–386.

［61］Lanjouw, Jean O., and Peter Lanjouw. "The Rural Non-farm Sector: Issues and Evidence from Developing Countries." *Agricultural Economics* 26.1 (2001): 1–23.

［62］Lanjouw, Peter, and Abusaleh Shariff. "Rural Non-farm Employment in India: Access, Incomes and Poverty Impact." *Economic and Political Weekly* (2004): 4429–4446.

［63］Lanjouw, Peter, and Rinku Murgai. "Poverty Decline, Agricultural Wages, and Nonfarm Employment in Rural India: 1983–2004." *Agricultural Economics* 40.2 (2009): 243–263.

［64］Lanjouw, Peter, Rinku Murgai, and Nicholas Stern. "Nonfarm Diversification, Poverty, Economic Mobility, and Income Inequality: a Case Study in Village India." *Agricultural Economics* 44.4–5 (2013): 461–473.

［65］Lanjouw, Peter. "Does the Rural Nonfarm Economy Contribute to Poverty Reduction." *Transforming the Rural Nonfarm Economy: Opportunities and Threats In the Developing World* (2007): 55–82.

［66］Lanjouw, Peter. "Nonfarm Employment and Poverty in Rural El Salvador." *World Development* 29.3 (2001): 529–547.

［67］Leibenstein, Harvey. "The Theory of Underemployment in Backward Economies." *Journal of Political Economy* 65.2 (1957): 91–103.

［68］Levin, Benjamin. "Putting Students at the Centre in Education Reform." *Journal of Educational Change* 1.2 (2000): 155–172.

［69］Lewis, W. Arthur. "Economic Development with Unlimited Supplies of Labour." *The Manchester School* 22.2 (1954): 139–191.

［70］López, Ramón, and Alberto Valdés. "Fighting Rural Poverty in Latin America: New Evidence of the Effects of Education, Demographics, and Access to Land." *Economic Development and Cultural Change* 49.1 (2000): 197–211.

［71］Lucas, Robert EB, and Oded Stark. "Motivations to Remit: Evidence from Botswana." *Journal of Political Economy* 93.5 (1985): 901–918.

［72］Lucas, Robert EB. "Migration Amongst the Batswana." *The Economic Journal* ? (1985): 358–382.

［73］Maddox, James G. "Private and Social Costs of the Movement of People Out of Agriculture." *American Economic Review* 50.2 (1960): 392–402.

［74］Martinetti, Enrica Chiappero. "A Multidimensional Assessment of Well–being Based on Sen's Functioning Approach." *Rivista Internazionale Discienze Sociali* (2000): 207–239.

［75］Mat, Siti Hadijah Che, Ahmad Zafarullah Abdul Jalil, and Mukaramah Harun. "Does Non–farm Income Improve the Poverty and Income Inequality Among Agricultural Household in Rural Kedah ?" *Procedia Economics and Finance* 1 (2012): 269–275.

［76］Matthews, Robert Charles Oliver, Charles Hilliard Feinstein, and John C. Odling–Smee. *British Economic Growth, 1856–1973.* Oxford University Press, 1982.

［77］McKenzie, David, and Hillel Rapoport. "Network Effects and the Dynamics of Migration and Inequality: Theory and Evidence from Mexico." *Journal of Development Economics* 84.1 (2007): 1–24.

［78］Micklewright, John. "Social Exclusion and Children: A European View for a US Debate." *LSE STICERD Research Paper No. CASE051* (2002).

［79］Myrdal, Gunnar, and William J. Barber. *Asian drama: An Inquiry Into the Poverty of Nations.* Pantheon, 1968.

［80］Joint Research Centre–European Commission. *Handbook on Constructing Composite Indicators: Methodology and User Guide.* OECD publishing, 2008.

［81］Nelson, Richard R. "A theory of the Low–level Equilibrium Trap in Underdeveloped Economies." *American Economic Review* 46.5 (1956): 894–908.

［82］Nguyen, Cuong Viet, Marrit Van den Berg, and Robert Lensink. "The Impact of Work and Non-work Migration on Household Welfare, Poverty and Inequality." *Economics of Transition* 19.4（2011）: 771–799.

[83] Nurkse, Ragnar. "*The Problem of Capital Formation in Less-developed Countries.*" Oxford University Press 33（1953）: 1–337.

[84] Owusu, Victor, Awudu Abdulai, and Seini Abdul-Rahman. "Non-farm Work and Food Security Among Farm Households in Northern Ghana." *Food Policy* 36.2（2011）: 108–118.

[85] Pigou, Arthur C. "*The Economics of Welfare, 1920.*" McMillan&Co., London（1932）.

[86] Reardon, Thomas, and J. Edward Taylor. "Agroclimatic Shock, Income Inequality, and Poverty: Evidence from Burkina Faso." *World Development* 24.5（1996）: 901–914.

[87] Reardon, Thomas, Eric Crawford, and Valerie Kelly. "Links between Nonfarm Income and Farm Investment in African Households: Adding the Capital Market Perspective." *American Journal of Agricultural Economics* 76.5（1994）: 1172–1176.

[88] Reardon, Thomas, et al. "Rural Non-farm Income in Developing Countries." *The State of Food and Agriculture* 1998（1998）: 283–356.

[89] Reddy, Venkateshwar K., and Jill L. Findeis. "Determinants of Off-farm Labor Force Participation: Implications for Low Income Farm Families." *North Central Journal of Agricultural Economics* 10.1（1988）: 91–102.

[90] Reynolds, Morgan O. *Power and Privilege: Labor Unions in America.* Universe Pub, 1984.

[91] Rodriguez, Edgard R. "International Migration and Income Distribution in the Philippines." *Economic Development and Cultural Change* 46.2（1998）: 329–350.

[92] Rosenbaum, Paul R., and Donald B. Rubin. "Assessing Sensitivity to an Unobserved Binary Covariate in an Observational Study with Binary Outcome." *Journal of the Royal Statistical Society: Series B（Methodological）*45.2（1983）: 212–218.

[93] Rowntree, B. S., and A. L. Bowley. "Wages in York in 1899." *Journal of the Royal Statistical Society* 65.2（1902）: 359–361.

[94] Rowntree, Benjamin Seebohm. *Poverty: A Study of Town Life.* Macmillan, 1901.

[95] Rozelle, Scott, J. Edward Taylor, and Alan DeBrauw. "Migration, Remittances, and

Agricultural Productivity in China." *American Economic Review* 89.2（1999）: 287–291.

[96] Sabates–Wheeler, Rachel, Ricardo Sabates, and Adriana Castaldo. "Tackling Poverty– Migration Linkages: Evidence from Ghana and Egypt." *Social Indicators Research* 87.2 （2008）: 307–328.

[97] Schultz, Theodore W. "Investing in Poor People: An Economist's View." *American Economic Review* 55.1/2（1965）: 510–520.

[98] Sen, A. *Development as Freedom.* Oxford University Press, 1999.

[99] Sen, Amartya. "Poverty: an Ordinal Approach to Measurement." *Econometrica: Journal of the Econometric Society*（1976）: 219–231.

[100] Sen, Amartya. "Utilitarianism and Welfarism." *The Journal of Philosophy* 76.9（1979）: 463–489.

[101] Sen, Amaryta. "*On Ethics and Economics.*" OUP Catalogue（1999）.

[102] Shen, I–Ling, Frédéric Docquier, and Hillel Rapoport. "Remittances and Inequality: a Dynamic Migration Model." *Journal of Economic Inequality* 8.2（2010）: 197–220.

[103] Shields, Gail M., and Michael P. Shields. "The Emergence of Migration Theory and a Suggested New Direction." *Journal of Economic Surveys* 3.4（1989）: 277–304.

[104] Sjaastad, Larry A. "The Costs and Returns of Human Migration." *Journal of Political Economy* 70.5, Part 2（1962）: 80–93.

[105] Smale, Melinda, et al. "Destination or Distraction？ Querying the Linkage Between Off–farm Work and Food Crop Investments in Kenya." *Journal of African Economies* 25.3（2016）: 388–417.

[106] Stark, Oded, and David E. Bloom. "The New Economics of Labor Migration." *The American Economic Review* 75.2（1985）: 173–178.

[107] Stark, Oded. "A Note on Modelling Labour Migration in LDCs." *The Journal of Development Studies* 19.4（1983）: 539–543.

[108] Stark, Oded. "Rural–to–urban Migration in LDCs: a Relative Deprivation Approach." *Economic Development and Cultural Change* 32.3（1984）: 475–486.

[109] Start, Daniel. "The Rise and Fall of the Rural Non–farm Economy: Poverty Impacts and

Policy options." *Development policy review* 19.4（2001）: 491–505.

［110］Strobel, Pierre. "From Poverty to Exclusion: a Wage–earning Society or a Society of human rights？" *International Social Science Journal* 48.148（1996）: 173–189.

［111］Sumner, Daniel A. "The Off–farm Labor Supply of Farmers." *American Journal of Agricultural Economics* 64.3（1982）: 499–509.

［112］Todaro, Michael P. "A model of Labor Migration and Urban Unemployment in Less Developed Countries." *American Economic Review* 59.1（1969）: 138–148.

［113］Van de Walle, Dominique, and Dorothyjean Cratty. "Is the Emerging Non–farm Market Economy the Route Out of Poverty in Vietnam？" *Economics of Transition* 12.2（2004）: 237–274.

［114］Van Zon, Adriaan, and Joan Muysken. "Health and Endogenous Growth." *Journal of Health Economics* 20.2（2001）: 169–185.

［115］Wang, Xiaolin, et al. "On the Relationship Between Income Poverty and Multidimen–Sional Poverty in China." *OPHI Working Papers* 101（2016）.

［116］Woldehanna, Tassew. "Rural Farm/nonfarm Income Linkages in Northern Ethiopia." Promoting Farm/nonfarm Linkages for Rural Development: Case Studies from Africa and Latin America, *Rome: FAO*（2002）: 121–144.

［117］Wu, J., and Richard M. Adams. "Production Risk, Acreage Decisions and Implications for Revenue Insurance Programs." *Canadian Journal of Agricultural Economics* 49.1（2001）: 19–35.

［118］Zhang, Junsen, et al. "Economic Returns to Schooling in Urban China, 1988 to 2001." *Journal of Comparative Economics* 33.4（2005）: 730–752.

［119］Zhang, Yuan, and Guanghua Wan. "An Empirical Analysis of Household Vulnerability in Rural China." *Journal of the Asia Pacific Economy* 11.2（2006）: 196–212.

［120］Zhao, Yaohui. "Leaving the Countryside: Rural–to–urban Migration Decisions in China." *American Economic Review* 89.2（1999）: 281–286.

［121］Zhao, Yaohui. "Causes and Consequences of Return Migration: Recent Evidence from China." *Journal of Comparative Economics* 30.2（2002）: 376–394.

［122］Zhu，Nong，and Xubei Luo. "The Impact of Migration on Rural Poverty and Inequality：a Case Study in China." *Agricultural Economics* 41.2（2010）：191–204.

［123］白南生、何宇鹏：《回乡，还是外出？——安徽四川二省农村外出劳动力回流研究》，《社会学研究》2002 年第 3 期。

［124］白南生：《农村劳动力外出对农业生产影响的实证研究》，《中国农村经济》1996 年第 8 期。

［125］蔡昉等：《就业弹性、自然失业和宏观经济政策——为什么经济增长没有带来显性就业？》，《经济研究》2004 年第 9 期。

［126］蔡昉、都阳：《迁移的双重动因及其政策含义——检验相对贫困假说》，《中国人口科学》2002 年第 4 期。

［127］蔡昉、王美艳：《为什么劳动力流动没有缩小城乡收入差距》，《经济学动态》2009 年第 8 期。

［128］蔡昉：《认识中国经济减速的供给侧视角》，《经济学动态》2016 年第 4 期。

［129］蔡昉：《中国经济改革效应分析——劳动力重新配置的视角》，《经济研究》2017 年第 7 期。

［130］曹利平：《农村劳动力流动、土地流转与农业规模化经营研究——以河南省固始县为例》，《经济经纬》2009 年第 4 期。

［131］曹永福等：《农民工自我雇佣与收入：基于倾向得分的实证分析》，《中国农村经济》2013 年第 10 期。

［132］陈飞、卢建词：《收入增长与分配结构扭曲的农村减贫效应研究》，《经济研究》2014 年第 2 期。

［133］陈飞、翟伟娟：《农户行为视角下农地流转诱因及其福利效应研究》，《经济研究》2015 年第 10 期。

［134］陈锡文：《当前农村改革发展的形势和总体思路》，《浙江大学学报（人文社会科学版）》2009 年第 4 期。

［135］陈锡文：《我国农业农村的 60 年沧桑巨变》，《求是》2009 年第 19 期。

［136］陈玉宇、邢春冰：《农村工业化以及人力资本在农村劳动力市场中的角色》，《经济研究》2004 年第 8 期。

［137］程名望等：《农村减贫：应该更关注教育还是健康？——基于收入增长和差距缩小双重视角的实证》，《经济研究》2014 年第 11 期。

［138］程名望等：《农村劳动力外流对粮食生产的影响：来自中国的证据》，《中国农村观察》2015 年第 6 期。

［139］程名望等：《我国农民工进城务工区域差异的实证分析》，《经济地理》2007 年第 1 期。

［140］储德银、赵飞：《财政分权与农村贫困——基于中国数据的实证检验》，《中国农村经济》2013 年第 4 期。

［141］都阳、朴之水：《劳动力迁移收入转移与贫困变化》，《中国农村观察》2003 年第 5 期。

［142］都阳、朴之水：《迁移与减贫——来自农户调查的经验证据》，《中国人口科学》2003 年第 4 期。

［143］杜鹏等：《农村子女外出务工对留守老人的影响》，《人口研究》2004 年第 6 期。

［144］杜鹏等：《流动人口外出对其家庭的影响》，《人口学刊》2007 年第 1 期。

［145］杜鑫：《中国农村两种类型转移劳动力收入差距的比较研究》，《经济评论》2008 年第 2 期。

［146］杜鹰：《走出乡村》，经济科学出版社 1997 年版。

［147］樊胜根等：《中国农村公共投资在农村经济增长和反贫困中的作用》，《华南农业大学学报（社会科学版）》2002 年第 1 期。

［148］樊士德、江克忠：《中国农村家庭劳动力流动的减贫效应研究——基于 CFPS 数据的微观证据》，《中国人口科学》2016 年第 5 期。

［149］樊士德、沈坤荣：《中国劳动力流动的微观机制研究》，《中国人口科学》2014 年第 2 期。

［150］樊新生等：《农村劳动力流动空间及其影响因素分析——以河南省为例》，《经济地理》2015 年第 7 期。

［151］范先佐、郭清扬：《农村留守儿童教育问题的回顾与反思》，《中国农业大学学报（社会科学版）》2015 年第 1 期。

［152］盖庆恩等：《劳动力转移对中国农业生产的影响》，《经济学（季刊）》2014 年

第 2 期。

[153] 高艳云、王曦璟：《教育改善贫困效应的地区异质性研究》，《统计研究》2016
年第 9 期。

[154] 高艳云：《中国城乡多维贫困的测度及比较》，《统计研究》2012 年第 11 期。

[155] 韩佳丽等：《贫困地区劳动力流动对农户多维贫困的影响》，《经济科学》2017
年第 6 期。

[156] 何安明、惠秋平：《农村留守老人自我和谐的状况及其与感恩、情绪智力的相关
性》，《中国老年学》2013 年第 5 期。

[157] 何广文：《农户信贷、农村中小企业融资与农村金融市场》，中国财政经济出版
社 2005 年版。

[158] 何凌霄等：《外地农民工与本地农民工的收入差异分析——基于户籍地差异视
角》，《农业技术经济》2015 年第 6 期。

[159] 贺聪志、叶敬忠：《农村劳动力外出务工对留守老人生活照料的影响研究》，《农
业经济问题》2010 年第 3 期。

[160] 贺雪峰、董磊明：《农民外出务工的逻辑与中国的城市化道路》，《中国农村观
察》2009 年第 2 期。

[161] 赫广义：《农民工：城市政府公共服务的重要对象》，《湛江师范学院学报》2009
年第 1 期。

[162] 侯亚景、周云波：《收入贫困与多维贫困视角下中国农村家庭致贫机理研究》，
《当代经济科学》2017 年第 2 期。

[163] 胡枫：《农民工汇款与家庭收入不平等：基于反事实收入的分析》，《人口研究》
2010 年第 3 期。

[164] 胡海青等：《供应链金融视角下的中小企业信用风险评估研究——基于 SVM 与
BP 神经网络的比较研究》，《管理评论》2012 年第 11 期。

[165] 胡苏云、王振：《农村劳动力的外出就业及其对农户的影响——安徽省霍山县与
山东省牟平县的比较分析》，《中国农村经济》2004 年第 1 期。

[166] 黄国华：《成本与市场双重约束下农村劳动力转移影响因素研究》，《中国农村观
察》2010 年第 1 期。

［167］黄志岭:《农民自我雇佣行为的决策因素及其特征分析》,《农业经济问题》2016年第1期。

［168］黄祖辉等:《贫困地区农户正规信贷市场低参与程度的经验解释》,《经济研究》2009年第4期。

［169］黄祖辉等:《贫困地区农户正规信贷市场低参与程度的经验解释》,《经济研究》2009年第4期。

［170］李宾、马九杰:《劳动力转移、农业生产经营组织创新与城乡收入变化影响研究》,《中国软科学》2014年第7期。

［171］李聪:《劳动力外流背景下西部贫困山区农户生计状况分析——基于陕西秦岭的调查》,《经济问题探索》2010年第9期。

［172］李翠锦:《贫困地区劳动力迁移、农户收入与贫困的缓解——基于新疆农户面板数据的实证分析》,《西北人口》2014年第1期。

［173］李明月、赖笑娟:《基于BP神经网络方法的城市土地生态安全评价——以广州市为例》,《经济地理》2011年第2期。

［174］李培林:《流动民工的社会网络和社会地位》,《社会学研究》1996年第4期。

［175］李培林:《农民工:中国进城农民工的经济社会分析》,社会科学文献出版社2003年版。

［176］李强等:《农民工汇款的决策、数量与用途分析》,《中国农村观察》2008年第3期。

［177］李强:《中国大陆城市农民工的职业流动》,《社会学研究》1999年第3期。

［178］李全喜:《新形势下农村劳动力转移对农村反贫困的助推与挑战》,《农村经济》2014年第2期。

［179］李石新、高嘉蔚:《中国农村劳动力流动影响贫困的理论与实证研究》,《科学经济社会》2011年第4期。

［180］李实:《中国农村劳动力流动与收入增长和分配》,《中国社会科学》1999年第2期。

［181］李宪印、陈万明:《农户人力资本投资与非农收入关系的实证研究》,《农业经济问题》2009年第5期。

［182］李晓嘉：《教育能促进脱贫吗——基于 CFPS 农户数据的实证研究》，《北京大学教育评论》2015 年第 4 期。

［183］李永友、沈坤荣：《财政支出结构、相对贫困与经济增长》，《管理世界》2007年第 11 期。

［184］李正图、李明忠：《中国农村土地制度变迁与贫困的消除：两个三十年之比较》，《学术月刊》2009 年第 8 期。

［185］连玉君等：《子女外出务工对父母健康和生活满意度影响研究》，《经济学（季刊）》2015 年第 1 期。

［186］林本喜、邓衡山：《农业劳动力老龄化对土地利用效率影响的实证分析——基于浙江省农村固定观察点数据》，《中国农村经济》2012 年第 4 期。

［187］林伯强：《中国的政府公共支出与减贫政策》，《经济研究》2005 年第 1 期。

［188］林毅夫：《"三农"问题与我国农村的未来发展》，《农业经济问题》2003 年第 1 期。

［189］林毅夫：《解决农村贫困问题需要有新的战略思路——评世界银行新的"惠及贫困人口的农村发展战略"》，《北京大学学报（哲学社会科学版）》2002 年第 5 期。

［190］刘贯春、刘媛媛：《金融结构影响收入不平等的边际效应演化分析》，《经济学动态》2016 年第 5 期。

［191］刘强：《中国经济增长的收敛性分析》，《经济研究》2001 年第 6 期。

［192］刘瑞明：《金融压抑、所有制歧视与增长拖累——国有企业效率损失再考察》，《经济学（季刊）》2011 年第 6 期。

［193］刘修岩等：《教育与消除农村贫困：基于上海市农户调查数据的实证研究》，《中国农村经济》2007 年第 10 期。

［194］刘秀梅、田维明：《我国农村劳动力转移对经济增长的贡献分析》，《管理世界》2005 年第 1 期。

［195］柳建平、张永丽：《劳动力流动对贫困地区农村经济的影响——基于甘肃 10 个贫困村调查资料的分析》，《中国农村观察》2009 年第 3 期。

［196］卢海阳、钱文荣：《子女外出务工对农村留守老人生活的影响研究》，《农业经济问题》2014 年第 6 期。

［197］陆益龙：《农村劳动力流动及其社会影响——来自皖东 T 村的经验》，《中国人民

大学学报》2015 年第 1 期。

［198］罗楚亮：《农村贫困的动态变化》，《经济研究》2010 年第 5 期。

［199］罗锋、黄丽：《人力资本因素对新生代农民工非农收入水平的影响——来自珠江三角洲的经验证据》，《中国农村观察》2011 年第 1 期。

［200］毛学峰、刘靖：《本地非农就业、外出务工与中国农村收入不平等》，《经济理论与经济管理》2016 年第 4 期。

［201］孟庆良、郭鑫鑫：《基于 BP 神经网络的众包创新关键用户知识源识别研究》，《科学学与科学技术管理》2017 年第 3 期。

［202］聂正彦：《农业劳动力老龄化对农业生产的影响分析——基于甘肃省 4 市 6 县调查数据》，《国家行政学院学报》2015 年第 6 期。

［203］宁光杰：《自我雇佣还是成为工资获得者？——中国农村外出劳动力的就业选择和收入差异》，《管理世界》2012 年第 7 期。

［204］彭月萍、刘伙根：《农村受众大众媒介接触与利用研究——以井冈山区域为例》，《江西财经大学学报》2009 年第 4 期。

［205］蒲艳萍：《劳动力流动对缓解家庭贫困的影响效应——以西部为例》，《内蒙古社会科学（汉文版）》2011 年第 1 期。

［206］蒲艳萍：《劳动力流动对农村经济的影响——基于西部 289 个自然村的调查资料分析》，《农业技术经济》2011 年第 1 期。

［207］齐明珠：《中国农村劳动力转移对经济增长贡献的量化研究》，《中国人口·资源与环境》2014 年第 4 期。

［208］钱文荣、郑黎义：《劳动力外出务工对农户农业生产的影响——研究现状与展望》，《中国农村观察》2011 年第 1 期。

［209］柯兰君、李汉林：《都市里的村民——中国大城市的流动人口》，中央编译出版社 2001 年版。

［210］桑瑜：《农民贷款难的症结：一个新的分析视角》，《中央财经大学学报》2015 年第 7 期。

［211］沈能、赵增耀：《农业科研投资减贫效应的空间溢出与门槛特征》，《中国农村经济》2012 年第 1 期。

［212］盛来运：《流动还是迁移》，上海远东出版社 2008 年版。

［213］盛来运：《农村劳动力流动的经济影响和效果》，《统计研究》2007 年第 10 期。

［214］石丹淅、赖德胜：《自我雇佣问题研究进展》，《经济学动态》2013 年第 10 期。

［215］史耀波、李国平：《劳动力移民对农村地区反贫困作用的评估》，《中国农村经济》2007 年第 1 期。

［216］苏昕、刘昊龙：《农村劳动力转移背景下农业合作经营对农业生产效率的影响》，《中国农村经济》2017 年第 5 期。

［217］孙晓芳：《异质性劳动力与中国劳动力流动——基于新经济地理学的分析》，《中国人口科学》2013 年第 3 期。

［218］孙永苑等：《关系、正规与非正规信贷》，《经济学（季刊）》2016 年第 1 期。

［219］谭深：《中国农村留守儿童研究述评》，《中国社会科学》2011 年第 1 期。

［220］唐家龙：《论迁移是人力资本投资的伪形式》，《人口研究》2005 年第 5 期。

［221］佟新华、孙丽环：《中国省际劳动力流动的主要影响因素分析》，《吉林大学社会科学学报》2014 年第 5 期。

［222］汪三贵、郭子豪：《论中国的精准扶贫》，《贵州社会科学》2015 年第 5 期。

［223］王春超：《收入差异、流动性与地区就业集聚——基于农村劳动力转移的实证研究》，《中国农村观察》2005 年第 1 期。

［224］王德等：《1985—2000 年我国人口迁移对区域经济差异的均衡作用研究》，《人口与经济》2003 年第 6 期。

［225］王德文等：《金融危机对贫困地区农村劳动力转移的影响》，《中国农村经济》2009 年第 9 期。

［226］王弟海：《健康人力资本、经济增长和贫困陷阱》，《经济研究》2012 年第 6 期。

［227］王定祥等：《贫困型农户信贷需求与信贷行为实证研究》，《金融研究》2011 年第 5 期。

［228］王海港等：《职业技能培训对农村居民非农收入的影响》，《经济研究》2009 年第 9 期。

［229］王建国：《外出从业，农村不平等和贫困》，《财经科学》2013 年第 3 期。

［230］王娟、张克中：《公共支出结构与农村减贫——基于省级面板数据的证据》，《中

国农村经济》2012 年第 1 期。

［231］王美艳：《劳动力迁移对中国农村经济影响的研究综述》，《中国农村观察》2006 年第 3 期。

［232］王小华等：《中国农贷的减贫增收效应：贫困县与非贫困县的分层比较》，《数量经济技术经济研究》2014 年第 9 期。

［233］王小林、Sabina Alkire：《中国多维贫困测量：估计和政策含义》，《中国农村经济》2009 年第 12 期。

［234］王小鲁：《区域收入差距与劳动力流动》，《中国改革论坛》2004 年第 12 期。

［235］王修华、邱兆祥：《农村金融发展对城乡收入差距的影响机理与实证研究》，《经济学动态》2011 年第 2 期。

［236］王跃梅等：《农村劳动力外流、区域差异与粮食生产》，《管理世界》2013 年第 11 期。

［237］王志章、韩佳丽：《贫困地区多元化精准扶贫政策能够有效减贫吗？》，《中国软科学》2017 年第 12 期。

［238］王志章、韩佳丽：《农业转移人口市民化的公共服务成本测算及分摊机制研究》，《中国软科学》2015 年第 10 期。

［239］魏后凯：《中国农业发展的结构性矛盾及其政策转型》，《中国农村经济》2017 年第 5 期。

［240］文建龙、肖泽群：《权利贫困的个人综合能力原因分析》，《甘肃理论学刊》2008 年第 2 期。

［241］温涛、王汉杰：《产业结构、收入分配与中国的城镇化》，《吉林大学社会科学学报》2015 年第 4 期。

［242］文军、吴越菲：《流失"村民"的村落：传统村落的转型及其乡村性反思——基于 15 个典型村落的经验研究》，《社会学研究》2017 年第 4 期。

［243］邬志辉、李静美：《农村留守儿童生存现状调查报告》，《中国农业大学学报（社会科学版）》2015 年第 1 期。

［244］吴国宝：《扶贫模式研究——中国劳务输出扶贫研究》，中国经济出版社 2001 年版。

［245］吴继煜：《劳动力流动视角的人力资本效应认知》，《西北人口》2006 年第 6 期。

［246］伍山林：《农业劳动力流动对中国经济增长的贡献》，《经济研究》2016 年第 2 期。

［247］夏英：《贫困与发展》，人民出版社 1995 年版。

［248］谢秀军：《公共财政对贫困地区的扶持与路径优化》，《改革》2013 年第 8 期。

［249］邢成举：《科技扶贫、非均衡资源配置与贫困固化——基于对阳县苹果产业科技
　　　扶贫的调查》，《中国科技论坛》2017 年第 1 期。

［250］邢春冰：《迁移、自选择与收入分配——来自中国城乡的证据》，《中国经济学》
　　　2010 年第 1 期。

［251］熊德平：《农村金融与农村经济协调发展研究》，社会科学文献出版社 2009 年版。

［252］薛美霞、钟甫宁：《农业发展、劳动力转移与农村贫困状态的变化——分地区研
　　　究》，《农业经济问题》2010 年第 3 期。

［253］杨靳：《人口迁移如何影响农村贫困》，《中国人口科学》2006 年第 4 期。

［254］叶敬忠等：《父母外出务工对留守儿童生活的影响》，《中国农村经济》2006 年
　　　第 1 期。

［255］岳希明、罗楚亮：《农村劳动力外出打工与缓解贫困》，《世界经济》2010 年第
　　　11 期。

［256］张广婷等：《中国劳动力转移与经济增长的实证研究》，《中国工业经济》2010
　　　年第 10 期。

［257］张建华、陈立中：《总量贫困测度研究述评》，《经济学（季刊）》2006 年第 2 期。

［258］张全红、周强：《中国多维贫困的测度及分解：1989—2009 年》，《数量经济技术
　　　经济研究》2014 年第 6 期。

［259］张世伟等：《公共政策的行为微观模拟模型及其应用》，《数量经济技术经济研
　　　究》2009 年第 8 期。

［260］张文娟、李树苗：《子女的代际支持行为对农村老年人生活满意度的影响研究》，
　　　《人口研究》2005 年第 5 期。

［261］张雪梅：《农产品价格上涨背景下我国农村贫困居民食物消费与营养研究》，中
　　　国农业科学院博士论文，2013 年。

［262］张永丽、王文娟：《农村劳动力流动与缓解贫困——基于甘肃省贫困山区的实证

分析》，《人口与经济》2008 年第 5 期。

［263］章元等：《一个农业人口大国的工业化之路：中国降低农村贫困的经验》，《经济研究》2012 年第 11 期。

［264］章元：《中国农村经济：制度、发展与分配》，格致出版社 2012 年版。

［265］赵曼、程翔宇：《劳动力外流对农村家庭贫困的影响研究——基于湖北省四大片区的调查》，《中国人口科学》2016 年第 3 期。

［266］赵树凯：《中国农村劳动力流动与城市就业》，《当代亚太》1998 年第 7 期。

［267］赵耀辉：《中国农村劳动力流动及教育在其中的作用——以四川省为基础的研究》，《经济研究》1997 年第 2 期。

［268］甄小鹏：《农村劳动力流动决策及其对农村家庭收入与农村内部收入差距的影响——基于劳动异质性的视角》，《西南财经大学博士论文》2016 年。

［269］中国人民大学中国经济发展研究报告：《城乡统筹发展中的中国"三农"问题》，中国人民大学出版社 2005 年版。

［270］周宏等：《农村劳动力老龄化与水稻生产效率缺失——基于社会化服务的视角》，《中国人口科学》2014 年第 3 期。

［271］朱农：《贫困、不平等和农村非农产业的发展》，《经济学（季刊）》2005 年第 4 期。

［272］朱农：《离土还是离乡？——中国农村劳动力地域流动和职业流动的关系分析》，《世界经济文汇》2004 年第 1 期。

［273］邹薇、郑浩：《贫困家庭的孩子为什么不读书：风险、人力资本代际传递和贫困陷阱》，《经济学动态》2014 年第 6 期。

［274］邹薇、方迎风：《怎样测度贫困：从单维到多维》，《国外社会科学》2012 年第 2 期。